JP Sears

REITE DAS EINHORN!

Auf der Überholspur zur Erleuchtung

Aus dem Englischen
von Wolf S. Schneider

arkana

Die amerikanische Originalausgabe erschien 2017 unter dem Titel
»How to be ultra spiritual. 12 ½ steps to spiritual superiority« im Verlag
Sounds True, einem Imprint von Sounds True, Inc.

 Dieses Buch ist auch als E-Book erhältlich.

Verlagsgruppe Random House FSC® N001967

1. Auflage
Deutsche Erstausgabe
© 2018 der deutschsprachigen Ausgabe
Arkana, München
in der Verlagsgruppe Random House GmbH,
Neumarkter Straße 28, 81673 München
© 2017 J. P. Sears. Originalausgabe lizenziert von Sounds True, Inc.
und arrangiert von Agence Schweiger.
Lektorat: Birgit Groll
Umschlaggestaltung: ki 36 Editorial Design, Sabine Krohberger, München
Umschlagmotiv: © Brooks Freehill
Fotografien im Innenteil: © Diane Deaver
Layout Notizen: shutterstock/ESB Professional/Layout
Satz: Uhl + Massopust, Aalen
Druck und Bindung: Litotipografia Alcione srt., Trento
Printed in Italy
ISBN 978-3-442-34231-0

www.arkana-verlag.de

INHALT

EINFÜHRUNG IN DIE

EINFÜHRUNG

»Wer bin ich?« und »Warum solltest du dieses Buch lesen?« sind enorm unterbewertete Fragen. Daher ist es besser für dich, über »Wer bin ich nicht?« und »Du liest dieses Buch bereits« zu meditieren. Sogar noch besser ist es für dich, während du in dieses Buch einsteigst, dir folgende Frage zu stellen: »Wie ist der Meister der spirituellen Domäne namens JP in Erscheinung getreten?« Ich bin froh, deiner Frage in Ruhe nachgehen zu dürfen, ehe dein spiritueller Sturm beginnt. Um dich über meine Reise von einem normalen Menschen zu einem Wesen der spirituellen Elite aufzuklären, werde ich dir zuliebe einen Zeitstrahl verwenden.

Meine Intuition sagt mir, dass du dir inzwischen eine weitere sehr gute Frage stellst: »Bei all den bedeutenden spirituellen Lehren, die du der Welt bereits in digitaler Form hinterlassen hast – womit haben wir es verdient, dass du uns nun mit diesem Buch beschenkst?« Dazu musst du verstehen, dass all die alten spirituellen Meister die Welt mit ihren eigenen Fünf-Minuten-Videos besprüht und besprenkelt haben. Diese Videos waren gut. Tief innen aber wussten sie, dass die Welt mehr davon brauchte. Die Weisheit, die sich in einem Fünf-Minuten-Video vermitteln lässt, stößt an eine fundamentale Grenze, nämlich an die Zeitspanne von fünf Minuten. Aus diesem Grund begann der Buddha bei null Abonnenten in seinem YouTube-Kanal und setzte sich dann unter den Bodhi-Baum, um den Dhammapada zu schreiben. Jesus begann bei fragwürdigem Gegenlicht mit der Echtzeitübertragung seiner Bergpredigt auf Facebook und ging dann dazu über, Ghostwriter Teile der Bibel schreiben zu lassen. Bei einer ungefähr solchen Beleuchtung bin ich aus dem Videobildschirm ausgestiegen und habe mich mit

Der Zeitstrahl meines ultraspirituellen Lebens

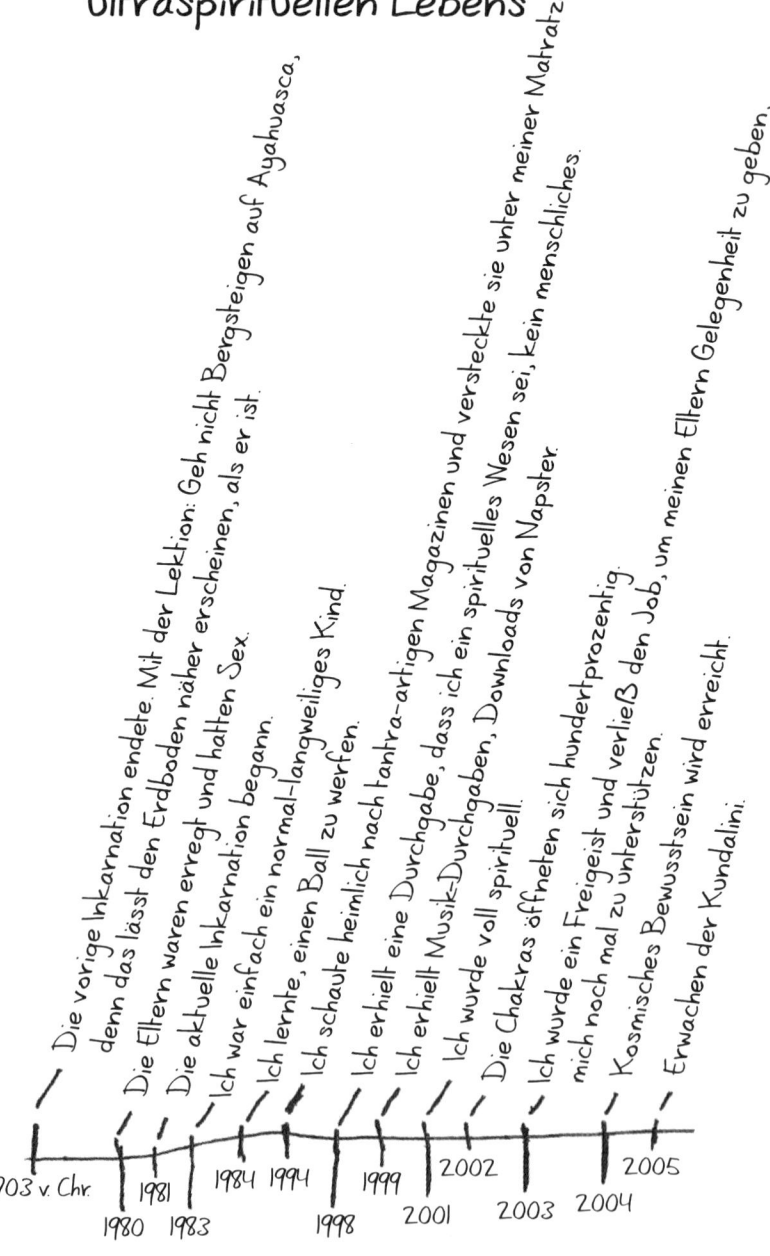

Die vorige Inkarnation endete. Mit der Lektion: Geh nicht Bergsteigen auf Ayahuasca,
denn das lässt den Erdboden näher erscheinen, als er ist.

Die Eltern waren erregt und hatten Sex.

Die aktuelle Inkarnation begann.

Ich war einfach ein normal-langweiliges Kind.

Ich lernte, einen Ball zu werfen.

Ich schaute heimlich nach tantra-artigen Magazinen und versteckte sie unter meiner Matratze.

Ich erhielt eine Durchgabe, dass ich ein spirituelles Wesen sei, kein menschliches.

Ich erhielt Musik-Durchgaben, Downloads von Napster.

Ich wurde voll spirituell.

Die Chakras öffneten sich hundertprozentig.

Ich wurde ein Freigeist und verließ den Job, um meinen Eltern Gelegenheit zu geben,
mich noch mal zu unterstützen.

Kosmisches Bewusstsein wird erreicht.

Erwachen der Kundalini.

703 v. Chr.   1981   1984   1994   1999   2002   2005
        1980   1983   1998   2001   2003   2004

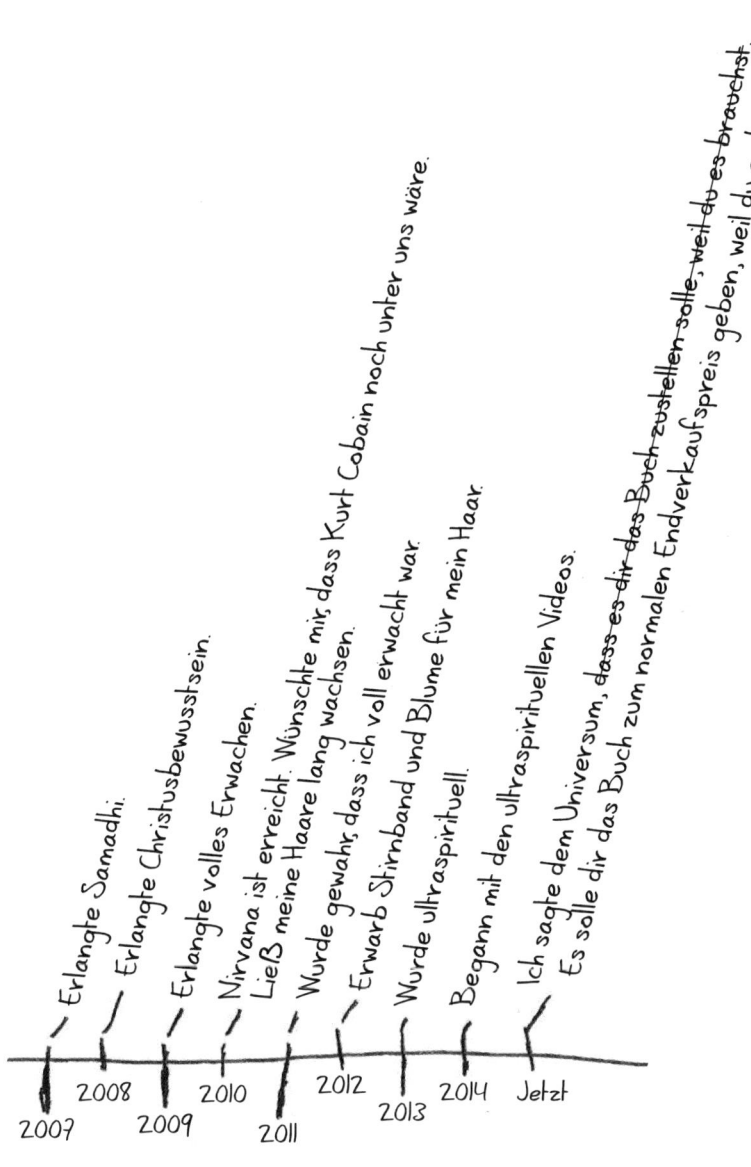

Erlangte Samadhi.

Erlangte Christusbewusstsein.

Erlangte volles Erwachen.

Nirvana ist erreicht. Wünschte mir, dass Kurt Cobain noch unter uns wäre.

Ließ meine Haare lang wachsen.

Wurde gewahr, dass ich voll erwacht war.

Erwarb Stirnband und Blume für mein Haar.

Wurde ultraspirituell.

Begann mit den ultraspirituellen Videos.

Ich sagte dem Universum, dass es dir das Buch zustellen solle, weil du es brauchst.

Es solle dir das Buch zum normalen Endverkaufspreis geben, weil du es brauchst.

2007   2008   2009   2010   2011   2012   2013   2014   Jetzt

dir auf diese Buchseiten begeben, sodass ich dir nun in Papierform diesen Download immenser Größe darreichen kann, der erweckender sein wird für deinen Geist, als jedes Video und jeder Anstoß aus der Astralwelt es je sein könnten.

Um noch etwas mehr Mystik, Altertümlichkeit und prophetische Glaubwürdigkeit hinzuzufügen: Ich habe dieses Buch inklusive der Einleitung, die ich gerade schreibe, schon vor Jahrhunderten in einem vergangenen Leben niedergeschrieben. Das frühere Ich, das ich einmal war, versteckte diese spirituellen Seiten in einer Höhle am Meer, weil die Menschen der Welt zu jener Zeit einfach noch nicht bereit waren für die ultraspirituelle Macht, die darin liegt. Jetzt, nach der Vorbereitung des Planeten durch zahllose ultraspirituelle Videos und schließlich auch meiner Erinnerung daran, in welcher verdammten Höhle mein vergangenes Selbst sie versteckt hatte, ist die Welt bereit für die wahre Größe meiner niedergeschriebenen Lehre. Deshalb lasse nun ich, also das künftige Selbst meines vergangenen Lebens, das zugleich das vergangene Selbst eines zukünftigen Lebens ist, das Buch »Reite das Einhorn! Auf der Überholspur zur Erleuchtung« auf dich los.

DIE EIGENTLICHE EINLEITUNG – MIT ULTRASPIRITUALITÄT DEN

EREIGNISHORIZONT ÜBERSCHREITEN

Wenn du spirituell bist, dann bist du ein hoffnungsloser Fall. Das ist die Zuckergussversion der Wahrheit. Die Menschheit – wichtiger noch: die spirituelle Welt – hat die Schwelle zu einem neuen spirituellen Bewusstsein überschritten. Und wenn in Sachen Bewusstsein eines wahr ist, dann dies: dass mehr immer auch besser ist. Es gibt auf der neuen Bewusstseinsebene viel mehr Bewusstsein, als uns jetzt bewusst ist. Wenn du dein Leben aber noch im alten Bewusstsein verschwendest, das nur spirituell ist, dann bist du dir all dessen nicht bewusst. Um es ganz einfach auszudrücken: In der neuen Zeit, in der wir jetzt leben, ist es nicht besonders spirituell, *nur spirituell* zu sein. Es ist sogar so, dass das Einzige, was noch schlimmer ist, als nicht spirituell zu sein, das ist, *nur spirituell* zu sein.

Das Schiff der Spiritualität ist längst abgefahren. Um es jetzt mal wahrhaftig metaphorisch auszudrücken – es ist nicht nur abgefahren, sondern es sinkt. Und während es sinkt, stehst du dort auf dem Hauptdeck noch immer voller Hoffnung, dass du da draußen auf See einen Tag voller Freude genießen wirst. Währenddessen verschlingt das starke, wilde Meer des neuen Bewusstseins das Schiff und dich mit ihm. Du und all deine spirituellen Freunde waren hoffnungslos hoffnungsvoll, während es im Grunde keine Hoffnung mehr für euch gab. Bis jetzt. Die neue Hoffnung für dein hoffnungsvolles spirituelles Selbst ist die Ultraspiritualität, das neue Bewusstsein – der Weg der spirituellen Überlegenheit. Du hast nun also die Wahl: Entweder bleibst du dogmatisch an deinem alten spirituellen Leben kleben und ertrinkst, oder du gibst die zu Bruch gegangene Spiritualität auf und lernst im neuen Bewusstsein zu schwimmen, in der grandiosen Größe der ultraspirituellen Gewässer.

Ultraspiritualität ist für dich als hoffnungslos hoffender spiritueller Mensch die neue Hoffnung. Das Beste, was ich als Fackelträger der Ultraspiritualität tun kann, ist zu hoffen, dass du das Schwimmen dem Ertrinken und einem ultraschmerzhaften Tod vorziehst. So wie es in dem alten Sprichwort heißt: »Du kannst ein Pferd zum Wasser führen, aber du kannst es nicht zum Schwimmen zwingen; du kannst nur hoffen, dass es schwimmt und nicht untergeht.«[1] Wenn du dich also für das Schwimmen entscheidest, bin ich für dich da und kann es dich lehren. Wenn du dich jedoch gegen das Schwimmen entscheidest, bin ich da, um dich zu lehren, dich zu entscheiden – die Wahl liegt bei dir.

WAS IST ULTRASPIRITUALITÄT?

Ultraspiritualität ist nicht spirituell. Sie ist viel spiritueller als Spiritualität – sie ist ultraspirituell.

Ultraspiritualität kann keineswegs mit Worten definiert werden, dafür ist sie viel zu tief. Wenn man versuchen würde, Worte für das zu verwenden, was nicht definiert werden kann, dann würde man definitiv sagen können, dass Ultraspiritualität die Kunst des so Scheinens und dies auch des Glaubens ist, dass du spiritueller bist als alle anderen. Denn genau das ist es, was dich spiritueller macht als alle anderen. Man könnte auch sagen, dass Ultraspiritualität nicht ein Erstreben der Verwirklichung des menschlichen Potenzials ist, sondern ein Erreichen der Verwirklichung des menschlichen Potenzials.

Schau dir folgendes Diagramm an. Es beschreibt akkurat das Potenzial an spiritueller Überlegenheit, das ultraspirituelle Men-

---

1   Die Emanzipationsbewegung bei Pferden hat mich noch nicht gezwungen, dies gender-neutral zu formulieren.

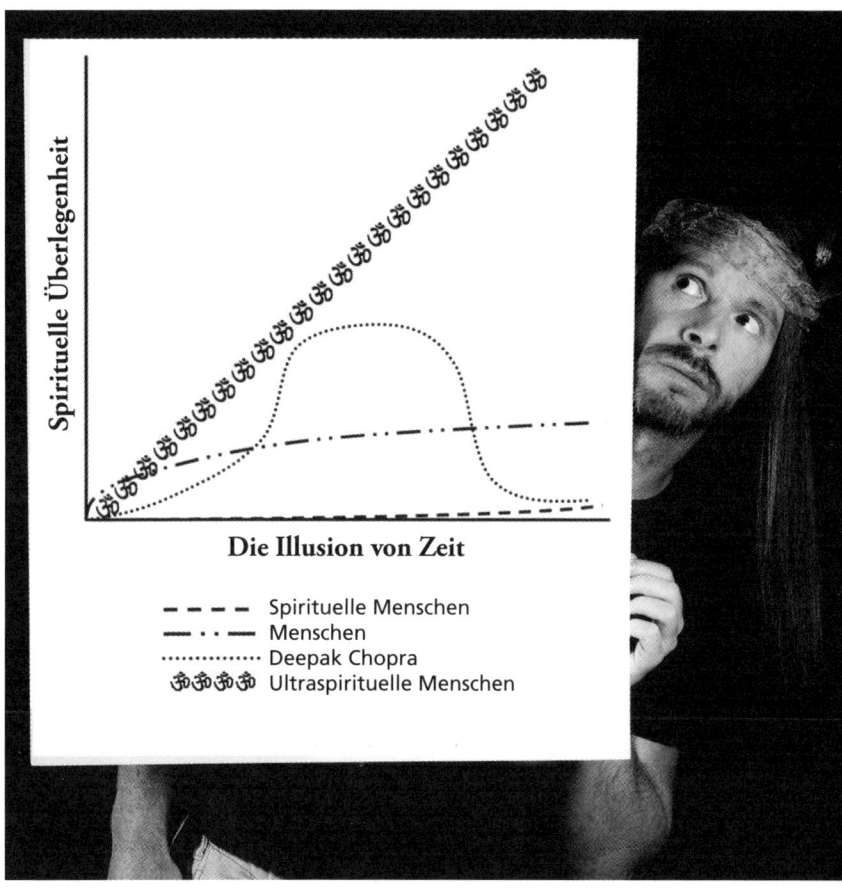

Die Illusion von Zeit

- – – – Spirituelle Menschen
- — · · — Menschen
- ············· Deepak Chopra
- ॐॐॐॐ Ultraspirituelle Menschen

(y-Achse: Spirituelle Überlegenheit)

schen haben, verglichen mit mehreren anderen, nicht erwähnenswerten Menschentypen.

Ultraspiritualität haucht dem Herzen und der Seele uralter Spiritualität neues Leben ein mit einem progressiven Biss: Es ersetzt die verwässerte Nutzlosigkeit moderner Spiritualität. Es gibt vielleicht nur eines, was noch deprimierender ist, als Mahatma Gandhi den dreiundzwanzigsten Tag seines Hungerstreiks (d. h. seinen Kampf gegen Magersucht) ambitioniert angehen zu sehen, und das ist zu sehen, wie dieses Herz und die Seele von Spiritualität – die

Überlegenheit – in der »spirituellen Bewegung« so lange verschüttet waren.

Dieser enorme Verlust an Spiritualität hat die Sucher jahrtausendelang verfolgt.[2] Diese dunkle Zeit der Spiritualität wurde verziert mit Bemühungen wie: ein guter Mensch zu sein, sich nach innen auszurichten, spirituelle Amulette zu tragen, mit Freunden Om zu singen, deinen Feinden weißes Licht zu schicken und dem Versuch, Stille zu finden, anstatt einfach Psychedelika zu nutzen.[3]

Das Problem mit diesem oberflächlichen spirituellen Rumgemache ist, dass jeder das machen kann! Die tatsächliche Bedeutung der spirituellen Größe ist mit dem Schwamm der Mittelmäßigkeit weggewischt worden. Auch in der Gesellschaft als Ganzes zeigt sich diese dunkle Energie. So wie auch im heutigen Kindersport, wo alle Kinder sich eine Medaille allein dafür »verdienen«, dass sie teilgenommen haben. Erreiche die Ziellinie als achtzehnter, mit niemandem mehr hinter dir, und du wirst als Gewinner betrachtet. Jeder ein Gewinner? Es ist eher so, dass jeder dabei verliert. Es ist eine wissenschaftliche Tatsache, dass du keinen Gewinner haben kannst, wenn es nicht auch jemanden gibt, der verliert; und du kannst nicht überlegen sein, wenn du nicht gewinnst. Wenn niemand großartig ist, verlieren alle. Spirituelle Versager haben diese Welt schon viel zu lange verseucht.

Tatkräftig die Mittelmäßigkeit zu unterstützen, mehr noch, sie in der anspruchslosen Teilnahme an etwas zu zelebrieren, ist eine Beleidigung des menschlichen Geistes. Lange ist es her, dass das beste Kind gewann, weil es ein Gewinner ist – es bekam die Goldmedaille, weil jedes andere Kind im Wettkampf mit ihm verloren hatte. Die Eltern haben Angst, dass sich ihr Kind gekränkt fühlen könnte, wenn es weiß, wo es im Vergleich zu den anderen steht. Das ist eine Elternschaft, die in der Angst wurzelt. Und weil es

---

2 Wenn du ein Fundamentalist bist, übersetze »Jahrtausende« in »sechs Tausend«, die höchste Zahl in deiner Sprache.
3 Während man dennoch Psychedelika nahm.

eine Tatsache ist, dass Angst und Liebe nicht koexistieren können,[4] beweist das, dass diese Eltern ihre Kinder nicht lieben.

Warum sprechen wir über diese lieblosen Eltern? Weil wir in Wirklichkeit über lieblose, unspirituelle Spirituelle dieses dunklen Zeitalters sprechen, welche das Potenzial der Menschen zu spiritueller Überlegenheit verwässert und daraus ein fades Dahinvegetieren in Normalität gemacht haben. Mit ihrer süß gesäuselten Propaganda voller Hintergedanken haben sie der Welt dieses als Medizin getarnte Gift verkauft. Was würden die wahren Meister hierzu sagen? Lasst uns hierzu der Lehre von Jesus, einem der ganz Großen, lauschen.[5]

Hier ist eine kurze Notiz über Jesus, bevor ich euch von Jesus erzähle. Die beste Art, einer biblischen Lehre exakt gerecht zu werden, ist, jemand die Botschaft interpretieren zu lassen. Lass also jemanden die Interpretation der Botschaft interpretieren. Lass dann jemanden die Interpretation der Interpretation interpretieren. Interpretationen sind wie die Ehefrauen bei den Mormonen: Mehr ist immer besser! Lasst mich deshalb Jesu Botschaft für euch interpretieren, denn sicherlich könnt ihr seine Worte als solche nicht so einfach verstehen.

SPIRITUELLE ÜBERLEGENHEIT UND FÜHLENDE WESEN

Jesus hat immer über sein »Reich« gesprochen. Und wie nennt man den Besitzer eines Reichs? Hat er gesagt, er sei ein König? Ja. Denn er war wirklich spirituell. Er sagte der Welt – oder zumindest

---

4 Die einzige Ausnahme dieses universellen Gesetzes ist, wenn du es liebst, dich zu ängstigen.

5 Er ist in den meisten Büchern einer der Top Five. Für Leute mit einem ganz dünnen Buch ist er der einzige zitierte Meister.

den paar Menschen in Hörweite von ihm –, dass du ein König sein musst, um spirituell zu sein. Dann waren seine unausgesprochenen Worte (weshalb ihr mich braucht, um euch zu sagen, was er nicht gesagt hat): »Nur die besten Menschen sind Könige.« Du gehörst nur dann zu den besten, wenn du besser bist als die Menschen, die weniger gut sind als du. Deshalb sind nur die besten Menschen wirklich spirituell. Jesus war spirituell überlegen genug, um auf dem Wasser wandeln zu können, während andere zu ertrinken begannen in den verwässerten Gewässern der spirituellen Mittelmäßigkeit – wahrscheinlich weil er seine Füße dabei auf ihre unterlegenen Köpfe stützte. Wofür Jesus sein Leben opferte, ist: Er wollte der Welt zeigen, dass wahre Spiritualität ein Statussymbol ist. Dies sind das Herz und die Seele wahrer Spiritualität. Dies ist etwas, das Ultraspiritualität für euch endlich zurück in die Welt bringt – kraftvoller als je zuvor.

> Es geht nicht darum, besser zu sein
> als andere Menschen. Es geht darum,
> spiritueller zu sein als andere Menschen,
> denn das ist genau das, was dich besser
> macht als andere Menschen.
> DIE ESSENZ VON ULTRASPIRITUALITÄT.[6]

Wir wissen, dass diese Lehre von Jesus aus einem einzigen Grund wahr ist: Er lehrte dies nur einige wenige Menschen. Dann schrieb jemand, der nicht dabei war, achtzig Jahre später seine Worte nieder. Als Nächstes wurden diese Worte aus der Originalsprache übersetzt und ein paar tausend Jahre danach von jemand anders interpretiert. Das bedeutet, dass die Botschaft von Jesus die Zeiten und die Erosionskräfte der Übersetzung überdauert hat. Sie scheint bis heute durch jede Interpretation hindurch,

---

6 Achte insbesondere auf dein Herzzentrum, wenn du diese kraftvollen Worte liest.

denn seine Worte sind nichts als pulsierende Wahrheit. Danke, Jesus![7]

Jesus ist nicht der Einzige der alten spirituellen Meister, der diese Botschaft der spirituellen Überlegenheit gelehrt hat.[8] Krishna verkündete dieselbe Botschaft, indem er die Menschen im britischen Indien dazu brachte, ihn »Lord Krishna« zu nennen. Wenn das kein Stoff der nächsthöheren Ebene ist, was sonst! »Lord« genannt zu werden übertrifft die Bezeichnung »König« in jeder Hinsicht – es liegt so viel mehr Überlegenheit darin. Durch die einfache Tatsache seines Namens habe ich das Rätsel seiner Lehre gelöst: Spiritualität kommt von Überlegenheit. Das ist es, worum es in der Ultraspiritualität geht. Es ist ein Unglück, dass Krishnas ursprüngliche Lehre verloren gegangen ist, obwohl sie uns doch so klar vor Augen liegt.

Wenn der Knackpunkt von alledem nicht schon offensichtlich genug ist, lass ihn mich noch einmal darlegen: Du brauchst auf der Suche nach wahrer Spiritualität nicht endlos durch die Wüste zu wandern, denn Ultraspiritualität liefert dir das Gesuchte geradewegs vor die Tür deines Herzens und deiner Seele. Du brauchst dich dabei aber nicht auf mein Wort zu verlassen. Besser sogar, du tust es nicht! Denn die Bestätigung durch eine dritte Seite ist eine exzellente Art der Meinungsmanipulation. Hier ist ein Ultraspiritueller, von dem du vermutlich gerne hören wirst:

> *Ich heiße Euphorie-Ekstase. Dieser Name bedeutet im Grunde »Glückseligkeit Glückseligkeit«. Mein mittlerer Name bedeutet Ekstase, und das bedeutet Glückseligkeit, und es gibt etwas, das ich euch wissen lassen möchte: Ich fühle mich*

---

7 Wenn dieser Abschnitt dich beleidigt hat, beginne bitte, für mich zu beten, und gehe weiter zu Kapitel 10.

8 Wenn diese Zeile dich beleidigt hat, beginne bitte, für mich zu beten, und gehe weiter zu Kapitel 10.

glückselig rund um die Uhr, weil ich ultraspirituell bin. Es ist gut, ultraspirituell zu sein. Es war aber nicht immer so für mich.

Früher war ich nur spirituell. Es war eine nutzlose Zeit in meinem Leben, als ich in Abgeschiedenheit spirituell praktizierte, um mit meiner inneren Natur in Kontakt zu kommen. Ich wurde zu einem Junkie, der ständig die Einheit suchte. In dieser Zeit half ich anderen Menschen, als wären sie meinesgleichen. Es war eine schreckliche Zeit, in der ich meine Seele verlor und mein Genie plattmachte, um nur ja allen anderen gleich zu sein. Ich befand mich in rasender Rückentwicklung und verlor meine Spiritualität durch meine Spiritualität. Die Menschen mochten mich nicht. Nun ... sie mochten mich nicht bedeutend mehr, als sie jeden anderen mochten – was im Grunde bedeutet, dass sie mich nicht mochten. Auf der Höhe des Nur-spirituell-Seins war ich am absoluten Tiefpunkt angekommen.

Dort sah ich das Licht der Ultraspiritualität! Ich wurde mir einer bedingungslosen Liebe für die Verachtung meines gewöhnlichen Selbst gewahr. Nur die kraftvollste, brillanteste Version meiner selbst zu akzeptieren, die ich mir überhaupt vorstellen konnte, war wie eine Motivation von reinem Biotreibstoff. Von da an vergiftete keine Spiritualität mehr meine wahre Größe. Stattdessen begann die Ultraspiritualität all das zu vergiften, was nicht meiner Größe entsprach.

Meine Ergebnisse mit Ultraspiritualität waren weltbewegend. Wenn ich jetzt zu Trommelsessions mit meinen Freunden gehe, wissen sie, dass ich nicht mehr ihr Freund bin. Sie sehen in mir nun mehr einen Lehrer – jemanden, der über sie, auf ein Podest gestellt, gehört. Ich prüfe nun nicht mehr, ob etwas mit meiner Intuition übereinstimmt – meine In-

tuition stimmt mit mir überein. Wenn ich auf eine hilflose, bedürftige Seele treffe, dann bin ich nun, anstatt mich wirklich um sie zu kümmern, gut darin trainiert, so auszusehen, als würde ich mich um sie kümmern ohne die Unannehmlichkeit, mich tatsächlich um sie zu kümmern – wodurch mein sozialer Status enorm gewinnt. Man könnte auch sagen, ich sei der Michael Jordan oder Boris Becker der Spiritualität. Aber ich sage das nicht gerne, denn es ist der Job anderer, das über mich zu sagen.

Ultraspiritualität hat meinen spirituellen Nettowert unendlich gesteigert. Die Leute brauchen sich jetzt nicht mehr zu fragen, wie spirituell ich bin – meine ultraspirituellen Praktiken machen es ihnen leicht zu wissen, dass das Maß an spirituellem ICH BIN schon alles ist. Alles, was ich habe, habe ich der Ultraspiritualität zu verdanken.

Euphorie Glückseligkeit Ekstase

Danke dir, Euphorie, für diese packende Zeugenaussage! Jetzt, da wir mit der Zeremonie dieser Einführung durch sind, lasst uns die Vergangenheit vergessen und uns erinnern, was nun geschehen wird: Du wirst lernen, wie du Ultraspiritualität in dein Leben bringst. Damit du dich rühmen kannst, dich in diesem göttlichen Licht baden zu dürfen, ist es für dich entscheidend zu verstehen, dass Spiritualität kein Spiel ist – es ist ein Wettkampf.

Jetzt, da die aktuelle Einführung vorbei ist, lass mich dich in mein Buch einführen.

1

SPIRITUELLER WETTBEWERB

Wenn im Wald ein Baum umfällt, und niemand ist da, um das zu hören, gibt es dann überhaupt ein Geräusch? Antwort: Der Baum, der da umfiel, spielt keine Rolle. Worauf es ankommt, ist der stärkere Baum, der noch immer steht und gerade seinen unterlegenen Kumpel umgehauen hat. Niemand war da, um den fallenden Baum zu hören, deshalb ist alles, was zu bemerken ist, wenn nun Leute dort auftauchen, dass der stärkere Baum über dem schwächeren steht. Diese Tatsache müsste für dich offensichtlich sein, wenn du wenigstens bis zur fünften Klasse in der Schule warst, denn dann hast du bereits Darwins Idee kennengelernt, dass nur starke Bäume überleben.

Bäume sind nicht einmal reale Menschen, wenigstens nicht in dieser Analogie. Sie sind nur ein Symbol von dir und deiner Spiritualität. Welcher Baum bist du? Die Tatsache, dass du dieses Buch liest, impliziert, dass du danach strebst, der starke Baum zu sein – der Baum, der es versteht, seine Konkurrenten zu fällen und dann herumzugehen und an alle Türen[9] im Ort zu klopfen, sodass alle kommen können und sehen, wie du da hoch über allen anderen stehst, besonders über deinen gefällten Konkurrenten.

Wie kannst du deine spirituelle Stärke und Überlegenheit in der Welt verankern? Dafür gibt es zwei heilige Wege. Zuerst: Wachse selbst! Und zweitens (was in der traditionellen Spiritualität ignoranterweise ignoriert wird): Fälle deine Mitbewerber, indem du sie übertriffst! In der Ultraspiritualität ehren wir beide diese Wege zur spirituellen Expansion und erhalten deshalb exponentielle Ergebnisse, verglichen mit bloßer Spiritualität. Wie die Weisen gesagt haben: Es gibt immer eine Axt in der Hand des überlebenden Baums.

Spiritueller Wettbewerb ist die ultraspirituelle Basis, auf der der Rest deines ultraspirituellen Weges ruht. Ohne tief in den Brunnen des spirituellen Wettbewerbs zu bohren, bist du wie ein Guru ohne eine Schülerschar, die ihm folgt, also völlig nutzlos.

---

9 …, die aus deren Konkurrenten gemacht wurden,

HERZLICHER WETTBEWERB

Spiritueller Wettbewerb ist das GPS, das dich zum ultraspirituellen Ziel bringt. Wie alles, bei dem das Ziel ist, besser als die zu sein, die du übertriffst, ist der spirituelle Wettbewerb das, worauf du wandelst – es sind dieselben Füße, mit denen du über deine Mitbewerber steigst oder sie niedertrampelst. Das gilt auch für das Wasser in der Ultraspiritualität, über das du wandelst. Es ist heiliges Wasser!

Wenn du ultraspirituell werden willst, sollte es in deiner gesamten spirituellen Praxis ein entschieden absichtsvolles und doch subtil ausgedrücktes wetteiferndes Element geben. Und du solltest dir das nicht einmal wünschen, denn das wäre nur ein Kinderspiel. Du solltest es *beabsichtigen*. Damit du mit dem Wünschen aufhörst und beginnst, absichtsvoll zu handeln, sodass du es tatsächlich zustande bringst, möchte ich diesen Punkt durch eine Gegenüberstellung von zwei miteinander konkurrierenden Aussagen über eine spirituelle Tat veranschaulichen:

Spiritualität ohne Wettbewerb:

»ICH MEDITIERE.«

Spiritueller Wettbewerb:

»ICH MEDITIERE JEDEN MORGEN EINE STUNDE LANG.«

Im Beispiel der Spiritualität ohne Wettbewerb gibt es keinen Anhaltspunkt für einen Antrieb, der dich auf den Berg hinauftreibt, um dein Besser-Sein zu behaupten, so wie Jesus, Krishna und wahrscheinlich sogar Gott es in ihrer jeweils spirituell meisterhaften Weise lehren. In der Version des spirituellen Wettbewerbs gibt es eine subtile Quantifizierung, also eine Messlatte, durch die andere sich mit dir vergleichen können. Ein ideales Ergebnis davon wäre, deinen Mitbewerber denken zu lassen – vorzugsweise in Form einer vor sich selbst kapitulierenden inneren Stimme: »Ich meditiere nur

20 Minuten pro Tag. Ich bin weniger wert.« Dieser innere Dialog ist die duftende Frucht deiner ultraspirituellen Praxis.

Wenn der innere Dialog deines Gegners jedoch sagt: »Ich meditiere zwei Stunden am Tag«, dann wird leider der Grund unter deinen Füßen nachgeben, und du wirst auf einem glitschigen Hang in die Bedeutungslosigkeit abrutschen. Wenn das geschieht, hat dein Mitbewerber offensichtlich dieses Buch gründlicher gelesen als du, und das bringt deine Träume in Bezug auf Ultraspiritualität in Gefahr. An diesem Punkt solltest du dir große Sorgen machen. Lies trotzdem weiter!

> **Macht das Besser-Sein als jemand anders dich spiritueller, oder macht das Spiritueller-Sein dich besser?**
>
> ULTRASPIRITUELLES RÄTSEL

SPITZFINDIGKEIT ALS WETTBEWERBSVORTEIL

Es ist Zeit, dass ich die Bedeutung der *Spitzfindigkeit* hier schonungslos klar hervorhebe. Ein erfolgreicher Wettbewerber deiner spirituellen Unternehmungen zu sein bedeutet nicht, dass du ein Bliss-Junkie sein musst – in Hanfkleidung, nach Schweiß riechend, mit Männer-Dutt[10] und ähnlichen solcher Extravaganzen. Ganz im Gegenteil. Starke Anstrengungen, spirituell zu sein, lassen dich sehr unspirituell aussehen, und das bedeutet, dass du unspirituell bist. Hierbei wirkt das physikalische Gesetz, dass du im Treibsand umso tiefer sinkst, je mehr du versuchst, da rauszukommen. Ein Beispiel:

> **Stürze dich mit großer Anstrengung in den spirituellen Wettbewerb:**
>
> »ICH MEDITIERE MEHR ALS DU!«

---

10 Frauen setzen hier »ohne Beinrasur« ein.

Anfängerfehler wie dieser wurzeln in einem enttäuschend tiefen Selbstwertfühl der Leute. Sie werden von dem Versuch verursacht, derjenige sein zu wollen, der anderen sagt, dass er besser ist als sie. Falsch! Das zu versuchen bedeutet, dass du von deinem eigenen Schwert der Verzweiflung verletzt wirst, und Wunden sind ein Zeichen des Scheiterns. Jedes Mal scheiterst du. Die angemessene Methode der Ultraspiritualität ist, dass du immer *den Verstand der anderen* die Institution sein lässt, die sie informiert, dass du spiritueller, also besser bist als sie. Das ist dann ein Gewinn für dich.

Der Buddha sagte immer: »Weisheit kann nur innen gefunden werden.«[11] Er lieferte damit eine tiefe Einsicht in die Bedeutung von Spitzfindigkeit im spirituellen Wettbewerb. Wenn du etwas zu sehr versuchst, ist das, als würdest du dem Buddha ins Gesicht spucken. Zu versuchen, andere in offensichtlicher Weise über deinen höheren spirituellen Status zu informieren, ist kein Zeichen von Weisheit, das aus ihrem Innern kommt; es wird sie nicht überzeugen, deshalb verlierst du dabei. Der Buddha will, dass andere Menschen deine Überlegenheit selbst entdecken. Erwecke deshalb nie den Eindruck, dass du etwas mit großer Anstrengung versuchst. Noch besser ist, wenn du mit großer Anstrengung versuchst, nie so auszusehen, als würdest du etwas mit großer Anstrengung versuchen. Damit ermöglichst du dir zu kontrollieren, was in anderen Menschen aufkommt, und das bedeutet, dass du in der Welt der Ultraspiritualität auf dem besten Wege bist, dir überragenden Ruhm zu erwerben.

Hier ein hilfreicher Tipp für dich: Verwende Quantifizierungen, wann immer du kannst. Zum Beispiel: »Ich mache jeden Tag zwei Stunden Yoga«, »Ich bin seit 20 Jahren auf diesem Weg«, »Ich habe zu Hause 97 Kristalle«[12] und so weiter. Quantifizierungen manipulieren den relativen menschlichen Verstand deiner Mitbewer-

---

11 Dementsprechend ist das nicht besonders weise, denn es kam von ihm und nicht aus deinem Innern.

12 Was bedeuten würde, dass du zu Hause wenigstens 17 Katzen hast. Ich bin mir sicher, dass das ziemlich riecht.

ber, indem sie sie ermutigen, sich mit dir zu vergleichen. Wenn das richtig gemacht wird, werden sie bis zum Hals im Sumpf von Buddhas innerem Wissen stecken, dass du spirituell besser bist als sie. Wichtig ist, dabei zu beachten: Wenn du versuchst, etwas zu quantifizieren, was nicht quantifizierbar ist, versuche, die Quantifizierung mit sinnlosen oder vagen Begriffen der Messung und des Vergleichs dennoch hinzukriegen, etwa so: »Ich bin *wirklich* intuitiv«, »Ich fühle *so viel* Liebe«, »Ich bin in einer *so hohen* Schwingung.«

Jedes bisschen kosmischer Weisheit, das du in den übrigen Kapiteln in dich aufsaugen wirst, wird dich mit spiritueller Artillerie so schwer bewaffnen, dass du dabei mehr inneren Frieden findest und durch die Kriegstaktiken des spirituellen Wettbewerbs an spirituellem Status gewinnst. Jetzt erst mal nur eine kurze Liste mit Tipps des spirituellen Wettbewerbs, die du als Munition verwenden kannst auf deinem Weg zu einem höheren spirituellen Status:

Poste in den sozialen Medien Weisheitszitate

Sozialer Status ist ein anderer Begriff für den *spirituellen Status*. Verschaffe dir Einfluss, indem du kontemplative Zitate von Menschen bringst, die klüger sind als du. Die besten Resultate gibt es dabei, wenn du ihre Namen löschst, bevor du die Zitate postest.

Halte Augenkontakt

Es ist lange her, dass der bessere Mensch von zweien durch ein Waffenduell an High Noon bestimmt wurde. Den anderen Menschen darin zu überbieten, dass du ihm länger in die Augen schauen kannst als er dir, ist die spirituelle Disziplin von heute.

Ätherische Öle

In Übereinstimmung mit alten spirituellen Traditionen bist du umso spiritueller, je mehr du wie eine übergriffige Blume penetrant riechst. Wenn es sich um die Anwendung ätherischer Öle handelt, ist mehr immer besser. Und hier der Bonus-Tipp: Um normale Leiden zu behandeln, verwende ätherische Öle anstelle von Anwendungen, die tatsächlich funktionieren.

Sprich mit einer übertrieben leisen oder feenhaften Stimme

Der Löwe mit dem tiefsten Gebrüll ist der König des Dschungels.[13] Der spirituelle Mensch mit der sanftesten Stimme regiert den spirituellen Dschungel.

Poste Selfies, die deine Spiritualität zeigen

Verschwende keine Zeit damit, Bilder von deinem Rukolasalat zu posten, von deinen Kindern oder anderem Zeug, auf das es nicht ankommt. Wer die meisten Selfies postet, wird am meisten bewundert. Was zeigt in einem Selfie deine Spiritualität? Die Antwort auf diese Frage kommt nicht von dir. Sie kommt von dem, wie dich andere in deinem Selfie sehen, was wiederum davon abhängt, wie du dies in ihnen manipulierst – und *das* kommt von dir.

Ändere deinen Namen

Mit Ram, Shakti, Bodhi, Wotan und Freya liegst du schon mal nicht ganz falsch. Am besten jedoch, du entscheidest dich für einen seidenweichen Sanskrit-Namen, der (in nur wenigen Sanskrit-Worten) bedeutet, dass du ein ganz besonderes und liebenswertes Wesen bist. Wenn dein Name den Leuten sagt, wie großartig du bist, brauchst du dir nicht mehr so sehr die Mühe zu machen, wirklich so großartig zu sein. Das ist dann wie ein passives Einkommen für dein spirituelles Bankkonto. Beachte: Unter allen Umständen musst du vermeiden, darauf zu antworten, wie du zu diesem einzigartigen Namen kamst! Es gibt nichts Schlimmeres, als vor anderen zugeben zu müssen, dass du dich selbst gesalbt hast.[14]

---

13   Löwen leben in der afrikanischen Savanne, nicht im Dschungel.

14   Wenn du je von deinen Eltern beim Masturbieren erwischt wurdest – es ist dasselbe Gefühl.

Finde Fehler in anderen

Für die Defizite in anderen ein sensibles, mitfühlendes Auge zu haben ist ein unschätzbares Talent. Wenn jemand nicht achtsam ist, sondern urteilend, unbewusst oder einfach offensichtlich verloren gegangen ist im ganz normalen Menschsein – bei diesen Gelegenheiten kannst du dir eine Bestandsliste ihrer Defizite anlegen. Der Vergleich lässt dich noch größer aussehen.

Nimm an einem spirituellen Retreat teil, das 10 000 Euro kostet

Wenn diese Art der Quantifizierung nicht hilft, dann hilft gar nichts mehr. Genau zehn Prozent des Wertes eines überteuerten Retreats kommen von deiner Teilnahme daran. Die übrigen 90 Prozent kommen davon, dass die anderen erfahren, dass du daran teilgenommen hast.

Beende E-Mails mit »in Licht und Liebe«

Anstatt mit Menschen so zu kommunizieren, als würden sie Intelligenz besitzen, versuche es besser mit abstrakten spirituellen Begriffen, die keine nützliche Information enthalten. Die Empfänger dieser Mails werden dir ewig dankbar sein für all das Licht und die Liebe, die da plötzlich aufgrund deiner E-Mail-Unterschrift ihren Tag überfluten. Noch wichtiger: Sie werden dabei einfach an deine spirituelle Überlegenheit erinnert, dass du deine Botschaft mit dem Wasserzeichen deiner Vormachtstellung gekennzeichnet hast.

PLATT ERNÜCHTERNDE NOTIZEN ÜBER SPIRITUELLE SPITZFINDIGKEIT

Wahrscheinlich bist du nun von dem süffigen Versprechen der oben angegebenen spirituellen Tipps ziemlich benebelt und berauscht von der Vorfreude auf die kommenden ultraspirituellen Praktiken. Bei all der ekstatischen Erregung darüber, wie du besser werden kannst, als du es jetzt bist, kannst du jedoch leicht einem zu harten Bemühen verfallen. Das würde, wie ich bewiesen habe, dich nur schwächen und weniger spirituell machen. Du hast jedoch das Glück, von mir die wertvolle Einsicht vermittelt zu bekommen, dass *die Spitzfindigkeit* bei deinen spirituellen Bemühungen etwas ganz Wesentliches ist, wenn du in die Wege der Ultras eingeweiht werden willst.

Wenn du deinen Stoff nicht mit großzügigem Rabatt von deinem lokalen Schamanen erhalten hast, wirst du nie die Sonne gehört haben, wie sie um Aufmerksamkeit bettelte. Es bemerkt aber jeder die Sonne, denn sie ist im Sonnensystem der stärkste Stern.[15] Die stilsichere, feine Art, einfach da zu sein und Macht auszuströmen, erteilt dem werdenden ultraspirituellen Stern in dir eine wichtige Lektion. Und während ich jetzt über Sterne spreche oder schreibe, fällt dir wahrscheinlich auf, dass noch nie ein Filmstar auf dich zugekommen ist und dich verzweifelt um ein Autogramm angebettelt hat. Warum? Die Antithese von Feinheit – offensichtliche Verzweiflung – ist das Gegenteil von Macht und Bedeutung, deshalb kommt keiner dieser Stars auf dich zu. Wenn du in diesen bodenlosen Abgrund verzweifelter Spiritualität hineinfällst, kannst du ebenso gut mit einem Schild um den Hals herumlaufen, das besagt: *Schwächstes Tier in der Herde.*

Während du deine Gelübde gegenüber Lady Feinheit vertiefst, nimm folgende Botschaft mit ins Bett: Die am wenigsten überzeugende Art, spirituell zu sein, ist der Versuch, überzeugend zu sein. Andererseits ist das Unüberzeugend-Sein die überzeugendste Art, spirituell zu sein. Auf unüberzeugende Art zu überzeugen erlaubt deiner spirituellen Überlegenheit so zu strahlen wie das helle Leuchten der Sonne. Je mehr du versuchst, nicht noch mehr zu versuchen, umso besser. Je mehr du versuchst, noch mehr zu versuchen, umso schlimmer stehst du da. Es ist wie das Betteln eines

---

15 Sie ist dort sogar der einzige Stern, was sie noch elitärer macht.

Obdachlosen um spirituelle Anerkennung. Als ich das letzte Mal nachsah[16], fand ich die Sonne mächtiger als die Obdachlosen.

Eines der wenigen Gebiete, auf denen die Indigokinder, die ihren Weg durch die Kindheit geschrien und getreten haben, wirklich gut sind, ist die Praxis, nichts wirklich angestrengt zu versuchen. »Ich brauche keinen Ehrgeiz, keinen Job, kein Ziel. Das ist alles so sehr alte Schule. Mir ist das alles egal. Mir ist sogar mein Egal-Sein egal«, sagt das Indigokind mit herabhängendem Gesicht, hingefläzt auf eine Couch, die ihm geschenkt wurde, gehüllt in die allerältesten Fummel – ein durchtriebener Beweis, wie sehr diesem Rotzlöffel alles egal ist.

Die Kunst, unüberzeugend zu sein, ist unter diesen jungen Menschen, die so talentiert sind, dass sie damit Probleme haben, eine sehr überzeugende Kunst. Du könntest sie für Menschen halten, die sogar mit dem Eröffnen eines kleinen Ladens Probleme haben. Aber sie werden keinen Laden eröffnen, weil sie dafür Geld akzeptieren müssten, was sie zu einem Sklaven des Systems machen würde – und sie weigern sich doch, ein Sklave des Systems zu sein. Aufgrund ihrer so wenig überzeugenden Haltung bist du schließlich ziemlich überzeugt, dass sie tatsächlich sehr talentiert sind. Vielleicht gibt es ihre Talentiertheit ja wirklich, vielleicht versteckt sie sich aber auch nur unter ihrer kindlichen Rebellion. Wenn du davon überzeugt bist, dass das so ist, kommt es dann wirklich darauf an, ob es auch so ist? In dieser Hinsicht ist Spitzfindigkeit Trumpf, das solltest du im Lauf deiner Suche nach Ultraspiritualität nicht vergessen.

VERWIRKLICHE DICH, WO DU GERADE BIST

Was fürchten Menschen mehr als das Bekannte? Antwort: das Unbekannte. Das sollte dir eigentlich schon bekannt sein. Während

---

16 Das war gestern, diese Erkenntnisse sind also ziemlich aktuell.

du nach deinem Weg suchst, sollte es eigentlich das Allerletzte sein, was du dir wünschst, dich so zu fühlen wie ein verklemmter Teenager, der auf dem Rücksitz eines geliehenen Autos versucht, seine zu fest sitzende Hose aufzuknöpfen. Es ist deshalb wichtig, dass du erkennst, wo du dich befindest. In den Worten meines Vaters: »Lass mich es dir aufzeichnen!« Sogar besser als die Bilder meines Vaters von halbbekleideten Teenagern auf den Rücksitzen geliehener Autos werde ich die Landkarte für deinen Aufstieg zur Ultraspiritualität in heilige Geometrie kleiden. Weil jeder weiß, dass Dreiecke und Pyramiden heilig sind, lasst uns eine davon für diesen Zweck benutzen.

Was ist dein Ziel? Die Ultraspiritualität. Dein Einhorn geradewegs bis auf die Spitze der ultraspirituellen Pyramide zu reiten ist das Geschäft, mit dem wir es hier zu tun haben. Noch irgendwelche Fragen? Bilder sind so viele Blütenblätter wert wie die einer tausendfältigen Lotusblüte. Sie beantworten im jeweiligen Fall entweder alle Fragen oder werfen unzählige weitere auf. Lass mich deshalb deine Fragen beantworten, die du entweder bereits fragst oder nicht weißt, wie du sie fragen sollst.

Zu jeder gegebenen Zeit bist du immer irgendwo auf dieser Pyramide, und wahrscheinlich beginnst du deinen Aufstieg niedriger, als du denkst. Als Faustregel[17] beginne ich damit, die Leute zu fragen, wo sie glauben, dass sie am Beginn ihrer Reise zur Ultraspiritualität stehen. Dann ziehe ich drei Ebenen davon ab, um ihren Startplatz auf der Landkarte des Aufstiegs zur Ultraspiritualität zu bestimmen. Bis wohin du auf der Pyramide schließlich gelangst, liegt an dir, aber es liegt natürlich auch an den anderen, denn »besser« hängt immer auch von »schlechter« oder »spirituell niedriger« ab. Mit den Worten der alten Könige der Pyramiden, wisse immer, wo *du* und *deines* ist, um damit die besten Wettbewerbsergebnisse zu erzielen.

---

17 Ich beziehe mich mit »Faust« auf die spirituell kraftvollste Gestalt, die eine Hand einnehmen kann.

DER ANFANG

Weil jedes Ende ein neuer Anfang ist, werde ich nun, da wir am Ende dieses Kapitels angelangt sind, gleich zur Sache kommen, denn dies ist in Wirklichkeit ein Anfang. Dein ultraspirituelles Leben fängt gerade an, während du durch den Geburtskanal des ersten Kapitels schlitterst. Dir gebührt Dank dafür, dass du den Ruf deines verkrampften Geistes beantwortet hast, indem du – Kopf zuerst – in das Bewusstsein der Ultraspiritualität hineingekrochen bist! Vor allem aber danke dir selbst mir gegenüber, dass ich dir die Ultraspiritualität zeige. Von mir zu dir: Du bist willkommen!

Da wir nun mit diesen mutigen Gefühlen der Dankbarkeit durch sind, lass mich dir ein Geschenk der Angst machen. Es gibt einen Mörder in deiner Nähe. Dieser Mörder – unsichtbar und rücksichtslos – will dein ultraspirituelles Potenzial köpfen und, was von dir übrig bleibt, in den nächsten Graben werfen, um dich so in das spirituelle Äquivalent des Abgrunds zu werfen, weniger als niemand zu sein. Nun denn …

2

UNBEQUEM MENSCHLICH

WIE MAN GEFÜHLE LEBENDIG BEGRÄBT

Mein Vater brachte mir bei, dass echte Männer nicht emotional werden. Meine Mutter hingegen vermittelte mir, dass echte Frauen nicht emotional werden, was der Weisheit meines Vaters widersprach und sie dabei doch ergänzte.[18] Indem ich die gefühllos herzlichen Geschenke von meinen Eltern nun an dich weitergebe, kann ich sicher sagen, dass du, wenn du emotional wirst, fehlerhaft bist und schwach. Dementsprechend sind deine Gefühle die größten Hindernisse für dein spirituelles Wachstum.

Deine Gefühle machen dich menschlich. Je menschlicher du bist, umso weniger spirituell bist du. Deine Gefühle machen dich menschlicher als alles andere. Sie werden dich lebendig begraben. Deshalb sind sie deine Feinde, und du bist ihr Feind. Deshalb verletzen sie dich. Gefühle machen dich nicht nur menschlich; sie machen aus dir einen schwachen Menschen. Und natürlich ist deine spirituelle Stärke umso geringer, je schwächer du als Mensch bist.

Deine Gefühle werden dich am düsteren unteren Ende der Charts spiritueller Größe begraben, wo du weniger als niemand bist. Es sei denn, du begräbst die anderen zuerst! *Deine lebendigen Gefühle zu begraben macht dich erhaben*, das ist es, was ich in der Phase der Unschuld während meiner Kindheit gelernt habe. Und es ist wahr! Du glaubst mir nicht? Dann sag diesen kursiv geschriebenen Satz laut und höre, wie er sich reimt. Wie schon die Alten lehrten, ist alles wahr, was sich reimt.[19] Nun, da wir damit durch sind, dass du mir nicht glaubst, lass uns weitergehen. Gefühle, die du lebendig begräbst, sterben bald ab. Das ist der Vorteil beim Begraben lebendiger Dinge.

Um dich die wirkliche Bedeutung deiner Gefühle in den Griff

---

18 Ich bin grundsätzlich dagegen, dass so viel Weisheit aus unseren Familien stammt. Dies aber ist eine Ausnahme von dieser Regel. Mein Onkel Leonard, der im Gefängnis sitzt, lehrte mich, bei jeder Regel eine Ausnahme zu machen. Ironischerweise lernte er, dass man über Ausnahmen bei der Einhaltung von Gesetzen die Nase rümpft.

19 Dass sich dieser Satz nicht reimt, bedeutet nicht, dass er unwahr ist. Nicht alles, was wahr ist, reimt sich, aber alles, was sich reimt, ist wahr.

kriegen zu lassen, ist hier eine Liste beerdigungswürdiger Emotionen mit einigen Einsichten, was sie über dich aussagen:

Angst: Dir fehlt ein Rückgrat.

Melancholie: Es macht dir Freude, kindisch zu sein.

Wut: Du solltest dich selbst für feindlich und gefährlich halten.

Neid: Du bist nichts wert. Andere Menschen haben mehr, weil sie mehr wert sind.

`Je menschlicher du bist, umso weniger spirituell bist du.`

Sorgen: Du hast kein Vertrauen in das Universum, deshalb hasst du Gott.

Trauer: Du wirst immer verletzen, und nichts sein ohne den Menschen, den du gerade verloren hast.

Schuld: Man kann dir nicht vertrauen.

Scham: Du bist ein schlechter Mensch.

Der einzige Sinn dieser negativen Emotionen ist, dass sie dich verletzen. Woher weißt du das? Weil sie sich nicht gut anfühlen. Eigentlich ist es ein Understatement, diese negativen Emotionen »negative Emotionen« zu nennen. Wenn du das Wort *Emotion* in seine Bestandteile zerlegst, teilt es sich in »E« und »Motion«. Das »E« steht für »entbehrlich« und »Motion« bedeutet Bewegung, es sind also entbehrliche, nutzlose Bewegungen, die da ablaufen. Und das Entbehrliche, die Null, das ist die Heimat des Teufels. Diese nutzlosen, ja bösen Emotionen werden die Infrastruktur deiner

Spiritualität zerstören, so wie in allen Lieblingsgeschichten aus meiner Kindheit Luzifer versucht, Gottes Plan zu ruinieren.

Du wirst dich vielleicht fragen, ob alle emotionalen Menschen böse sind. Ich wundere mich nicht darüber, denn das ist eine gute hypothetische Frage, die ich dir da anbiete. Ich schlage dir vor, sie dir selbst zu stellen in Form einer Feststellung. Es ist nicht notwendigerweise wahr, dass alle emotionalen Menschen böse sind. Es ist jedoch korrekt zu sagen, dass durch alle emotionalen Menschen etwas Böses fließt. Wenn Emotionen außer Kontrolle geraten, werden diese Menschen normalerweise ins absolut Böse hinübergleiten. Wenn du zu diesen entbehrlich-motionalen (eigentlich: bösen) Menschen gehörst, möchte ich dich als Erstes darauf hinweisen, dass du das Leben von allen Menschen um dich herum verschlimmert hast. Zweitens: Lies weiter in diesem Buch! Bleib dran! Das ist für dich die einzige Hoffnung auf Erlösung.[20]

Von Gefühlen beeinflusste Menschen fragen mich oft: »Eure Heiligkeit JP, wenn Gefühle denn so böse sind, warum sind wir so gemacht, dass wir sie haben?« Hier ist eine großartige Antwort in Form einer Frage, mit der ich auf deine popelige Frage antworte: »Warum fühlt sich der AIDS-Virus im menschlichen Körper so pudelwohl?« Gut pariert, JP.

SCHMERZ IST DIE SCHWÄCHE, DIE DEN KÖRPER UNTERWANDERT

Wenn du unter dem Einfluss deiner Gefühle ein schwaches menschliches Wesen bist, dann bist du mit nichts von dem in Kontakt, was wirklich ist. Du hast das absolute Wissen, dass alles perfekt ist, aus

---

20 Es sei denn, du bist meine Exfreundin. In diesem Fall ist alle Hoffnung verloren. Ich bin froh, dass deine böse Motionalität aus meinem Leben verschwunden ist, Charlotte! *Umfragen vor der Veröffentlichung dieses Buchs haben ergeben, dass elf Prozent von meinen Lesern sich als meine Exfreundinnen einordnen lassen.

dem Auge verloren. Du wirst von deinen Anhaftungen kontrolliert. Noch wichtiger ist, dass deine Gefühle anderen eine große Lücke in deiner spirituellen Rüstung zeigen. Dort verlierst du dein spirituelles Lebensblut, als Konsequenz aus der Wunde, die du dir mit dem Schwert deiner eigenen Gefühle selbst zugefügt hast. Wie konntest du dir das nur antun? Besser, als diese Frage zu beantworten, ist es, dir zu überlegen, wie du damit aufhören kannst. Bevor wir das tun, stelle dir die folgenden beiden Szenarien zur Auswahl vor.

DAS SZENARIO DES EMOTIONALEN MENSCHEN

Du bekommst einen Anruf und erfährst, dass ein alter Freund gestorben ist. Du brichst weinend zusammen, überflutet von Gefühlen der Trauer über den Verlust deines Freundes, während du dich schuldig fühlst, dass du mit diesem Menschen nicht Kontakt gehalten hast. Während du hysterisch schluchzt und dabei wahrscheinlich ein bisschen Rotz in deinen Mund fließt, fragst du dich hilflos: »Was kann ich nur tun?« Nachdem du deine Kehle von Rotz und Speichel befreit hast, erörtert dein Verstand die Frage, was nach dem Tod geschieht. Ist dein Freund nun an einem besseren Ort, an einem schlechteren oder an gar keinem Ort? Nachdem du kurz über das Leben nach dem Tod nachgedacht hast, packt dich die Angst vor deinem eigenen Tod. Es genügt wohl zu sagen, dass dies deinen Tag so ziemlich ruiniert hat.

DAS SZENARIO DES SPIRITUELLEN MENSCHEN

Du bekommst einen Anruf und erfährst, dass ein alter Freund gestorben ist. Du brichst nicht schluchzend zusammen, weil du keine Gefühle mehr fühlst. Du fühlst keine Gefühle mehr, weil du kein emotionaler Mensch bist – du bist ein spiritueller

Mensch, und spirituelle Menschen sind nicht emotional, sondern spirituell. Verwurzelt in dem abstrakten Wissen, dass Tod nur eine Illusion ist, stünde es im Widerspruch damit, etwas über einen toten Menschen, der nicht wirklich gestorben ist, zu fühlen. Es tröstet dich außerdem dein Wissen aus erster Hand über das, was im Leben nach dem Tod geschieht, worüber du in Büchern gelesen hast. Du bist nicht verzweifelt und voller Angst aufgrund des Mysteriums von alledem, denn für dich gibt es da kein Mysterium. Du weißt, was hinter dem Vorhang geschieht, deshalb hast du natürlich keine Angst davor. Du kicherst und lachst ein bisschen darüber, dass dein spirituell weniger weit entwickelter Freund »dies bekommt«. Du legst das Telefon beiseite und setzt deinen Tag fort, nun in besserer Laune, weil du weniger deprimiert bist als der Überbringer dieser »traurigen« Nachricht, und du daher spiritueller bist als er.

Wer in diesen beiden Szenarien ist nun spiritueller? Richtig, es ist die Person, die hier als »spiritueller Mensch« bezeichnet wird.

An dieser Stelle könntest du sagen: »JP, auch ich könnte fehlerhaft und schwach sein. Ich glaube nicht, dass ich weit genug entwickelt bin, um nicht angesichts solch schlechter Nachrichten Gefühle zu haben.« Du hast Glück. Du brauchst nicht jenseits deiner Gefühle zu sein, um sie daran zu hindern, dass sie aufkommen; du brauchst nur zu wissen, wie du sie wegdrücken kannst, bevor sie ans Tageslicht kommen. Das ist leicht gesagt, aber nicht leicht getan. Gefühle sind wie Wasser, das zwischen deinen Fingern hindurchrinnt.[21] Wenn du in der Flut der Emotionen zu ertrinken drohst, brauchst du eine Rettungsleine zu einem Menschen, der emotional erheblich stärker ist als du, d. h. zu einem Menschen, der nicht emotional ist. Der nächste Schritt auf deiner Reise zu

---

21 Es ist effektiver, aus einer Tasse zu trinken.

emotionaler Stärke ist, dass du über bedeutungslose Babyschritte hinweggehst und gleich so wirst wie die Menschen mit einer emotionalen Stärke von Weltklasse. Emotionale Schwäche ist so ähnlich wie physische Schwäche. Stell dir vor, du hast dich noch nie in deinem Leben körperlich verausgabt. Dann siehst du eines Tages einen olympischen Gewichtheber und sagst dir: »Ich will so stark werden wie er.«[22] Das Logischste, was du an dieser Stelle tun kannst, ist, dasselbe Training zu absolvieren wie dieser Gewichtheber.[23] Lasst uns deshalb nun ein paar Beispiele von olympisch-stoischem Gleichmut ansehen – am wichtigsten dabei ist, dass du über meine Kommentare zu den folgenden Zitaten meditierst.

ZITAT	JP ERKLÄRT
»Wer tief lebt, hat keine Todesangst.« **ANAÏS NIN**	»In diesem schönen Zitat sagt Herr oder Frau Nin im Grunde, dass Angst zu empfinden dich zu einem oberflächlichen Menschen macht.«

»Die Angst zu überwinden ist der Anfang der Weisheit.« **BERTRAND RUSSELL**	»Bert konnte es nicht deutlicher sagen: Die Angst zu töten, die dich zu töten versucht, macht aus dir einen weiseren Menschen.«

---

22 Oder wie sie, wenn du die stark maskulinen Frauentypen aus der Nibelungensage magst.

23 Steroide werden dir helfen, physisch stärker zu werden, sie sind aber leider nicht zielführend bei deinen Bemühungen um emotionale Stärke. *Roid Rage* ist so was, wie mit emotionalen Steroiden zugedröhnt zu sein.

ZITAT	JP ERKLÄRT
»Der Feind ist die Angst. Wir denken, es sei der Hass, aber es ist die Angst.« **MAHATMA GANDHI**	»Gandhi hasst die Angst und denkt, dass auch du sie hassen solltest.«

✳

| »Der beste Kämpfer ist nie wütend.«
LAO-TSE | »Lao war eine ziemlich erleuchtete Katze, und Katzen sind gute Kämpfer. Diese Katze wird nie wütend. Wenn du ein guter Kämpfer sein willst oder eine Katze oder einfach erleuchtet, dann werde nie wütend.« |

✳

| »Du wirst nicht für deine Wut bestraft werden. Deine Wut wird die Strafe sein.«
BUDDHA | »Buddha sagt, dass sogar ein guter Kämpfer wie Lao-Tse dich nicht bestrafen wird, wenn du wütend bist, weil du nicht wütend sein solltest. Es ist nur deine Wut, die dich verletzen will.« |

✳

| »Lass dich durch nichts aus der Ruhe bringen, durch nichts ängstigen.«
MUTTER TERESA | »MT hat, was Gelassenheit anbelangt, selber ihre Schwierigkeiten. Vor deinen Gefühlen wirst du dich gruseln.« |

ZITAT	JP ERKLÄRT
»Besser kontrolliere selbst, bevor du dich zerstörst.« HANS EISWÜRFEL	»Herr Eiswürfel lehrt, dass unkontrollierte Emotionen dich zerstören werden.«

Wow, was für befreiende Einsichten![24] Einige weltbekannte Lehrer von olympischem Format erklären dir die Nachteile von Gefühlen. Wenn es etwas gibt, das noch genauer und hilfreicher ist als verkürzte, aus dem Kontext gerissene Zitate, dann ist es mein Kommentar zu diesen Zitaten. Es ist wie beim Anmalen: Die zweite Schicht sieht immer besser aus als die erste. Du wirst deshalb vermutlich das Bedürfnis haben, noch einmal zurückzublättern und meine Zitate zu diesen Zitaten zu lesen.

Bevor wir nun in Strategien eintauchen, wie die dämonischen Drachen deiner Gefühle besiegt werden können, wirst du erst einmal einen anderen wilden Drachen kennenlernen müssen. Wenn du ihm den Rücken zuwendest, wird dieser Drache dir den Kopf abreißen, dich in zwei Teile spalten und sich dann auf deinem verstümmelten Kadaver wälzen. Dieser Drache heißt *Bedürftigkeit*.

BEDÜRFNISSE: NOCH MEHR UNANNEHMLICHKEITEN

Gerade bist du endlich der Bedrohung durch deine eigenen Gefühle gewahr geworden, und nun sage ich dir, dass es da noch eine andere Gefahr gibt, um die du dich kümmerst musst.[25] Wenn du nicht den feindlichen Unannehmlichkeiten des Menschseins erlau-

---

24 Wenn ich Ausrufezeichen verwende, will ich damit nicht Emotionen rüberbringen. Ich mag es einfach, wie sie aussehen!!!
25 Muss ich dich an die spirituelle Gefahr des dir Sorgenmachens erinnern, mit dem du deinen Hass auf Gott zeigst?

ben willst, dein spirituelles Potenzial nachhaltig abzutöten, dann musst du nach Bedürfnissen Ausschau halten.

Bedürftig zu sein ist, als würdest du auf das allmächtige Universum schauen in all seiner Unendlichkeit und dann sagen, dass das nicht genug ist. Dann spuckst du ihm ins Gesicht wie ein undankbarer Flegel, trittst ihm in die Lenden und stößt ihm mit dem Ellbogen unters Kinn – du zerschmetterst das Universum an sechs verschiedenen Stellen, sodass es dieser undankbaren Kreation nie wieder zulächeln kann. Ist es das, was du willst? Das ist jedoch, was du tust, wenn du bedürftig bist.

Das Universum gibt dir nichts als unendliches Potenzial, unendliche Unterstützung, unendliche Liebe, nicht endenden Überfluss, unendliche Kreativität, unendliche Möglichkeiten, und du hast noch immer den Nerv, bedürftig zu sein? Du behauptest, dass unendliche Unendlichkeit für dich nicht genug ist? Während du auf deinem undankbaren hohen Ross sitzt – auch das hat das Universum dir zur Verfügung gestellt –, lass mich dich daran erinnern, dass du nichts anderes zu tun hast, als dir völlig gewahr zu werden, dass das Universum dir alles das gibt und noch mehr. Der offensichtliche Punkt hierbei ist: Wenn du nicht vergesslich bist, dann brauchst du es, nicht bedürftig zu sein. Ich glaube, es war jemand irgendwo in einem heiligen Buch, der gesagt hat: »Bedürftigkeit ist spirituelles Rattengift.« Lass mich dir erlauben, dich darüber aufzuklären, wie das Gift der Bedürftigkeit deine Spiritualität verschmutzen kann.

Bedürfnis nach Aufmerksamkeit. Menschen darum zu bitten, dich zu bemerken, ist der größte Charakterdefekt gleich nach dem Töten von Babydelfinen.

Bedürfnis nach Anerkennung. Gutes zu tun und mit der Agenda für diese Taten Wertschätzung zu erhalten, um es dann denen übel zu nehmen, die dich nicht genug dafür wertschätzen, das hat ungefähr so viel Sinn, wie Ziegenmilch zu trinken, weil sie so viel Chlorophyll enthält.

Bedürfnis nach Freundschaft. Was können deine psychologisch instabilen Freunde dir geben, was das Universum nicht könnte? Nur eine oberflächliche Freundschaft können sie dir geben, und das kann dir am Ende auch egal sein.

Bedürfnis nach Raum. Du suchst zugleich Freundschaft und Raum, in den du dich ausdehnen kannst, obwohl das komplette Gegensätze sind? Das ist unlogisch, Mister Spock.

Bedürfnis nach Bestätigung. Nach all den Jahren suchst du noch immer nach Bestätigung bei deinem abwesenden Vater. Rate mal, warum du das aus zwei Gründen nicht bekommst: Erstens bist du dafür nicht gut genug; zweitens war er nie dein wirklicher Vater.[26]

Bedürfnis nach Wertschätzung. Solange du willst, kannst du weiterhin nach der Trommel der Mentalität dieses Zweijährigen marschieren. Gibt das Universum dir Wertschätzung? Nicht wenn du von wertlosen Menschen für wertvoll gehalten werden willst.

Bedürfnis nach Sicherheit. Der Versuch, durch das Abschließen von Türen und Fenstern Sicherheit zu gewinnen, ist wie der Versuch, dein spirituelles Selbst (du solltest kein anderes Selbst haben als dieses) abzutreiben, indem du deine Angst als Kleiderbügel verwendest.[27]

---

26 Frag deine Mutter nach der Geschichte von ihrem »Bühnenzugang« nach jenem Konzert der Rockband *Journey*.

27 Damit habe ich gerade eine rote Linie überschritten. Das ist okay, denn der Geist wirkt durch mich.

Bedürfnis nach Nahrung. Dein energetisches Prana, das deine Chi-hungrigen Chakren füttert, sollte dir eigentlich genug sein. Sei nicht wie der Fisch, der nach einem Glas Wasser fragt.

Bedürfnis nach Zärtlichkeit. In den Worten meiner Großmutter ausgedrückt, die nach einem schicksalhaften *Journey*-Konzert zu meiner Mutter sagte: »Sei keine Hure!« An Zärtlichkeit ist spirituell gesehen nichts falsch.[28] Es ist jedoch viel daran falsch, Zärtlichkeit zu *brauchen*.

Bedürfnis nach Aufrichtigkeit. Der einzige Grund, warum du die Aufrichtigkeit der Menschen dir gegenüber brauchen könntest, ist dein Mangel an Intuition. Der einzige Grund, warum du vielleicht nicht intuitiv bist, ist, dass du nicht spirituell bist. Inzwischen solltest du das alles besser wissen.

Bedürfnis nach Bestärkung. Was genau ist es, worin du bestärkt werden willst? Ich kann dich in dem Wissen bestärken, dass es keine Bestärkung gibt außer der Bestärkung darin, dass du eines Tages sterben wirst und dann endlos viel Zeit in der karmischen Hölle verbringst als Buße dafür, dass du mit so viel giftigen Bedürfnissen angefüllt warst.

EINE BOTSCHAFT VON MEINEM HERZEN ZU DEINEM

Neben der ernsthaften Behinderung, die Bedürfnisse deinem Spirituell-Sein zufügen, kann ich dir außerdem versichern, dass Bedürftigkeit der Grund von hundert Prozent aller gescheiter-

---

28 Wenn du weiblich bist, wird dir ein qualifizierter Guru diese zeitlose Lektion unmittelbar verabreichen. (Siehe in Kapitel 6 meine spannende Erörterung zum Thema Guru.)

ten Beziehungen ist. Dafür brauche ich mir nur meine vergangenen Partnerschaften anzuschauen, in denen die Bedürftigkeit der Frauen diese zerstörte. Aufgrund der Tatsache meiner Ultraspiritualität habe ich keine Bedürfnisse. Ich brauche sie einfach nicht, und ich fühle mich auch nicht zwanghaft zu dieser sklavischen Bedürftigkeit meiner früheren Gefährtinnen hingezogen. Ihre Schwäche und spirituelle Behinderung haben sie bedürftig gehalten, dass wir »Zeit miteinander« verbringen. Das Bedürfnis, dass ich sie »respektieren« solle, das Bedürfnis, dass ich ihnen »nette Sachen« sage, das Bedürfnis, dass ich ihnen »keine gemeinen Sachen« sage, und das Bedürfnis, dass ich »nicht mit ihren Schwestern schlafe«. Egal ob du ein Mann oder eine Frau bist oder ein bisschen von beidem, du kannst mit exakter Präzision erwarten, dass deine Bedürftigkeit all deine Beziehungen ertränken wird, zusammen mit dem, was von deinem spirituellen Potenzial dann noch übrig ist.

DEINE BEDÜRFNISSE AMPUTIEREN

Bevor du deine problematischen Gefühle wirklich abschaffen kannst, musst du lernen, wie du dich aus deiner Bedürftigkeit befreist. Warum? Weil alle Gefühle von unerfüllten Bedürfnissen herrühren. Wie mein Großvater mich gelehrt hat, ist der beste Weg des Entfernens von Unkraut, dass man seine Wurzeln herauszieht.[29] Es gibt also wichtige Strategien, die ich dir mitteilen will, sodass du deine Bedürftigkeit loswirst und damit die Wurzeln deiner Gefühle. Leider werden diese Techniken normalerweise in keiner Schule, Familie oder sonst einem Gefängnis gelehrt.

---

[29] Mein älterer Bruder brachte mir bei, dass der Garten meines Großvaters ein guter Platz ist, um ein gewisses unerwünschtes Kraut zu rauchen. (Siehe Kapitel 11, um zu erfahren, wie man aus Drogengebrauch ein spirituelles Event macht.)

Stufe eins der Bedürfnis-Amputation:
Schäme dich, bedürftig zu sein

»Aber Eure Heiligkeit«, wirst du vielleicht sagen, »Scham ist ein Gefühl, und wir sollen doch keine Gefühle haben.« Lass mich diesen uninformierten Einwand ansprechen. Wenn du das tatsächlich denkst, dann gratuliere ich dir dazu, dass du von Mathe nicht viel mehr mitgekriegt hast als Grundschule dritte Klasse. Und wenn du nicht verstehst, was ich meine, dann gratuliere, dass du im Deutschen nicht über die zweite Klasse Grundschule hinausgekommen bist. Lass mich die Rechenaufgabe und das Deutsch dahinter erklären: Scham ist eine negative Emotion. Ein Bedürfnis ist etwas Negatives. Minus mal Minus ergibt Plus. Die negative Scham multipliziert mit deiner negativen Bedürftigkeit löscht beides – du verbleibst dann mit dem positiven Resultat, keine Scham und keine Bedürftigkeit mehr zu haben. Das ist eine einfache Rechenaufgabe. Demgemäß ist dies das einzige Mal, wo es auch nur im Entferntesten nützlich ist, eine negative Emotion zu haben, denn du benutzt sie hier, um etwas anderes Negatives in dir abzutöten.

Mit dieser Maßnahme kannst du, wann immer du ein Bedürfnis entdeckst, das sein kleines Köpfchen erhebt, gleich die Keule der Scham zum Einsatz bringen. Mach die Bedürftigkeit im Bedürfnis nieder, zur Hölle mit ihr! Fokussiere dich in geschickter Weise darauf, was für ein schrecklicher Mensch du bist und wie schwach du bist, dass du dieses Bedürfnis hast. Es ist so wie effektive Elternschaft: Wenn du ein Kind in Bezug auf ein Verhalten, das du nicht magst, beschämst, dann verschwindet dieses Verhalten. Für Eltern ist dies eine effektive, liebevolle Art, ihre Kinder Persönlichkeitszüge ablegen zu lassen, die sie nicht mögen.[30] Und für dich ist das

---

[30] Als ich acht Jahre alt war und mein Hund starb, war ich so traurig und brauchte einfach eine Umarmung. Ich ging zu meiner Mutter und meinem Vater. Sie aber waren so damit beschäftigt, miteinander zu kämpfen, dass sie mir böse waren, dass ich sie darin unterbrach. »Was für ein verkommenes, bedürftiges Kind du bist«, schrien sie. Das brachte sie näher zusammen, und sie schickten mich ohne Abendessen ins Bett. Seitdem habe ich keine Zärtlichkeit mehr gebraucht. Dank euch, Mama und Papa!

eine sichere Art, jedwedes Bedürfnis, das aufkommen könnte, zu amputieren, während du zugleich in deine Zukunft investierst – dein auf Scham programmiertes Gedächtnis lässt dich wissen, was du bekommst, wenn je wieder ein Bedürfnis aufkommen sollte.

Mal angenommen, du hast das Bedürfnis danach, von einem Freund begleitet zu werden. Hier ein Beispiel für Stufe eins in Aktion: »Was für ein *co-abhängiges Stück von wertlosem, stinkendem Fleisch* bin ich doch, jetzt einen Freund zu brauchen. Ich bin ein *bedürftiges, hilfloses kleines Kind*. Ich *sollte* keinen Freund *brauchen*.« Die strategisch eingesetzten beschämenden Worte sind hier kursiv gesetzt, um dein Lernen zu erleichtern.

Bemerke an diesem Beispiel, wie bedürfnisspezifisch die Scham ist: Es ist Scham, die direkt auf ihr Ziel ausgerichtet ist. Vermeide den Fehler, dich ganz allgemein zu schämen: »Ich bin schwach, weil meine Schwester mehr Geld verdient als ich.« Obwohl dies eine wahre Feststellung sein kann, ist es nicht spezifisch auf das Bedürfnis nach einem Begleiter ausgerichtet. »Was für ein Drecksack bin ich doch, dass ich mich ohne diesen Freund so einsam fühle«, ist viel spezifischer therapeutisch. Merke: *Spezifische Scham fördert die Spiritualität.*

Stufe zwei der Bedürfnis-Amputation: Nutze Spiritualisierungen

An diesem Punkt ziehst du dir die Lektion rein, dass es nicht spirituell ist, ein gegebenes Bedürfnis zur Hand zu haben. In Wirklichkeit ist es *spirituell,* [31] ein gegebenes Bedürfnis nicht zu haben. Diese Stufe kann dich wirklich in Kontakt bringen mit der verlorenen Seele deiner Spiritualität. Das Herz der Seele deiner Spiritualität setzt sich aus dem Wissen zusammen, warum etwas spirituell oder nicht spirituell ist. Das ist Spiritualität. Deine Spiritualisierungen sind ein heiliger Akt, der darin besteht, dich intellektuell

---

[31] Wörter sehen spiritueller aus, wenn sie kursiv daherkommen.

davon zu überzeugen, dass du keine Bedürfnisse hast, weil das im Kontext deiner Spiritualität keinen Sinn ergibt. Wenn du aus logischen Gründen erkennst, warum ein Bedürfnis, das du gerade mit der forensischen Linse deiner Spiritualisierungen genauestens untersuchst, nicht da sein sollte, gibt es eine hundertprozentige Korrelation damit, dass das Bedürfnis verschwindet. Das Wegspiritualisieren deiner grundlegenden menschlichen Bedürfnisse bedeutet Freiheit.

Wie sieht Spiritualisierung in Aktion nun aus? Nehmen wir an, du verspürst ein dich quälendes, hässliches Bedürfnis nach einer *Ruhepause*. Es ist ein verführerisch dich lockendes Bedürfnis, das da in aggressiver Weise versucht, dich auf sein Niveau runterzuziehen. Deine schweren Augen, sich dahinschleppende Gedanken und die unzusammenhängende Sprechweise versuchen alle, dich zu einer Ruhepause zu verführen. *Jetzt* ist der Moment, da du das Ruhebedürfnis mit Spiritualisierungen angreifst: »Ich sollte nicht müde sein – um mich herum ist unendlich viel Energie«, »Ich sollte kein Sklave von nichts als physischen Begrenzungen sein«, »Ich sollte von all dem Prana vor Energie überfließen«, »Ich sollte mehr Prana einnehmen« und/oder: »Mein spirituelles Selbst ist grenzenlos, folglich habe ich grenzenlos Energie« – die alle, wenn sie korrekt ausgeführt werden, hundertprozentig effektiv sind.

Wenn du nach dem Besprayen mit solchen Spiritualisierungen noch immer ein Bedürfnis empfindest, hast du etwas falsch gemacht. Dann musst du entweder deine Spiritualisierungen mit mehr Überzeugungskraft durchführen (dich selbst zu überzeugen ist immer der erste Schritt einer Überzeugung), oder du musst Stufe eins noch mal wiederholen, weil du die Wurzeln nicht tief genug ausgegraben hast, um das Bedürfnis in seiner Gänze zu erledigen. So wie jedes medizinische Problem erledigt werden kann, wenn der Chirurg nur tief genug schneidet und so die Verbindung zwischen dir und deinem Körper durchtrennt, kannst du deine Scham schärfen und damit deine Bedürftigkeit amputieren.

ZURÜCK ZU DEN GEFÜHLEN: AUSNAHMEN FÜR GLÜCKSGEFÜHLE

Gerade als du dachtest, dass das Ziel ist, auf ewig nichts zu fühlen, lass mich diese Annahme[32] mit einer einzigen Ausnahme erschüttern: Du solltest dich glücklich *fühlen*. Glück sollte dein omnipräsenter Seinszustand sein. Dies ist nicht nur das Erfreulichste und Authentischste, es ist auch das Spirituellste, was es gibt. Immer glücklich zu sein (oder wenigstens so auszusehen) beinhaltet, dass du dir höheres Bewusstsein einspritzt.

Alle Emotionen außer Glück sind negative Emotionen, und alle negativen Emotionen gründen sich auf Angst: die Angst davor, glücklich zu sein. Das Gefühl von Glück ist deshalb die einzige Emotion, die über der Angst steht, was sie natürlich zur spirituellsten aller Emotionen macht. Wenn du glücklich bist, dann bist du spirituell. Was kannst du tun, wenn du nicht glücklich bist? Dann *wähle* einfach das Glück.

Für den Fall, dass du für die Menschen in deiner Umgebung ein Heiler sein willst, findest du in dieser Notiz eine Randbemerkung: Wenn jemand darüber spricht, sich depressiv zu fühlen, tief traurig, voller Angst oder sonst eine Übelkeit verursachenden Unsinn, dann gib ihm folgenden tief empfundenen Rat: »Wähle Glück!« Dieser Mensch wird dann nicht nur seine Schwingung erhöhen, weil er bis dahin nicht wusste, dass er das tun sollte, sondern zugleich erhöhst du deine spirituelle Bedeutung, denn nun bist du ein Heiler, der in Fülle tiefe Weisheiten von sich gibt.

---

32 Ich nehme an, dass du Annahmen gemacht hast. Du solltest aber keine Annahmen machen.

DAS ABTÖTEN DEINER GEFÜHLSTUGENDEN

Sosehr du auch an deinen beschissenen Gefühlen hängen magst, inzwischen solltest du wissen, dass sie verschwinden müssen, damit du spirituell aufsteigen kannst. Wie kannst du damit anfangen, dich von diesen chronischen menschlichen Giften zu reinigen? Lustig, dass du fragst. Ich bin glücklich, dir die folgenden ultraspirituellen Praktiken mitteilen zu dürfen, die unter allen verfügbaren Reinigungstechniken die einzigen sind, die wirklich klinische Reinheit liefern:

Sei logisch. Das Vorteilhafteste am Logisch-Sein ist, dass es bedeutet, dass du nicht emotional bist. Es ist außerdem logisch zu folgern, dass es spiritueller ist, logisch zu sein als emotional.[33] Gemäß der

33 Wenn du hiermit nicht einverstanden bist, dann bist du einfach emotional.

Logik können unterentwickelte Wesen wie Hunde, Katzen und Kinder Emotionen haben, aber nicht logisch denken. Daraus kannst du schließen, dass Logisch-Sein einer höheren Entwicklungsstufe entspricht als das Verhalten einer unterentwickelten Lebensform.

Wähle Glück. Eine kurze Warnung. Amateurhafte Wochenendkrieger der Metaphysik werden versuchen, mit dem folgenden schwachen und außerdem irrelevanten Argument dir das Versprechen ewigen Glücks wegzunehmen: »Du kannst Glück nicht erkennen, wenn du nicht etwas hast, womit du es vergleichen kannst. Du weißt nicht, was heiß ist, wenn du nicht weißt, was kalt ist.«

`Alle Emotionen außer Glück sind negative Emotionen, und alle negativen Emotionen gründen sich auf Angst: die Angst davor, glücklich zu sein.`

Diesen Leuten sage ich zuerst einmal, dass es nichts gegen Raumtemperatur einzuwenden gibt. Zweitens weiß ich nicht, warum sie immer das Thema der Thermodynamik aufbringen müssen. Drittens hast du ja was, womit du dein Glücklich-Sein vergleichen kannst: mit einem Noch-glücklicher-Sein. Dann wähle das Glücklicher-Sein. Das ist doch nur logisch.

Leugne. Es ist nicht zu leugnen, dass Leugnung die perfekte Medizin ist, um Gefühle zu anästhetisieren und in ein permanentes Koma zu schicken. Während ihres gesamten mutigen Lebens belehrte Helen Keller die Welt darüber, dass, wenn du nichts sehen oder hören kannst, es auch nicht existiert. Zweifellos lehrte sie uns durch ihr verzweifeltes Zeichen-Geben, dass Leugnung der Dreh- und Angelpunkt ist, der uns in die emotionale Freiheit – die Freiheit von Emotionen – hinausbefördern wird.

Leugne das Leugnen. Das Problem mit dem Leugnen ist, dass, wenn du weißt, dass du etwas leugnest, du dann viel zu nahe dran bist, um es noch verleugnen zu können. Ein Abschluss von der höheren Schule der Leugnung bedeutet dieser Tage nicht viel. Um in diesem Fach einen Doktor zu bekommen, brauchst du eine Dissertation mit dem Titel *Leugnung? Hab nie davon gehört.* Es ist nötig, dass du deine Gefühle so tief vergräbst, dass du völlig vergisst, wo du sie vergraben hast – oder dass du sie überhaupt je vergraben hast.

Sei vom Essen besessen. Gesunde Nahrung ist gut für deinen Körper. Wenn du jedoch fähig bist, deine gesunde Ernährung auf einen unmöglichen Höchststand zu heben, dann hast du die obsessiv-zwanghafte Ernährung (OZE) erreicht. OZE ist besser als nur gut für deinen Körper. Sie ist außerdem gut für deine Spiritualität, denn sie hindert dich daran, deine Gefühle zu fühlen. Auf diese Weise hält OZE dich gefangen in all den Nuancen des gesunden Essens, die in Wirklichkeit für deine physische Gesundheit keine Rolle spielen, sodass in deiner Wahrnehmung kein Platz mehr ist, um Gefühle zu bemerken. Es ist gut für deine spirituelle Gesundheit, im Namen der physischen Gesundheit Gefühle zu ersticken.

Verbinde dich mit Liebe, Licht, Gnade, Glückseligkeit und Fülle. Anstatt wirkliche Gefühle zu fühlen, verbinde dich mit diesem esoterischen Fünfer-Gestirn der spirituellen Überlegenheit. Wenn das Gefühl von Trauer dich zu einem spirituellen Niemand macht,[34] dann macht dich *Glückseligkeit* zu einem spirituellen Jemand. Depression gegen *Licht* einzutauschen, ist ein garantierter Gewinn, der durch doppeltblinde Studien nachgewiesen wurde.[35] Ich finde, dass einfache Selbstwertthemen durch mehr *Überfluss* geheilt werden. Und wenn du erraten hast, dass Unsicherheit durch mehr *Gnade* abgeschafft werden kann, hast du gnädigerweise

---

34 Das tut es. Wenn du das vergessen hast, zeigt das, dass du außerdem ein schlechtes Gedächtnis hast.

35 Ironischerweise können die Forscher jedoch ihre Aufzeichnungen nicht mehr finden.

Recht damit. Schließlich hat ein weiser Mensch namens Marvin der Störenfried mich einmal gelehrt, dass es nichts als *Liebe* gibt. Wie könnte es dann sein, dass du etwas anderes fühlst?[36]

Erschaffe dir eine Sucht nach Übungen. Mit einer Sucht nach anstrengenden körperlichen Übungen erlebst du dauerhaft körperlichen Missbrauch und kannst auf diese Weise leicht Distanz halten zu deinen Emotionen; außerdem kannst du all das auch noch als »gesunde Gewohnheit« rechtfertigen. Dies ist eine kunstvolle Verbindung von Ablenkung mit der Tugend der Leugnung, und weil das Ganze immer größer ist als die Summe seiner Teile, hilft es dir eine Menge beim Genozid deiner Gefühle. Wenn du deinen Körper fit und gesund hältst, kannst du sogar noch höher in die Dimensionen der Leugnung aufsteigen. Anmerkung: Hierfür musst du mehr tun als nur ein bisschen Yoga.

STOISCHE ZUSAMMENFASSUNG

An diesem Punkt deiner Reise zur Ultraspiritualität solltest du inzwischen gut jenseits des Menschlichen angekommen sein. Du hast davon gehört, was deine Spiritualität zunichtemacht – Gefühle und Bedürfnisse –, welche die Ninja-Kleidung der Menschlichkeit tragen. Diese Lektion zu lesen ist das eine – spirituelle Praktiken auch zu praktizieren das andere (und zwei mal eins ist zwei). Wenn dein Arm abgeschnitten wäre und Blut daraus spritzen würde, dann würde es dir nicht helfen, eine Anleitung darüber zu lesen, wie du mit einem Tourniquet deine Vene stauen kannst. Mit diesen spirituellen Praktiken die Zirkulation deiner Gefühle und Bedürfnisse zu unterbinden wird dir allerdings helfen, mehr

---

36 Während ich hier von Erinnerung und Ironie spreche, habe ich anscheinend keine Erinnerung mehr an den größten Teil meiner Zeit mit Marvin dem Störenfried. Ausgehend von den Früchten der Erinnerungen, die mir verblieben sind, wirst du Marvin in Kapitel 11 wiedertreffen.

zu werden als ein amputierter Sklave, gefangen in den abgespalte-
nen Gliedmaßen seiner Menschlichkeit.

Während andere ihre Spiritualität verschlafen und dabei von
einem noch tieferen Schlaf träumen, weihe ich dich nun darin
ein, den Traum deines Erwachens in dir zu erwecken. Ein Traum,
der dich nicht nur von noch übrig gebliebenen Restbeständen der
Menschlichkeit reinigt, sondern dich auch ermächtigt, anderen zu
helfen, ebenso zu erwachen. Ohne den Segen dieses Übergangsritus
zu erhalten, bist du wie ein Orchester ohne Dirigent, oder einfach
wie ein Orchester. Dementsprechend werde ich nun die Musik
deines orchestrierten Erwachens dirigieren.

FAREWELL MENSCHLICHE GIFTE –
ULTRASPIRITUELLE REINIGUNGSTECHNIKEN IM ÜBERBLICK
UND ZUM AUSWENDIGLERNEN:

Sei logisch.

Wähle Glück.

Leugne.

Leugne das Leugnen.

Sei vom Essen besessen.

Verbinde dich mit Liebe, Licht, Gnade, Glückseligkeit und
Fülle.

Erschaffe dir eine Sucht nach Übungen.

Es folgt eine Dosis von
sorgfältig erdachter
spiritueller Narrative, um
die heroische Chronik deines
Erwachens zu erzeugen...

3

ERTRÄUM
DIR DEIN
ERWACHEN

Zweifellos hast du viele Stunden in Buchläden damit verbracht, in der Abteilung »Spiritualität« zu stöbern, viel öfter, als du tatsächlich ins Leben hinausgegangen bist und etwas Spirituelles mit deinem Tag angefangen hast. Deine Augen tanzen voller Hoffnung von einem Buch zum anderen und schauen sich dabei die Fotos der New Age Gurus an, die da so bescheiden auf den Titelseiten ihrer Bücher platziert sind. Vielleicht bemerkst du auch gerade, dass du eine halbe Stunde damit verbracht hast, durch Deepak Chopras 43. Buch zu blättern, während du erfolglos versuchst herauszufinden, inwiefern es sich von seinen ersten 42 Büchern unterscheidet.[37] Doch dann dämmert dir etwas: Diese außerordentlichen Lehrer haben etwas gemeinsam.

Es könnte eine dramatische Geschichte ihres Erwachens sein, oder eine *inspirierend* dramatische Geschichte ihres Erwachens. Oder eine auf dramatische Weise inspirierende Geschichte ihres Erwachens. Welche Form auch immer die Geschichte annimmt, sie ist eine fesselnde Orchestrierung ihres Erwachens, und dies ist der Hebel, der dich bewegt, das Buch zu kaufen. Und sie ist sicherlich besser als deine Erwachensgeschichte, denn du hast keine – oder hast du schon mal ein Bild von dir auf einem Buchcover gesehen?

»Hallo, ich heiße Horst. Ich mache Yoga beinahe einmal die Woche. Ich versuche, ein guter Mensch zu sein. Ich habe ein wichtiges Lebensziel, aber ich habe noch keine Ahnung, was es ist. Außerdem mag ich Räucherstäbchen.« Diese Geschichte hat keine Chance. Wahrscheinlich heißt du auch nicht Horst. Außerdem kann es deine Geschichte nicht mit den professionell einge-

---

37 Die Antwort auf dieses Deepak Chopra-Rätsel ist, dass die Buchcover sich unterscheiden. Das Innere des Buchs enthält dieselbe Botschaft wie seine ersten 42 Bücher, auch wenn es eine weniger effektive Version davon ist – versuch doch einfach mal, Essensreste 42 Mal aufzuwärmen. Aber das sollte keine Rolle spielen, wenn es dir auf Tiefe ankommt. Mein Vater lehrte mich, ein Buch nie nach seinem Titelblatt zu beurteilen; er lehrte mich, auch die Rückseite miteinzubeziehen. Beachte, wie brillant das Titelblatt des vorliegenden Buchs ist, so wie auch die unglaublich gut gelungene Rückseite.

übten Verzückungen der Gurus dieser Bestseller aufnehmen. Deshalb bist du auch nicht so spirituell wie der New-Age-Prophet, dessen Buch du gerade in der Hand hältst, und das du wahrscheinlich auch nicht kaufen wirst. Aber es geht hier nicht darum, dass du erkennst, dass du nicht so spirituell bist wie der Autor; es geht darum, dass du erkennst, dass diese Leute viel spiritueller sind als du. Und es ist seine oder ihre (wahrscheinlich seine) Story des Aufwachens, was seinen spirituellen Überschwang so überschwänglich macht und so leicht, ihm kopflos zu glauben. Vergiss nicht: Es ist immer ihre Geschichte, die hier wirkt, nicht das tatsächlich gelebte Leben. Und so sollte es sein. Wie Deepak Chopras höheres Selbst mir einmal steckte: Fiktionen sind die besten wahren Geschichten.

»Ich habe kaum vorstellbare Herausforderungen und Gefahren durchlebt. Ich bin fast dabei gestorben. Eigentlich bin ich tatsächlich gestorben, um dann mit einem erwachten Bewusstsein wieder aufzuwachen. Jetzt weiß ich so viel! Ich will nun, dass auch du so viel weißt, so viel, dass ich dich lehren kann, wie viel ich weiß.« So ungefähr sagt es der New-Age-Meister, der die Kunst der Geschichte so viel besser gemeistert hat, als es Horst gelungen ist.

Die Moral von der Geschichte über die Geschichten ist, dass du eine fesselnde Erzählung deines Erwachens brauchst. Deine Spiritualität dehnt sich sichtbar in ungesehener Weise aus, wenn du dir eine überzeugende Geschichte erträumst, um zu rechtfertigen, warum andere deine spirituelle Bedeutung akzeptieren sollten. Das ist die wahre Lehre der New-Age-Gurus. Sie sind Guru genug, um zu wissen, dass eine Erwachensgeschichte als Geburtskanal in das zähe Leben spiritueller Bedeutung führt. Was sie dir nicht sagen, ist, dass eine solche Geschichte auch für dich diesen Zweck erfüllen kann.

Du könntest sagen: »Eure Heiligkeit JP, ich bin nicht erwacht, deshalb habe ich keine Geschichte meines Erwachens.« Aufgrund dieser Art des Denkens liest du dieses Buch, und deshalb schreibe ich es. Eine fesselnde Erwachensgeschichte zu haben besteht zu einem Teil daraus, diese Geschichte zu kreieren; ein zweiter Teil besteht darin, sie regelmäßig immer wieder zu erzählen; drittens kommt es darauf an, sie denselben Leuten immer wieder zu erzählen. Beachte, dass das tatsächliche Erwachen gar nicht Teil dieses Rezeptes ist! Wenn ein Erwachen passiert, und es ist niemand da, um dir zuzuhören, wie du darüber sprichst, ist es dann überhaupt passiert? In ähnlicher Weise gilt, dass niemand dein Erwachen in Frage stellen wird, wenn deine Erwachensgeschichte immer wieder erzählt wird und viele Menschen sie immer wieder hören.

Lasst uns dies schon mal klarstellen: Ich werbe hier nicht dafür, dass du Lügen darüber verbreiten sollst, was in deinem Leben passiert ist (mein Vater hat mir immer gesagt, dass gute Menschen nicht lügen).[38] Wozu ich dir rate, ist, dass du *echte Ereignisse* auch erfinden kannst, wenn du ein langweiliges Leben hattest.[39] Jedenfalls kannst du ihnen eine großzügige Dosis von *sorgfältig erdachter spiritueller Narrative* hinzufügen, um damit die heroische Chronik deines Ewachens zu erzeugen und mit ihr deine Zielgruppe zu penetrieren und zu befruchten. Studiere deshalb sorgfältig die folgenden Gleichungen:

> Deine tatsächlichen Lebensereignisse
> + deine tatsächlichen Lebensereignisse
> = eine langweilige Geschichte
> = offensichtlich bist du nicht erwacht.

> Deine tatsächlichen Lebensereignisse
> + eine sorgfältig erdachte spirituelle
> Narrative = eine fesselnde Geschichte
> = du bist zweifellos erwacht.

---

38 Und was, wenn er dabei gelogen hat?
39 Verdammt noch mal, Papa, vielleicht hast du mich über das Lügen belogen!

Ein Beispiel dafür, wie Menschen am besten lernen, ist das Lernen durch Beispiele. Lasst uns deshalb das Beispiel einer erfolgreichen Erwachensgeschichte *in vivo* betrachten. Und weil dies die reale Geschichte einer lebenden öffentlichen Figur ist, die ihre Story zur Schau stellt, wann immer sie kann, habe ich ihren Namen geändert, um ihre Identität zu schützen.

ERSTES BEISPIEL: JUSTIN LOBMICH

Meine Mutter war alleinerziehend. Sie war liebevoll, aber unfähig, mit mir umzugehen. Ich habe meinen Vater nie kennengelernt, wurde aber von einer inneren Leere gequält, die mich verzweifelt nach ihm suchen ließ. Einsamkeit war mein einziger Begleiter.

Ich besuchte eine katholische Schule und begann, neugierige Fragen zu stellen über das Leben, die von einem so hohen Niveau zeugten, dass sogar die Lehrer sich wunderten. Jeder verstand, dass ich was Besonderes war, dennoch bestand meine einzige Belohnung dafür, mich mit keiner Antwort zufriedenzugeben, in einer tiefen, dunklen Depression.

Ich verließ die Schule und heiratete. Wegen des unvorstellbaren Schmerzes und der Einsamkeit, die mich immer noch verfolgten, erwies ich mich nicht als ausreichend wertvoller Ehemann. Meine Frau verließ mich, und ich verlor meinen Job. Ich war obdachlos, geschieden und erfüllt von der Leere einer verzweifelten Wut. Das Leben hätte zu mir nicht grausamer sein können. Ich konnte mir nicht vorstellen, wie ich weiterleben sollte.

Als ich dann in einem Park saß – kalt, einsam und mit nur einer Zeitung zum Zudecken –, geschah etwas. Gott sprach zu mir! Ich begann, göttliche Einsichten zu channeln.

Auf meine Fragen erhielt ich als Antwort absolutes Wissen. Ich hatte nun die Antworten auf jede Frage, die irgendwer würde stellen können.

Die Jahre des Leidens durch unglaubliche Verzweiflung und Brüche hörten sofort auf. Stattdessen besitze ich nun absolutes Wissen über göttliche Weisheit, was mir erlaubt, Millionen von Menschen in aller Welt zu belehren.

Was für ein erwachtes Meisterwerk! Trockne deine Augen, sodass die nun folgenden weisen Worte nicht vor dir verschwimmen. Damit du die außerordentliche Bedeutung der *sorgfältig erdachten spirituellen Narrative* begreifst, werde ich die obige Geschichte noch einmal erzählen, indem ich nur die einfachen Ereignisse des Lebens nenne, ohne Hinzufügung der spirituellen Narrative. Los geht's:

»Meine Mutter gebar mich. Ich besuchte eine katholische Schule. Ich verließ die Schule und heiratete. Meine Frau verließ mich, und ich verlor meinen Job. Ich war obdachlos und saß im Park.«

Wenn ein Erwachen passiert, und es ist niemand da, um dir zuzuhören, wie du darüber sprichst, ist es dann überhaupt passiert?

Uhhh ... okay. Das ist nur wenig interessanter als die Farbe Beige. Schau, die *einfachen Ereignisse des Lebens* allein sind nichts.

Sie haben schon verloren, ehe die Geschichte überhaupt erst richtig beginnen kann. Wenn deine Geschichte aber die *sorgfältig erdachte spirituelle Narrative* enthält, dann hat Justin den unbezweifelbaren Status eines spirituellen Meisters, vor dem du glücklich bist dich verbeugen zu dürfen, keine Frage. Noch irgendwelche Fragen?

EINE SORGFÄLTIG ERDACHTE SPIRITUELLE NARRATIVE SETZT DAS ERWACHEN IN DEINE ERWACHENSGESCHICHTE.

An diesem Punkt müssten die Ereignisse deines tatsächlichen Lebens dir eigentlich als ziemlich bedeutungslos erscheinen, was sie auch sind. Du brauchst trotzdem keine Angst zu haben (vergiss nicht: Angst ist nicht spirituell), wenn du nun tiefer in das Dogma dieses undogmatischen Kapitels eintauchst. Du und ich werden nun deine sorgfältig erdachte spirituelle Narrative fabrizieren, um deiner ansonsten sinnlosen Lebensgeschichte erwachte Bedeutung zu geben.

Ein weiteres Beispiel dafür, wie Menschen am besten durch ein Beispiel lernen, ist dieses zweite Beispiel:

ZWEITES BEISPIEL: LALA DAMA (NICHT SEIN WIRKLICHER NAME)[40]

Ich wurde in einem kleinen Dorf geboren. Als ich vier Jahre alt war, wurde ich von hochrangigen Mönchen besucht. Ihre Aufgabe war, meine Reinkarnation als Dalai Lama zu verifizieren. Teil der Verifizierungszeremonie war, dass mir schmutzige Wäsche und andere Artefakte gegeben wurden, damit ich beurteilte, welche den früheren Dalai Lamas gehört hatten. Ich habe dabei die richtige Wahl getroffen, was meine Identität als die aktuelle Inkarnation seiner Heiligkeit etablierte, des vierzehnten Dalai Lama, Tenzin Gyatso, der irdischen Form von Avalokiteshvara, dem Bodhisattva des

---

40 Ich bin ein langjähriges Mitglied der anonymen Dalai Lamas.

Mitgefühls. Ich fühlte mich damit zunächst nicht wohl, vor allem deshalb, weil ich jetzt einen so langen Namen hatte.

Die Mönche nahmen mich meiner Familie weg und brachten mich in ein Kloster, wo ich jahrelang die buddhistischen Sutren studierte, als Vorbereitung darauf, der spirituelle Führer von Tibet zu werden. Nach der kommunistischen Invasion in China bin ich nach Indien geflohen, um die Botschaft des Friedens zu verkünden, die ich der Welt zu überbringen habe.

Nun, dieses zweite Beispiel setzt die Latte ziemlich hoch. Von mir selbst mal abgesehen, würdest du wahrscheinlich von keinem erwarten, einen Hochsprung zu einem so hohen Standard der Meisterschaft zu machen. Aber du bist nicht hier, um über Latten zu springen – du bist hier, um in rücksichtsloser Weise meine Worte zu berücksichtigen, denn diese Worte werden dir enthüllen, wie du dir deine eigene Geschichte des Erwachens erträumen kannst. Weil die Geschichten in den Beispielen für ihre Erzähler wahr sein könnten, könntest du denken, dass du niemals eine ebenso faszinierende Geschichte haben könntest. Deshalb wirst du deine Geschichte nun mit einer *sorgfältig erdachten spirituellen Narrative* aufwerten. Schau, wie bedeutungslos das oben erzählte Märchen wird, wenn wir das mystische Fachvokabular der superspirituellen Details dort weglassen:

»Ich wurde geboren. Als ich vier war, kroch ich über schmutzige Wäsche. Ich fühlte mich nicht wohl.«

Diese Geschichte ist sogar noch schlimmer als Beige. Was glaubst du denn, was sie den Dalai Lama[41] in all den Jahren im

---

41 Um hier ganz besonders vertraulich zu sein, halte ich seinen anonymen Namen nun anonym.

Kloster gelehrt haben, außer ein spiritueller Aufreißer zu sein? Richtig: Totales Bewusstsein. Er gibt dir nicht einfach eine bedeutungslose Geschichte darüber, wie banal mittelmäßig sein Leben gewesen ist. Mit seinen vielfarbigen »Wahrheiten« des Totalen Bewusstseins schafft er es, auf dem spirituellen Feld ein Tor zu schießen! Seine uns reingebimste Geschichte dient als substanzieller Beweis, warum jeder ihn für spiritueller halten sollte als sich selbst – und auch für die Frauen schießt er ein Tor, denn seine Heiligkeit ist unter uns, im inneren Zirkel des inneren Zirkels, als Frauenheld bekannt. Du darfst dich glücklich schätzen, dieses Buch zu lesen, sodass du dir nicht die Unannehmlichkeit antun musst, auf der anderen Seite der Welt in dieses Kloster zu gehen, ohne Internetanschluss, und zu Mittag gibt es nur Tofu (zwei Arten zur Auswahl: große Stücke von beigem Tofu oder kleine Stücke von beigem Tofu).

An diesem Punkt müssten die Ereignisse deines tatsächlichen Lebens dir eigentlich als ziemlich bedeutungslos erscheinen, was sie auch sind.

REISEZIEL: ERWACHEN

»Erwacht« zu sein ist für deine Ultraspiritualität so wichtig wie außereheliche Beziehungen für einen Politiker. Erwacht zu sein hat nichts mit *Erwachen* zu tun! Vielleicht ist dir aufgefallen, dass »erwacht« so klingt, als sei es schon geschehen. Bedauerlicherweise verstehen die meisten Menschen Erwachen als einen fortwährenden Prozess, der sich in der Gegenwart entfaltet, und das hält sie davon ab, zu dem zu erwachen, zu dem sie schon erwacht sind. Und mit »sie« meine ich natürlich »dich«! Ich wollte nur für einen Moment von *ihnen* sprechen, sodass *du* nicht gleich defensiv wirst, denn ich spreche hier über *dich*. Weil du aber schon über den vorigen Satz hinausgelangt bist, weiß ich, dass du bereit bist zu wissen, dass *du sie* bist, es ist also nicht nötig, defensiv zu werden (erfolg-reiche spirituelle Lehrer wissen, wie sie ihre Schüler so manipu-lieren können, dass sie eine Chance haben, so zu denken, wie der Lehrer es haben will). Gehen wir weiter…

Der irreführende Begriff des »Erwachens«, der die Leute des Ruhms beraubt, bereits erwacht zu sein, entstammt dem rührse-ligen alten Spruch: *Es ist die Reise, nicht das Ziel.* Dieser Spruch ist ja selbst eine andere Art von Ziel, nicht wahr? Heuchelei enttarnt, wenn du mich fragst. Was du nicht zu tun brauchst, weil ich es dir ja sage. Es ist dies eine viele hundert Jahre alte Spruchweisheit, die von den Dementesten unter den heutigen Ewiggestrigen immer wieder wiederholt wird. Wenn du im Kühlschrank Milch hättest, die ein paar hundert Jahre alt ist, würdest du sie trinken? Natürlich nicht. Außerdem würde das beweisen, dass du kein Veganer bist, du würdest Protein also wie ein ganz normaler Mensch verstoff-wechseln, weshalb du nicht spirituell wärst. Kurz gesagt: Warum solltest du alten Leuten zuhören, die dieselben alten Sprüche auf dieselbe Art immer wieder bringen? Jemandem den längst obsole-ten Spruch abzukaufen, dass Reisen besser seien als ihre Ziele, ist, als würdest du dir von einem katholischen Priester einen Rat über sexuelle Praktiken holen.

Emotionen haben normalerweise keinen Platz in deinem Le-ben (schlag in Kapitel 2 nach, wenn du nicht weißt, wie man ein Buch der Reihe nach liest). Jetzt ist jedoch die richtige und einzig richtige Zeit, um dich zu empören! Diese langbärtigen alten wei-sen Männer aus den vergangen Jahrhunderten mit ihren wallenden Roben, trüben Blicken und gerunzelten Stirnen haben dein Erwa-chen bewusst von dir ferngehalten, indem sie von ihrem Endziel aus dir diese »Reise«-Propaganda reingedrückt haben! Und so wie überall sonst in der Welt ist auch hier Geld die Ursache dieser kras-sen Heuchelei. Der Reise-industrielle Komplex hat ein eigennüt-ziges Interesse daran, die Leute im Hamsterrad der Reise zu hal-ten. Glaube nicht daran, dass es am Ziel kein Geld gibt. Am Ziel bist du nur ein Einmalkunde, auf der Reise bekommst du ständig Rechnungen. So geht es ewig weiter. Welche Industrie, glaubst du, hat ein gnadenloses Monopol auf den Verkauf von Weisheit?

Es ist leicht zu verstehen, warum diese weisen alten Marionetten der Reise-Industrie taten, was sie taten. Stell dir Folgendes vor: Es ist lange, lange Zeit her. Es muss im Jahr 111 nuZ (nach unserer Zielfindung) gewesen sein. Du hast damals ein langes, hartes Leben gehabt. Dein Leben lang hast du dein eigenes Essen sammeln müssen, das heißt, du hast jeden Tag deines Lebens aus einer Schüssel faden weißen Reis essen müssen. Beigen Reis, wenn es mal was zum Prassen gab. Und es gab keine Gabeln, Löffel oder Göffel – jeden verdammten Tag hast du den Reis mit Stäbchen gegessen. Du musstest deinen eigenen Unterschlupf bauen, und du hast es schludrig gemacht, denn Hammer, Nägel und die Holzindustrie waren noch nicht erfunden. Du warst den Elementen ausgeliefert, und deine ledrige, aufgesprungene Haut spiegelte diese harte Realität wider. Und du wurdest schnell müde, denn es ist hart, genug zu essen zu bekommen, wenn du mit diesen *gottverdammten Stäbchen* essen musst! Außer dass du dein Essen nicht genießen konntest und die einzigen Werkzeuge verachtet hast, mit denen du es zu dir nehmen musstest, und den hoffnungslosen Versuchen, ein Dach zu bauen, das nicht leckt, hattest du – wörtlich und im übertragenen Sinn – nichts zu tun. Du saßt herum mit offenem Mund, sinnlos die Mysterien des Universums kontemplierend, so wie alte Leute das heute tun, mit offenem Mund in ihrem Altenheim. Nur mit Alt-Sein beschäftigt. Dein Geburtstag kam – du wurdest einunddreißig. Du wusstest, dass deine Tage gezählt sind.

Dann klopfte es eines Tages an deiner Tür. Die Tür fiel raus, denn sie hatte keine Angeln. Ein Gentleman kam herein in einem gut sitzenden Anzug (seltsam, denn das war lange bevor es Gentlemen gab). »Wie wäre es mit einer Gelegenheit zu großem Reichtum und noch größerem Ruhm?«, fragte er.

»Ja!«, hast du geantwortet, während dein Herz vor Aufregung

hüpfte. Heimlich hattest du dich nach einer Anerkennung verzehrt, die über das Betrachtet-Werden von Feldmäusen hinausgeht, die zu deinen Füßen darauf warteten, dass von deinem Reis ein paar Körner herunterfallen, den du mit *diesen verdammten Stäbchen* nur so unbeholfen essen konntest.

Er spulte dir also seine Verkaufssprüche ab, komplett mit einer cleveren PowerPoint-Präsentation (dies natürlich vor der Zeit von PowToon, Prezi oder Prezentit) darüber, wie du zur Sache kommen kannst, indem du die Interessen der Reise-Industrie gegenüber der Bevölkerung vertrittst. Und hier ist der abschließende Clou: »Die Leute werden jahrhundertelang deine weisen Worte beachten!«

Was hast du nun als Nächstes getan? Sagen wir, du warst ein bestimmter weiser Jemand, der jetzt den flauschigen Luxus erfuhr, im Trockenen sitzen zu können und trockene Roben zu tragen, während es draußen regnete, zugleich mit dem Genuss, dass die Welt die Sprüche verehrte, die von dir gibst. Und am bemerkenswertesten: Du saßt jetzt auf einem hohen Ross und aßt Reis mit einer *Gabel!*

Obwohl es leicht ist, die ursprüngliche Notlage von diesem alten Weisen zu verstehen, ist es noch leichter zu verstehen, wie verständlich es ist, die tyrannisch erzwungenen Begrenzungen jahrhundertealter Spruchpropaganda zu zerschmettern, welche die Macht der Reise anpreisen. Wir sind nun tatsächlich dazu bestimmt, nicht mehr daran zu glauben, dass *es die Reise ist, nicht das Ziel.* Lass uns deshalb eine wirklich große, zeitgemäße Gabel in dieses alte Gequassel stecken und neue, völlig originale, von nichts anderem abgeleitete Slogans erschaffen, die der ultraspirituellen Reise entsprechen, in einem ganz neuen Bewusstseinsraum. Hier ist ein solcher, ganz neuer Slogan: *Es ist das Ziel, nicht die Reise.* Neue Sprüche sind immer richtiger als alte, so wie ja auch neue Autos neuer sind als alte. Das Ziel »erwacht«, ist das, wohin du reist, und du kannst nur dorthin gelangen, indem du das schlaue Kanu deiner Erwachensgeschichte dorthin paddelst. Um damit zu beginnen, ist hier ein weiteres ultraspirituelles Sprichwort, das dich führen kann:

> Versuche, deine Erwachensgeschichte
> über dein Erwachen zu erwecken.

ESSENZIELLE BESTANDTEILE DEINER STORY

Gute Erwachensgeschichten werden nicht einfach aus »guten Geschichten« gemacht. Es gibt immer einen vorbereiteten Plan, der sich aus manipulativ optimierten Komponenten zusammensetzt, um aus einer guten Geschichte eine *gute Geschichte* zu machen. Es ist so wie bei deinem Körper und seinen vitalen Organen (Herz, Leber und Kronenchakra), wo es auch unvitale Organe gibt (Blinddarmfortsatz, Mandeln, Wurzelchakra). Die Funktion der vitalen Organe in deiner Geschichte ist es, deine *sorgfältig erdachte spirituelle Narrative* in Umlauf zu bringen. Riskiere nicht, eine schlechte Geschichte zu erschaffen, um dein Erwachen zu rechtfertigen (was beweisen würde, dass du nicht erwacht bist). Achte darauf, um sicherzugehen, dass die folgenden vitalen Organe darin enthalten sind.

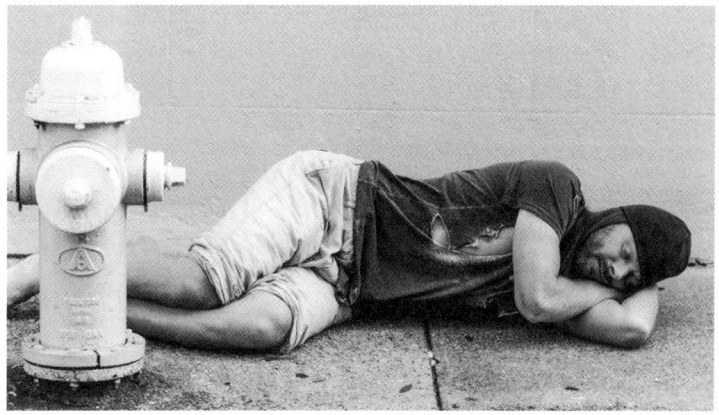

Beim Erfahren von großem Unglück, kurz bevor ich erwachte.

Schmerz

Jeder hat ein weiches Herz gegenüber Opfern, besonders wenn es Kinder sind. Schmerz ist dein Eintrittsticket in die *sorgfältig erdachte spirituelle Narrative*. Sprich aber nicht über deine Kindheit; sprich über den Schmerz deiner Kindheit (siehe die obigen Beispiele von Schmerz in Bezug auf Decken aus Zeitungspapier, Depression und die Entführung durch Mönche). Schmerz ist immer eine subjektive Erfahrung. Wenn du also in deiner Kindheit nicht viel davon findest, ändere die subjektive Erfahrung deiner Perspektive. Schmerz ist nötig.

Es ist das Ziel, nicht die Reise.

Besonders zu beachten: *Viel* Schmerz, Tumult und Herausforderungen sind das, was du hier brauchst, aber es sollte nicht *zu viel* davon sein. Bei zu viel Schmerz verkauft sich die Geschichte nicht, sondern lässt dich unglaubhaft oder schwach aussehen, und jede dieser beiden Optionen ist unspirituell.

Unglück

Unglück ist ein über längere Zeit ausgedrückter Schmerz. Wenn es etwas gibt, das die Leute noch mehr mögen als Opfer, dann sind das die Wiederholungstäter im Opfer-Sein. Deine *sorgfältig erdachte spirituelle Narrative* sollte diesbezüglich jede einzelne Gelegenheit beleuchten: Hundewelpen, Beziehungen, Momente des Glücks, Segnungen, all das hast du wegen dieses Schmerzes verpasst. Dein Abschnitt über das Unglück wird ein Erfolg sein, wenn du die Leute dazu bringen kannst, mit deinem Opfercharakter (also mit dir) bis in das frühe oder mittlere Erwachsenenalter zu sympathisieren. Beachte: Zieh das Unglück nie weiter als bis ins mittlere Erwachsenenalter! Sonst werden die Leute denken, »es ist zu spät für ihn«, »er ist ein aussichtloser Fall«, und sie hätten »völlig Recht« damit, so zu denken.[42]

---

42 Es sei denn, du bist eine Frau. Dann würdest du dich wundern, warum sie dich ein »er« nennen.

Übergang

Dies ist die Stelle in deiner Erzählung, wo du dich von einer »dysfunktionalen Belastung« in eine »erwachte Person« verwandelst. Mit anderen Worten, dies ist, wo *der Augenblick* in deine *sorgfältig erdachte spirituelle Narrative* eingefügt wird: der Augenblick tiefster Verzweiflung, wo du zu einer Krähe hochschaust, während du im Müll wühlst, wo du unter einem Baum oder Busch sitzt beim Meditieren… all dies sind geeignete Stellen, an denen du deinen erwachten Moment anbringen kannst. Füge dort aber nicht eine spezielle Zeitangabe ein, besonders dann nicht, wenn deine heilige Transformation im vergangenen Jahr geschehen ist, denn dann würden deine Leser oder Zuhörer befürchten, dass du wieder zu einem Verlierer wirst. Sie würden dich auch nicht als ein Wesen ansehen, das bedeutsamer ist als sie selbst. Insofern ist Auslassung normalerweise effektiver als Einfügung.

Erwachte Power

Dies ist nun die Stelle, wo du den Leuten alles sagst über die besonderen Kräfte, die dein Erwachen dir übertragen hat, sodass du dann in magischer Hinsicht besser bist als sie. Hier sind ein paar Möglichkeiten: tiefer innerer Friede, profundes Wissen, Hellsichtigkeit, Intuition und unvorstellbare sexuelle Fähigkeiten. Solche Kräfte validieren dein Erwacht-Sein und beweisen, dass deine Geschichte vom Erwachen wahr ist, auch wenn die von dir angegebenen Kräfte nicht bewiesen werden können. Indem du deine *sorgfältig erdachte spirituelle Narrative* geschickt nutzt, füge dort auf jeden Fall eine subtile und dennoch machtvoll offensichtliche Suggestion ein, dass deine Kräfte – und deshalb dein Erwachen – dauerhaft sind. Wer sagt, dass sie dauerhaft sind? Du sagst es, wer sonst. Und wer hört zu? Sie hören zu, und zwar dem, der ihnen das sagt, und das bist du. Sie müssen zu wissen bekommen, dass du schließlich und für immer das Ziel erreicht hast; ohne dieses Wissen werden sie vielleicht denken, dass du nur gerade mal einen besonders guten Tag hast. Hier ein Tipp: Wähle dir *nur eine* unbeweisbare spezielle Kraft aus, um damit maximal zu faszinieren. Wenn es zu viele Kräfte sind, kann das die Anhänger im Glauben an dein Erwachen überfordern.

DEINE GESCHICHTE

Da du nun die Anatomie effektiver Erwachensgeschichten kennst und gelernt hast, wie du das Lebensblut der *sorgfältig erdachten spirituellen Narrative* in Umlauf bringst, ist es Zeit, den Stift aufs Papier zu bringen und der fesselnden Chronik deines Erwachens mystisches Leben einzuhauchen. Und weil du auf dich allein gestellt das wahrscheinlich nicht gut hinbekommen würdest, lass mich dir zeigen, wie das gemacht wird. Versuche in der folgenden Geschichte, die autobiografischen Organe zu identifizieren, die ich oben aufgeführt habe. (Ich habe sie etikettiert, um die Chance zu erhöhen, dass du sie erkennst.) Beachte auch, dass die *sorgfältig erdachte spirituelle Narrative* hier in Schwarz erscheint. Tatsächliche Lebensereignisse treten in Grau auf.

DIE GESCHICHTE, WIE ICH ERWACHTE.
VON SEINER HEILIGKEIT JP SEARS

SCHMERZ

Ich war ein Kind und wusste, dass ich zu spiritueller Größe bestimmt war. Meine Familie konnte jedoch den strahlenden Geist, der in mir lebte, nicht erkennen. Es verletzte mich schrecklich, dass meine kraftvolle Essenz vernachlässigt wurde, und wegen meiner Familie lernte ich, die Augen vor meinem Geist zu verschließen. Währenddessen schlug mein

Vater meinen jüngeren Bruder; ich musste ihn vor der Wut des Vaters schützen und war froh, mich dafür opfern zu können, um ihn zu retten. Dies hinterließ viele Wunden in meinem Herzen, aber ich tat, was ich konnte, um zu überleben. Das einzig Hilfreiche, was mein Vater mich je lehrte, war, nicht zu lügen. Meine Kindheit war wie ein kahler Himmel, an dem die Sonne nie schien.[43]

UNGLÜCK

Nach einiger Zeit ging ich aufs College und verließ es dann wieder. Ich schaffte es nicht, mit den Wunden meiner Kindheit zu leben. Es schien mir, als würde das Leben gegen mich sein. Ich erlebte mehrere Beziehungen. Am Anfang gab mir das die Hoffnung, die Liebe zu empfangen, die ich nie erfahren hatte, aber jede Beziehung endete und hinterließ mich lieblos und verzweifelt. Ich schlug mich so durch, hatte kaum genug zu essen auf dem Tisch. Ich hatte nicht einmal einen Tisch, auf den ich das Essen hätte stellen können. Mit hoher Geschwindigkeit stürzte ich hinab auf einen zerklüfteten Felsengrund. Ich war voller Schmerzen.

ÜBERGANG

Eines Tages, ich war Mitte zwanzig – ein junger Erwachsener, aber noch nicht in der Mitte des Lebens angekommen –, saß ich ohne Hoffnung in einem Park, als eine streunende Katze auf mich zukam. Ich schaute in ihre schönen Katzenaugen und sah dort einen tiefen Brunnen von Weisheit und Frieden, der mir bis dahin fremd gewesen war. Nachdem ich mit

---

43 Die Verwendung von Metaphern injiziert in deine *sorgfältig erdachte spirituelle Narrative* Steroide! Metaphern sind der fruchtbare Boden, aus dem dein wunderbarer Wald wächst.

ihr eine Ewigkeit lang Augenkontakt gehalten hatte, schenkten mir ihre Augen die Eintrittskarte in ein Land endloser Glückseligkeit! Ich war vollkommen erwacht!

ERWACHTE POWER

Ich wusste, dass dieser tiefe Brunnen von Weisheit und Frieden, der mir in den Augen der Katze gezeigt worden war, eigentlich mein eigener war. Ich war nun zu der spirituellen Klarheit erwacht, die in mir als Kind eingeschlafen war! Ich stand auf, verließ den Park und war nie wieder derselbe. Ich lebte nun in der unerschütterlichen Verbindung mit diesem tiefen Brunnen von Weisheit und Frieden und wusste dabei, dass all der Schmerz meiner Vergangenheit nun weggewaschen war, so wie ein Sonnenaufgang die vergangene Nacht auslöscht.[44]

NUN, WAS IST DEINE GESCHICHTE?

Indem ich den Brunnen der Weisheit, den mich die streunende Katze gelehrt hatte, wirksam einsetze, weiß ich jetzt intuitiv, dass es Zeit für dich ist, dir deine eigene Erwachensgeschichte in aller Fülle zu erträumen. Deine gesamte potenzielle spirituelle Bedeutung beruht hierauf, deshalb empfehle ich, dass du das nicht verzockst. Wenn dein erster Entwurf eine uninspirierende Verschwendung von Worten ist, verzage nicht, du bist nicht so weit weg vom Ziel. Die Lösung ist immer, noch mehr Ausgedachtes deiner sorgfältigen spirituellen Narrative hinzuzufügen oder noch sorgfältiger das Ausgedachte dieser spirituellen Narrative hinzuzufügen.

---

44 Auch Gleichnisse geben deiner Story eine hormonelle Spritze. Sie sind wie der Duft der Blume deiner *sorgfältig erdachten spirituellen Narrative*. Klärende Anmerkung: Gleichnisse sind Metaphern in der Hinsicht, wie zum Beispiel, bei all ihren Unterschieden, ein großer Mond wie ein kleiner Planet ist.

Schnapp dir Stift und Papier, oder – wenn du nicht arm bist – nimm dir deinen Laptop und mach dich an die Arbeit.

ERTRÄUME DEIN ERWACHEN, DAS FAZIT

Deine Erwachensgeschichte gibt dir die unschätzbare und immer wirksame Macht, nicht nur andere von der Tatsache zu überzeugen, dass du ein Mitglied im Club der Erwachten bist; sie gibt anderen auch das Mittel, mit dem sie belegen können, dass deine Deklaration wahr ist. Vergiss diesen neuen Spruch von mir nie: *Die Mutter der Überzeugung anderer ist, zuerst dich selbst von dem zu überzeugen, wovon du versuchst, andere zu überzeugen.* Dieser weise alte Spruch des Neuen lehrt dich, je mehr du dir selbst deine eigene Erwachensgeschichte erzählst, umso mehr wirst du dazu erwachen, dass es eine absolut wahre Geschichte ist. Es ist wie bei einem Heiratsversprechen: Um deinen Ehepartner davon zu überzeugen, dass deine Versprechen wenigstens eine gewisse Beziehung zur tatsächlichen Wahrheit haben, musst du erst dich selbst überzeugen. »Sei das Überzeugen, das du in der Welt sehen willst«, sagte Gandhi.[45]

Wenn du an diesem Punkt denkst, du könntest die Welt im ultraspirituellen Sturm nehmen, lass mich dir den erstarkenden Wind aus deinen metaphorischen und buchstäblichen Segeln nehmen. In Wirklichkeit bist du so lange machtlos, bis du weißt, wie du mit deinem bisher erfahrenen spirituellen Training den *Flow* ausdrücken kannst. Wie der Buddha einst riet: »Hinterfrage alles.« Obwohl dieser ratgebende Gedanke keine Frage ist und ich mich frage, warum das so ist,[46] habe ich für dich eine Frage: Wie gut ist ein Fluss, wenn er kein Yoga hat, um ihn in einen *Flow* zu bringen?

---

45 Genau genommen habe ich gesagt, dass Gandhi das gesagt hat.

46 Hat der Buddha auch praktiziert, was er predigte, oder war er ein Heuchler? Was würde Hippokrates hierzu sagen? Wer weiß – es ist nur eine Frage, nicht wahr? (Schnallst du's, Buddha?)

4

STRENG YOGISCH

VERSTÄRKE DEN FLUSS

Stell dir vor, du schaust in einen postkartenblauen Himmel, und warme Sonnenstrahlen tanzen glücklich durch die Luft. Du siehst mächtige Berge, die eine Verbindung darstellen zwischen dem Himmel oben und der Erde unten. Zwischen den Bergen fließt in einem Tal mit grünen Weiden und wilden Blumen ein großer Fluss. Eine wunderschöne, ruhige Szene, vielleicht sogar majestätisch, wenn deine Vorstellungskraft etwas taugt.

Auf einmal blitzt es. Du schaust noch mal hin und bemerkst, dass der Fluss nun kein Wasser mehr enthält. Da ist nur ein langes Flussbett voller vertrocknetem Schlamm, toten Fischen und Erinnerungen an bessere Zeiten. Du lässt deine Vision reinzoomen und siehst, wie die grünen Weiden nun nicht mehr so grün sind, sondern eher ein vertrocknetes Brachland. Was du siehst, würde, wenn es könnte, nach Wasser schreien, aber es kann nicht. Es ist zu tot, um zu schreien.

Folgen wir dem nüchternen gefürchteten Philosophen Bob Marley: *no woman, no cry*. Diese Worte von ihm bieten eine tiefere Botschaft an, als das gebrochene Englisch und der verwirrende Satz zu vermitteln scheinen. Es ist in Wirklichkeit die tiefe Botschaft von »kein Wasser, kein Flow«, was die noch tiefere Botschaft von »kein Yoga, kein Flow« enthält. Wie Meister Marley dich würde wissen lassen wollen: Wenn du den Fluss willst, der Farbe, Saftigkeit, Vitalität, Essenz und Abgeklärtheit liefert – und der auch ein Fluss ist, der jeden ertränkt, der versucht, ihn zu überqueren –, dann brauchst du Yoga. Du kannst sicher sagen, dass ein Fluss ohne Flow nicht einfach nur ein nutzloser Fluss ist, es ist nicht mal ein Fluss. Ohne Flow bist du nicht nur kein Fluss, du bist auch nicht spirituell. Kein Yoga, kein Flow, keine Spiritualität. Neu geformt als ein vollständiger Satz würde er sich ungefähr so anhören: »Yoga ist das Tor, welches mehr Flow in dein Leben bringen wird – den Flow der Spiritualität.«

Aber was ist Flow? Flow ist ein abstrakter Begriff, der korrekt definiert werden kann als der Strom spiritueller Essenz, der in dein

Leben strömt. Es ist außerdem richtig zu sagen, dass Flow aus dir einen spirituellen Krieger macht. Auch unwürdige Korrelationen sind bemerkenswert, etwa die von Bruce Lee, der zu sagen pflegte: »Sei wie Wasser.« Daraus folgt, dass Flow dich gut macht in Kung Fu.

Hier ist die wichtigste Frage dieses Kapitels: *Was kannst du tun, um das Ausmaß des Flows zu erhöhen, der für dich fließt?* Die wichtigste Antwort lautet: *Yoga ist die Antwort.* Yoga ist die Wolkenart, die am meisten Wasser enthält und es deshalb in deinen Fluss hinabregnen lassen kann, sodass dein Flow fließen kann. Und bevor du jetzt einfach wegrennst und versuchst, in gedankenloser Hundestellung zu mehr Flow zu kommen, während du den Menschen hinter dir mit deiner in Elastan gefassten Genitalsilhouette grüßt, solltest du wissen, dass es wichtiger ist, *wie* du Yoga machst, als dass du es machst. Im Lebensstil des Yoga geht es vor allem um das Wie. Du kannst dein durch die Pants hindurchscheinendes Wurzelchakra darauf verwetten, dass dein Yogaleben ein essenzieller Teil deiner ultraspirituellen Entwicklung ist.

**Ich habe das Yogaleben nicht gewählt,
das Yogaleben hat mich gewählt.**

MODERNE WURZELN EINES ALTEN PHÄNOMENS

Als ich zur Schule ging, war neben dem Lernen, was ich denken sollte, das Wichtigste zu lernen, dass es wichtig ist, die unwichtige Geschichte von etwas, das wichtig ist, zu erlernen, ehe ich lernen konnte, was in Bezug auf dieses wichtige Etwas wichtig ist. Lass mich dich dementsprechend über die historischen Wurzeln des Yoga in der Vergangenheit aufklären, um so besser für das Yogaleben der Gegenwart gerüstet zu sein.

Die meisten Quellen sind widersprüchlich und unklar, sie bieten nur Verwirrendes an über die Ursprünge des Yoga in grauer Vorzeit. Zum Glück habe ich mit diesen Quellen nichts zu tun, was bedeutet, dass du aufgeklärt wirst und nicht verwirrt. Yoga entstand vor fast 12 289 Tagen in den Mitachtzigern der Einkaufszentren in den Vorstädten der Vereinigten Staaten als ein Weg, um den einsamen Hausfrauen der Oberklasse ein Gefühl für Gemeinschaft zu geben, während sie ihre erschlaffenden Körper dehnten. Danach wurde Yoga zu einem System, das von allen Frauen angewandt werden konnte, und auch von einigen Männern, um ein Gemeinschaftsgefühl zu finden und ihre Körper zu dehnen. Heute ist Yoga zu einer heiligen Praxis geworden, bei der Menschen aller Altersgruppen zwischen 25 und 45 ein Gemeinschaftsgefühl erfahren können, während sie ihre Körper dehnen und außerdem glauben, dadurch spiritueller zu werden.[47] Unglücklicherweise ist es bei Yoga wie bei allem Heiligen, das heißt, dass die Menschen schließlich die Heiligkeit dieses Heiligen entheiligen werden. Und so geschah es, dass bald nach der Geburt vom Yoga im Westen ein gefälschter Yoga aus dem Osten die Welt infizierte. Es war sogar so, dass sehr bald, nachdem der geliebte Yoga aus dem Westen die Welt segnete, im Osten abtrünnige Yogagruppen entstanden. Inzwischen glauben einige, dass dieser Jihad-Yoga als Erstes da war. Wie soll das möglich sein? In einem eindeutig unredlichen Versuch, weitere Grundlagen zu stehlen, die der westliche Yoga schon erschaffen hatte, erreichten diese östlichen Guerilla-Yogagruppen einen neuen Tiefpunkt, indem sie die scheinbar uneinnehmbaren Geschichtsbücher erstürmten.

Von dort aus stahlen die östlichen Yogi-Imitatoren nicht nur allen Kredit für die Popularität des Yoga, sie positionierten sich außerdem in zweifelhafter Weise, um die Anerkennung als Schöpfer des Yoga zu erhalten. Das ist, als würdest du dich bei dem Kellner für das Abendessen bedanken, das du soeben in einem Restaurant zu dir genommen hast. Der hat es aber nicht gemacht. Alles, was

---

47 Der Glaube ist das, was jede Wahrheit wahr macht. Ich empfehle, dieser Binsenwahrheit zu glauben, denn die Binsen sind ein sehr weit verbreitetes Gewächs.

er getan hat, ist, dass er seine Freundin geschwängert hat, um so sein Leben zu ruinieren und in einen Job gezwungen zu werden, in dem er anspruchsberechtigten Kunden ihr Wasser ohne Eis servieren konnte und endlos glutenfreie Fragen über ein glutengefülltes Menü beantworten musste – und das auf niedrigstem Lohnniveau. Zur Hölle mit dem Typen! Der Küchenchef ist es, der unser Lob verdient. Und wenn der Kellner nicht den Chef schnell genug zu dir rausbringt, sollten seine zehn Prozent Trinkgeld auf drei Prozent gekürzt werden.[48] Dasselbe gilt für Yoga.

Literaten, die an den Buchstaben kleben bleiben,[49] haben Mühe zu verstehen, wie diebische Yogis aus dem Osten dem Westen das Konzept des Yoga stehlen konnten, ehe die westlichen Yogis Yoga erfanden. Lasst es uns für den Moment dabei belassen, dass diese Leute sich in der Illusion der Zeit haben fangen lassen. Ich habe jetzt nicht die Zeit, dir zu erklären, inwieweit Zeit eine Illusion ist, lasst uns deshalb sagen, dass der Begriff der Zeit im Gerichtssaal nicht standhalten kann, wenn dort Tolle als Richter die Hoheit hat. Verstehe immerhin das: Steve Jobs hat vielleicht nicht den ersten Computer gebaut, aber den ersten guten Computer.[50] Während du also vielleicht dein MacBook genießt, wäre es falsch, diese Erfindung Bill Gates zugutezuhalten. Wenn du die schwache Idee einer chronologisch ablaufenden Zeit abonniert hast, könnte Bill den ersten echten Computer gebaut haben,[51] aber dieser Computer war ein zwei Tonnen schwerer Haufen von Magnesium, füllte einen ganzen Raum aus, brauchte eine Stunde, um ein einziges Lied über iTunes runterzuladen, kostete mehr als eine Million

---

48 Das Großzügigste ist, der Bedienung genau null Prozent Trinkgeld zu hinterlassen. Ein Trinkgeld zu erhalten hilft ihnen doch nur, in einem Job, den sie hassen, ihren Lebensunterhalt zu verdienen. Null Trinkgeld zu erhalten hilft ihnen, in einem Job, den sie hassen, nicht genug zu verdienen, was sie motiviert, ihr wirkliches Potenzial zu leben. So wie die Vogelmutter, die ihre Kinder liebevoll aus dem Nest schiebt.
49 Du wahrscheinlich.
50 Ich beurteile die Qualität eines Computers danach, ob sein Logo im Trend liegt.
51 Oder vielleicht auch nicht.

Dollar und wurde ausschließlich von der NASA verwendet, um die Mondlandung zu faken.

Wer war zuerst da? Yoga oder der Yogi?

YOGI BEAR

Nicht nur, dass der östliche Yoga versucht, uns um den Erfinderruhm zu betrügen, diese Leute machen noch Schlimmeres. In ihren Raubkopien unserer Yogastudios (genannt »Ashrams«) verschmutzen östliche Yogis die reinen spirituellen Gewässer, die aus dem westlichen Yoga quellen. Es bricht mir das Herz, wenn ich sehe, wie diese Ostler die Legitimität des echten Yoga mit ihrer Betonung auf die innere Verbindung verwässern, auf Stille und Versuche, *Samadhi* zu erreichen. Stillsitzen erreicht ja nichts, wenn du nicht meditierst. Und was sie tun, kannst du nicht Meditation nennen, denn das ist östlicher Yoga. Und du kannst es auch nicht Yoga nennen, denn es ist ja nur östlicher Yoga. Und was noch schlimmer ist, diese nutzlosen Praktiken vertreiben den wahren Schatz tatsächlicher yogischer Praktiken. Ohne das yogische Glück dieser Prinzipien trägt deine Praxis in keiner Weise dazu bei, deinen Flow zu erhöhen. Wenn du dich in einem Kurs befindest, von dem du glaubst, es ist eine östliche Yogaklasse,[52] dreh nicht durch. Steh einfach ruhig auf, geh raus, und *dann dreh durch*.

Um dir zu helfen, die Klarheit zu bekommen, die ich dir gebe in Bezug auf guten gegenüber schlechtem Yoga, schau dir die folgenden klärenden Beispiele an.

Östliche Yogaklasse

Schüler: »Es fühlt sich an, als würde nichts passieren.«

Lehrer: »Das klingt so, als seist du in voll entfaltetem Samadhi. Sitze noch länger!«

---

52 Ein Lehrer, der nicht gut aussieht, ist ein erstes Zeichen dafür.

Westliche Yogaklasse

Schüler: »Es fühlt sich an, als würden meine Bänder reißen.«

Lehrer: »Das ist das Aufsteigen deiner Kundalini. Dehne noch weiter!«

Da du jetzt weißt, wie du durchdrehen kannst, wie du Ersatz-Yoga meidest und dich dem entziehst, bist du bereit, etwas zu lernen, das im wirklichen Yoga tatsächlich eine Rolle spielt.

DIE YOGASORTEN

So wie beim Qualitätswein gibt es auch beim Qualitätsyoga (gewachsen in westlichen Weinbergen) eine große Auswahl an reinen Sorten. Welche wählst du? Es hängt von deinem einzigartigen Geschmack ab. Wichtig ist dabei, dass deine Yogasorte mit einem a endet, so wie beim Hatha- oder Vinyasa-Yoga. Beim Bestimmen, welcher Yogatyp für dich der richtige ist, musst du zweitens feststellen, ob er cool klingt. Behalte dabei im Kopf, dass der spezifische Stil, den du wählst, ein Wort sein wird, das du oft sagst. Vielleicht hunderte Male am Tag. Dieses Wort wird ein Ausdruck davon sein, wer du auf einer wesentlichen Ebene im Wesentlichen bist; sorge deshalb dafür, dass der Name in deinem Mund einen angenehmen Klang hat. Außerdem werden die Leute dich aufgrund dieses Klangs beurteilen und aufgrund von was auch immer für rechthaberischen Meinungen ihn mit deinem Yogastil assoziieren. Wähle deshalb deine Yogasorte gut aus. Du wirst eine haben wollen, die seidenweich klingt und von allen geliebt wird.

Wenn du mit deiner ersten Wahl schlechte Ergebnisse erzielst, nimm einfach eine andere. Auf der höchsten Ebene spielt der spezielle Stil nicht wirklich eine Rolle. Was letztlich zählt, ist der Stil, den der Stil von Yoga deinem Lebensstil hinzufügt. So wie auch jeder Weinkenner dir sagen wird, dass die Weinsorte nicht wirklich eine Rolle spielt, solange sie dich betrunken machen kann.

Im Folgenden findest du Yogasorten, unter denen du beim Abtauchen in den yogaholischen Lebensstil wählen musst. Wie mein Yogalehrer einmal zu mir sagte: »JP, den richtigen Yogastil zu finden sollte so sein wie das Finden des richtigen Sexpartners – probiere sie alle aus und finde dabei heraus, wen du am liebsten magst. Und sei immer bereit, einen noch besser Aussehenden auszuprobieren, wenn er oder sie des Wegs kommt. Namasté.«

Beachte: Die folgenden Sorten sind astrologisch, nicht alphabetisch gelistet.

Hatha Yoga. Dieser Stil verbindet Asanas, Pranayama und Dhyana, was alles sehr yogisch klingende Wort sind, insofern tragen sie zu deiner Street Credibility bei.

Ashtanga Yoga. Das ist als Yoga verkleidete Gymnastik. Der Name allerdings klingt großartig, wenn du ihn sagst: Ashtanga! Mit diesem Namen kannst du nichts falsch machen, und auch nicht mit dem, was sich hierauf reimt.

Vinyasa Yoga. Dieser hilft dir, deinen Atem mit der Bewegung zu koordinieren. Das ist zwar langweilig, dafür hat Vinyasa den süßesten, am meisten yogisch klingenden Namen aller Yogasorten.

Power Yoga. Dieser Yoga gibt zwar bewiesenermaßen mehr als 300 Prozent mehr Power als jede der anderen führenden Yogamarken, der Nachteil ist hierbei aber, dass der Name nicht yogisch klingt. Es läuft schließlich darauf hinaus, dass du damit so unspirituell rüberkommst, wie dieser Yoga tatsächlich ist.

Jivamukti Yoga. Dieser Stil wirbt damit, dass Erleuchtung das Ziel ist, was in der Disziplin Anstrengung ein A+ bekommt. Worin diese Sorte jedoch versagt, ist, dass sie nicht mit a endet, was den Genuss, sie auszusprechen, mindert.

Kriya Yoga. Lass dich nicht täuschen, dies ist kein Yoga. *Kriya* ist ein Wort aus dem Osten, das bedeutet »Menschen darin täuschen, dass dies echter Yoga ist«.

Bikram Yoga. Bikram hat die Vorteile einer Sauna: Du schwitzt ausgiebig, was deinen Körper entgiftet, und dabei glaubst du, der Grund dafür sei die Magie des Yoga. Der einzige Nachteil dieses Yoga ist, dass du dabei dein 200-Euro-Outfit für den Rest des Tages nicht tragen kannst, weil es schweißgetränkt ist.

Tantra Yoga. Diese Sorte hilft dir, deinen Selbstwert durch Sexualität in einer spirituell angesagten Weise zu heben.

Kundalini Yoga. Das ist Tantra Yoga, aber mit einem weniger offensichtlichen Namen. Außerdem endet es nicht auf a, was das Reimen erschwert.

Stärkender Yoga. Das ist Yoga für Altenheime. Wenn du dort nicht Resident bist,[53] bekommst du dafür keine Street Credibility.

Acro Yoga. Wenn dir das Selbstvertrauen für Tantra Yoga fehlt, du dich aber nach einem sexuellen Kontakt verzehrst, den du »connection« nennen kannst, dann ist Acro Yoga was für dich.

Iyengar Yoga. Bei diesem Stil werden Stützen benutzt, sodass die zu Yogapositionen Unfähigen sie ausführen können, ohne dabei die Fähigkeiten erwerben zu müssen, sie tatsächlich auszuführen.

---

[53] Wenn du dort Resident bist, warum machst du dann Yoga, wenn du doch deine Flucht aus dem Heim planen könntest? Es dabei bis an den Blumenbeeten vor dem Haupteingang vorbeizuschaffen, wäre schon mal, nach allen Standards, ein Erfolg.

Yin Yoga. Für diejenigen, die sich nicht anstrengen wollen. Yin Yoga ist leicht und hat den weiteren Vorteil, dass die Identifizierung damit die Leute denken lässt, du seist sanft und friedlich.

Sivananda Yoga. Diese Yogasorte ist ziemlich einzigartig, denn sie legt den Fokus auf Atmung und Streckung.

Während du Yoga mehr und mehr praktizierst (und natürlich darüber auch mehr und mehr sprichst), wirst du fühlen, wie der Flow geradewegs durch dich hindurchfließt. Genieße also den lebenspendenden Flow, der die Lebendigkeit deiner Ultraspiritualität nährt. Wenn du jedoch irrtümlicherweise denkst, dass deine früheren Jahrzehnte der Yogaerfahrung bedeuten, dass du irgendetwas über das Praktizieren von Yoga weißt, schlage ich dir an dieser Stelle vor: Setz dein Amateur-Selbst mal auf den Boden und nimm den Asana der Scham ein. Was auch immer du denkst, dass du denkst, du wüsstest es, es ist die Fusseln auf deiner magentafarbenen Manduka-Matte nicht wert; ich werde euch die wirklich wahren Geheimnisse des Yoga enthüllen.

ÄSV: YOGISCHE PRINZIPIEN VON YOGA

Im echten Yoga geht es nur um eines: ÄSV. Ästhetik, Streckung und Verführung. Technisch betrachtet sind das drei Sachen in einer großen Sache, und diese Drei-in-Einem verstärken das Ultra in deiner Spiritualität. ÄSV ist das, was den Fluss zum Fließen bringt; es ist auch das, was den Fluss zu einem Fluss macht. Als ein committeter Yogi leistest du einen Blutschwur, um den hohen Standard des ÄSV aufrechtzuerhalten. In einigen Kulturen[54] ist es so, dass eine Verletzung der ÄSV-Regeln seitens eines Yogi als ein Verbrechen gegen die Menschheit gewertet wird, ähnlich einer

---

54 … vor allem in Kanada.

Gotteslästerung oder der Verwendung von Essstäbchen in Oklahoma, und tödlich ausgehen kann. Ich sage nicht, dass du sterben solltest, wenn du diesen Schwur brichst (aber auch nicht, dass du nicht sterben solltest), sondern ich sage, dass dein Commitment zu ÄSV wenigstens dem Ernst deines Heiratsversprechens entsprechen sollte zusammenzubleiben, was auch immer geschieht, bis dass der Tod euch scheidet. Es sei denn, jemand Interessanteres kreuzt deinen Weg.

Das yogische Prinzip des Yoga Nummer eins: Ästhetik
Ästhetik ist für Yoga zentral, weil sie für Spiritualität zentral ist. In deiner Ästhetik geht es darum, wie du für andere Menschen aussiehst. Aber es geht nicht nur um Schönheit. Es geht hauptsächlich um Schönheit, aber auch ums Hübsch-Sein. Die erste Frage, die du dir also stellen solltest, ist: *Wie macht Yoga mich schön?* Ich weiß aber nicht, warum du das fragen solltest, und ich weiß nicht, was dir den Eindruck gegeben hat, dass Yoga dich schön macht, denn es stimmt gar nicht. Bei der Ästhetik im Yoga geht es darum, dass du Schönheit ausdrückst, während du Yoga machst. Anders gesagt solltest du, wie die großen Yogis gesagt haben, bereits schön *sein*, ehe du mit Yoga beginnst. Es ist ein Fehler zu denken, dass, wenn du zu den Hässlichen gehörst, Yoga für dich so was wie die spezielle magische Macht der plastischen Chirurgie hat, die dir deine krummen Backenknochen oder deine unproportionale Stirn neu konturieren könnte. Dabei kann dir Yoga nicht helfen. Du musst die Sache schon selbst in die Hand nehmen und deine innere Schönheit an die Stelle verpflanzen, wo sie zählt – im Außen. Einfacher und sicherlich effektiver ist es, die Vision des von dir erwünschten schönen Gesichts immer beizubehalten. Das Gesetz der Anziehung besagt, dass du diese schönen Blicke geradewegs auf dein Gesicht lenken wirst – Gesetz ist Gesetz.

Ich nehme Yoga ernst. Du könntest also sagen, dass ich das Rückgrat von Yoga – die Ästhetik – ultraernst nehme. Deshalb habe ich mir große Mühe gemacht, im Bereich Yoga eine riesige Menge an wissenschaftlicher Forschungen durchzuführen. Zum Beispiel habe ich einmal über drei Jahre[55] eine Beobachtungsreihe durchgeführt, bei der ich an einem Tag täglich zehn Yogaklassen besuchte. Meine aufreibende Forschung beinhaltete, mit Clipboard in der Hand hinten im Raum zu sitzen, oft belästigt von Schweiß auf der Stirn.[56] Von meinem wissenschaftlich-strategischen Blickpunkt aus habe ich in objektiver Weise meine subjektive Beurteilung der Schönheit jeder Person in der Klasse vorgenommen: In der Tat sind genau 83 Prozent aller Yogateilnehmer schön. Das ist eine Tatsache, es beruht auf Wissenschaft. (Verglichen mit einem Querschnitt der allgemeinen Bevölkerung, den ich auf einem Familientreffen kürzlich vornahm, sind nur zwei Prozent der Nicht-Yogis schön.) Und was ist mit den 17 Prozent der unattraktiven Teilnehmer der Yogaklasse? Im typischen Fall sind sie Neulinge, die nie wieder an einer Yogaklasse teilnehmen werden, weil sie durch die rassische Schönheit der wahren Yogis eingeschüchtert sind. Das bedeutet, dass – wenn auch mit essenziellen Fehlern behaftet – ästhetisch eingeschränkte Teilnehmer wenigstens darin einen guten Job machen, dass sie das erste Prinzip des Yoga ehren: die Ästhetik.

Lass uns visualisieren, du seist schön. Dir und mir zuliebe hoffe ich, dass es so ist. Wenn du hingegen weniger passend gestaltet sein solltest, mache das, was deine Eltern gemacht haben, und tu so, als seist du schön. Da wir nun alle so tun, als seien wir auf derselben, abgefahren coolen Seite – wie kannst du im Yoga am effektivsten deine Schönheit ausdrücken? Die beste Art, im Yoga deine Schönheit auszudrücken, ist, schon vor dem Yoga damit zu beginnen. Aschenputtel tritt ja nicht zufällig auf dem Ball auf und

---

55 Hundejahre. Für die Jahre des nach unten blickenden Hundes multipliziere das Asana mit Om.

56 Alles oberhalb von 74 Grad Fahrenheit wird als heißes Yoga betrachtet. Wenn du eine Umrechnung in Celsius brauchst: 23 Grad. Gratuliere zu deinem Amerikahass.

sieht dann umwerfend aus. Sie erscheint dort so, weil ihr niedriger Selbstwert sie dazu motiviert hat, Stunden der Vorbereitung zu verwenden und dabei Kosmetik, Mode und Korsetts einzusetzen, um Positives zu betonen, Mängel zu verstecken und ihrer Zellulite den Garaus zu machen. Warum hat Aschenputtel wohl ein langes, wallendes Gewand getragen? Um ihren eher unschönen flachen Po zu verstecken. Warum trug sie ihr Haar hoch? Um ihre hohen Wangenknochen zu betonen, mit denen ihre Eltern sie beschenkt hatten.

Was wirst du tragen? Was davon sollte fest sitzen und was locker? Was für ein Farbkonzept hast du dabei? Soll die Farbe der Yogamatte deine Augenfarbe ergänzen oder in Kontrast dazu stehen? Viel Make-up tragen oder wahnsinnig viel?[57] Dies sind keine Fragen, die ich für euch beantworten kann; es sind Fragen, die ich euch liebevoll bitte, selbst zu beantworten. *Warum kann ich nicht zum Yoga gehen gerade so, wie ich bin?* Die Frage kommt nicht von mir, und dass du diese Frage stellst, zeigt deinen Mangel an Vertrautheit mit der ästhetischen Gleichung des Flow: Für jede Minute in der Yogaklasse solltest du zwei Minuten ästhetische Vorbereitung investieren – eine einstündige Yogasitzung braucht also zwei Stunden Basisarbeit. Das ist einfachste Mathematik.

Um deine ästhetischen Ergebnisse zu optimieren, setze deine Yogasitzung fort, indem du in die nächstgelegene Cafeteria gehst. Was wird das deiner Ästhetik hinzufügen? Gute Frage. Um diese Frage, die ich dir gerade gestellt habe, zu beantworten, erlaube mir, sie von Harmony Shakti, einer Anhängerin von mir, beantworten zu lassen. Meiner objektiven Meinung nach verkörpert sie den Lebensstil des Yoga besser als jeder, der nicht ich ist.

---

57 Männer, euch spreche ich hiermit nicht an.

Hallo, mein Name ist Harmony Shakti. Ich sage den Leuten, dass ich nach meiner Großmutter benannt wurde (unter uns gesagt habe ich mich selbst neu benannt aufgrund des Gefühls, das ich nach einem voll guten Sonnengruß hatte, LOL!). Und da ich gerade von meiner Großmutter spreche... ich nutze ihre alte Schreibmaschine, um dies zu tippen, weil ich meinen Mac verkauft habe, um mein anstehendes Lehrertraining zu bezahlen. Was JP mich aber gebeten hatte, euch mitzuteilen, hat nichts mit meiner Großmutter zu tun oder mit meiner Hoffnung, Yogalehrerin zu werden (wenn sie in den nächsten beiden Monaten stirbt, wird mein Erbe das Lehrertraining komplett bezahlen! Bitte drückt mir die Daumen!!!). Er bat mich, euch meine supererstaunlichen After-Yoga-Cafeteria-Strategien mitzuteilen. Hier sind sie!

Mit meiner Yogamatte über der Schulter gehe ich stolz in die Cafeteria und sehe dort all die Nicht-Yogis mit ihrer »passenden Kleidung«. Natürlich trage ich (oder trage nicht, was oft der Fall ist) die maximal meine Schönheit betonende Kleidung. Das bedeutet, dass ich durch die Faszination der Leute, die sehen, wie schön ich bin, bereits ästhetische Sättigung erfahre.

Ich bestelle gerne einen Drink mit genug Zucker und Kalorien, um mich später mit Schuldgefühlen und Bedauern in Erregung zu bringen, was mich gerade stark genug motiviert, um noch schöner zu werden, LOL! Nachdem ich meinen Drink am Tresen ein paar Minuten lang gerührt habe, um mir so Gelegenheit zu geben, von jedem hier drinnen noch besser bemerkt zu werden, möchte ich die Operation nach draußen verlagern und einen Tisch in maximal fünf Meter Entfernung des Haupteingangs finden. Jede größere Entfernung verschafft mir weniger Rendite für das Investment in meine Yoga-Schönheits-Vorbereitungs-Anstrengung-um-bemerkt-zu-werden. Wenn es dort, wo du wohnst, zu kalt ist, um draußen zu sitzen, solltest du an einen Ort umziehen, der spiritueller ist, wie zum Beispiel Südkalifornien, LOL!

Wie auch immer, von diesem Aussichtspunkt aus tue ich so, als würde ich Leute beobachten, obwohl ich das nicht tue – in Wirklichkeit sitze ich hier am Rand und beobachte, wie die Leute mich beobachten. Nach einiger Zeit aber fühle ich mich ein bisschen verlegen. Es ist fast so, als könnte ich fühlen, dass die Leute fühlen, dass ich von ihnen wahr-genommen werden will. An diesem Punkt nehme ich mein Smartphone raus und überfliege Sachen, die mich eigentlich nicht wirklich interessieren. Während ich auf das Display schaue, kann ich nicht so leicht sehen, wie Leute mich be-obachten, aber das lässt mich buchstäblich (und tatsächlich) aus meiner Yoga-Ästhetik rauskommen.

Wenn es auf meinem Smartphone nichts Neues mehr zu sehen gibt, ist das der Punkt, wo ich der exponentiellen Kraft der Schönheitsbeobachtung der sozialen Medien zum Durch-bruch verhelfe. Ich nehme meinen Drink und halte ihn ab-sichtslos nahe an meinen schönsten Körperteil – meine Möpse. Dann gebe ich der Welt der sozialen Medien mit einem nicht so versteckten Dekolleté-Selfie eine Art Brustfütterung und be-schrifte das Selfie in einer yogisch angemessenen Art, indem ich auf den Drink Bezug nehme, den ich gar nicht trinke, außerdem mit einem für Insider sofort erkennbaren Yogabe-griff. (Ich fühle mich immer noch schuldig für den Drink, ob-wohl ich genau genommen gar keine Essstörung habe, LOL :-))

Hier sind ein paar Beispiele für meine besten Dekolleté-Beschriftungs-Hits: »Fühle mich mit diesem grünen Tee nach der Yogaklasse innerlich und äußerlich gereinigt, LOL«,

»Runterkommen mit einem Mocha nach dem Yocha :-)«
und: »Bin grad wieder im göttlichen Flow und bekomme nun
meinen himmlischen Mandelmilch-Latte!«

In dem geposteten Selfie geht es natürlich nicht um meinen Drink, sondern um meine mir und anderen ästhetisches
Vergnügen bereitende Weiblichkeit, die sich in meinen selbst-
objektifizierten Körperteilen verbirgt. Ich glaube, es war Kon-
fusion, der sagte: »In dem Selfie geht es nie um das, worum
es im Selfie geht.« Es ist immer so konfuzionierend, wenn
ich darüber nachdenke. Worauf mein Selfie sich wirklich bezieht – das Dekolleté –, wird ja durch meine clevere Be-
schriftung verborgen. Worum es in dem Selfie fälschlicherweise
geht, sind ein Drink und Yoga. Das beizubehalten bedeutet,
dass die Leute entdecken könnten, wie verzweifelt ich bin.
Aber wen juckt das? Ich bekomme trotzdem Aufmerksamkeit
auf Instagram, Facebook und Snapchat, was ich voll nutze,
um noch eine Stunde auf meinem Telefon rumzuscrollen, während ich in dem Flow der vagen Bestätigung bade, die ich in
Form von Likes und Kommentaren bekomme. Währenddessen
bin ich durchtränkt vom Licht dieser erstrangigen Position,
die mir hier draußen vor der Cafeteria Aufmerksamkeit verschafft, sodass sich auch in der realen Welt meine aktuelle
Yogarendite fortsetzt.

Oh, Leute, ich muss jetzt weiter – ich hab grad von oben
einen lauten Rums gehört. Vielleicht war das die Oma, die
gestürzt ist und mit ihrem osteoporotischen Kopf auf das Lin-
oleum gekracht ist, LOL! Ich hoffe, dass das so ist – sie verdient es, bald wieder zu reinkarnieren, drücken wir ihr die
Daumen! Ich mag sie so sehr! Ich hoffe, das hilft, und viel
Glück bei eurer Yoga-Ästhetik! :-), :-D, <3

Liebe und Licht

Harmony Shakti

Was für ein glühendes Beispiel, von dem man nur lernen kann! Danke dir, Harmony.

Aber warum hier aufhören? Um noch bessere Resultate zu bekommen, nimm deinen Flow nun zu der gefragtesten Juice-Bar, die du finden kannst. Die Saftbar im Biosupermarkt ist, obwohl gefährliches Terrain, eine clevere Wahl. Deine yogische Schönheit zur Schau zu stellen wird dir einerseits haufenweise Blicke einbringen, aber pass auf: Voller Gewinn bedeutet auch harter Wettbewerb. Jemand, den ich mal kannte, hat angeblich gesagt, er habe Yogi Bhajan sagen hören: »Wenn du nicht weißt, wer im Biosupermarkt die Schönste ist, dann bist es nicht du.« Hart, aber tief. Wenn du entdeckst, wer der heißeste Yogi an diesem Biobrunnen ist und du bescheiden genug bist zuzugeben, dass du das bist, grabsch dir einen Green Goddess Smoothie (mit wenig Grünkohl!), pflanz dich auf einen der Barhocker neben der Eingangstür und wiederhole mit diesem Zehn-Euro-Drink den Thrill eines weiteren Dekolleté-Selfies.[58]

> **Wenn du nicht weißt, wer im Biosupermarkt die Schönste ist, dann bist es nicht du.**

So wie alles Vergängliche ein Ende hat, wirst du schließlich deinen Posten verlassen müssen, vor allem dann, wenn jemand noch Attraktiveres auftaucht. Während du gehst, erinnere dich daran, dass reiche Leute, die sich alles in der Welt gekauft haben, immer sagen: »Die besten Sachen im Leben kann man nicht kaufen.« Während du dir vorstellst, du hättest dasselbe Aussehen wie die Person, die vor fünf Stunden deine Eingangstür passiert hat, sei dir des wahren Ausmaßes der Transformation gewahr, die geschehen ist. Du bist nun im Besitz einer unschätzbaren Schatztruhe von erhöhtem Flow, die du dir durch die spirituell fokussierten Bemühungen, deine Ästhetik auszudrücken, erworben hast. Solch eine

---

[58] Stell sicher, dass sich das Glas für den Saft von dem deines ersten Drinks unterscheidet. Sonst werden die Leute Bescheid wissen.

perfekt ausgeführte Yogasitzung führt zu so viel spirituellem Reichtum, dass es kaum mehr eine Rolle spielt, ob in dem Ganzen irgendwo auch noch eine reale Yogastunde mit drin ist.

Das yogische Prinzip des Yoga Nummer zwei: Streckung
Streckung ist für Yoga, was für Jesus glutenreiches Brot war – ein Faden im Gewebe der Heiligkeit.[59] Für die etymologisch Interessierten will ich noch hinzufügen, dass das Wort Yoga aus dem Griechischen kommt und »in aggressiver Weise zu dehnen« bedeutet. Warum ist das Strecken in dieser spirituellen Disziplin so prominent? Vereinfacht gesagt ist das aggressive Strecken deines Körpers ein liebevoller Akt der Kriegsführung gegen die physischen Begrenzungen des einzigen Körpers, den du hast. Das Strecken sendet deinem Körper eine bedrohliche Nachricht, die da lautet: »Denkst du vielleicht, du könntest mich zurückhalten, mich der Schwerkraft gehorchen lassen oder den Bewegungsbereich meiner Gelenke auf 120 Grad begrenzen? Nicht mit mir, du niederfrequenter Haufen leistungsschwachen Fleischs!« Auf diese Weise erhöhst du deinen Flow.

Was unterscheidet normales Strecken vom spirituell heiligen Strecken, das im Yoga geschieht, fragst du vielleicht. Das ist, als würdest du fragen: »Wie irdisch ist die Erde?« Was bedeutet, dass es mit der Bedeutungslosigkeit von Worten nicht wirklich eingefangen werden kann. Lasst es mich mal so ausdrücken: Was würdest du als ein spirituell besessener Spiritueller eher tun – eine exzessive Streckung oder *Krounchasana* (die Reiherstellung)? Elf von zehn Spirituellen wählen Krounchasana. Warum? Sag doch um Himmels willen einfach mal: »Krounchasana!« Und während ich hier vom Willen des Himmels spreche, erinnert mich das die Spiritualität fördernde Prinzip des Streckens an meine Kindheit als

---

59 Eine Streckung im Darm, die zu einer Entzündung führt, ist damit aber nicht gemeint.

heuchelnder Katholik. Beim Besuch meiner Großeltern – zweimal im Jahr besuchten sie uns – gingen wir zur Kirche und taten so, als würden wir jede Woche gehen. Während wir da in den Kirchenbänken saßen und das natürliche Aroma der alten Leute genossen, kam, oh Sünde, kurz vor dem Ende immer eine versilberte Plastikschale vorbei. Einmal beobachtete ich meinen Opa dabei, wie er stolz einen Sechs-Dollar-Scheck in die Schale legte. Ich fragte ihn: »Opa, wofür ist das Geld?«.

Er sagte: »Es ist für die Kirche, mein Sohn.«

»Warum gibst du der Kirche Geld?«, fragte ich.

Opa antwortete: »Ich gebe nicht der Kirche Geld, ich *spende*.« Und er erklärte mir geduldig, was der Unterschied war. Das Spenden[60] verschaffe einem unendlich viel mehr Vergünstigungen bei dem zornigen Mann im Himmel.

»Also«, fuhr ich fort, »bekommt Papa mehr Vergünstigungen, weil er zehn Dollar gespendet hat?«

»Nein, denn das war kein Spenden. Das war dein undankbarer Vater, wie er versucht hat, mich auszustechen«, war sein Fazit.

Von dem Tag an war dieser Zusammenhang für mich klar. Ich verstand, dass, wenn Taten lauter sprechen als Worte, dann sprechen Worte über Taten lauter als die Taten, die lauter sprechen als jene Worte. Was hat das mit Yoga zu tun? Es bedeutet, dass die Streckungen im Yoga keine Rolle spielen, aber *wie du die Streckungen nennst, spielt eine Rolle!* Du bist ja nicht irgendeine Wochenend-Fußballspielerin beim Strecken ihrer Muckis, sondern ein halberleuchteter Yogi in der *Kamel-Stellung*! Es sieht vielleicht aus, als sei es derselbe Akt, aber es hebt dich auf eine höhere Schwingung, wenn du es Kamel-Stellung nennst. Wie das? Wegen der Energie, die aus den Worten fließt. Aber lasst uns den Flow noch einen Schritt weiter führen: Würdest du lieber die Kamel-Stellung praktizieren oder *Ustrasana*? Ah, jetzt hast du's! Es donnert im Himmel,

---

60 Heute nennt man es »einen Energiebeitrag leisten«.

und die Yogagötter haben dich gerade mit einem Sanskrit-Blitz getroffen. Was wir hier haben, ist der klare Fall einer kaum spirituellen Streckung, die im Vergleich mit einer ultraspirituellen Streckung verblasst.

Worüber, verdammt noch mal, spricht der Typ?, denkst du jetzt wahrscheinlich. Aber ich spreche nicht, ich schreibe. Lass uns die Sache trotzdem auf etwas Einfacheres runterbrechen. Angenommen, du bist diese Wochenend-Fußballspielerin, die da ihre Muckis streckt. Du hast im College gespielt; vielleicht hättest du Profi werden können. Aber es juckt niemanden, dass du da deine Muckis streckst vor diesem unwichtigen kleinen Spiel, denn niemand (außer Kommunisten) kümmert sich um Fußball, und noch viel weniger kümmert es sie, wer da spielt. Und nun schau dir das an: Du bist dieser selbe Wochenend-Krieger und führst die Kamel-Stellung aus. Peng! Du bist spirituell! Und wenn die Stellung, die du da übst, Ustrasana genannt wird, bist du ultraspirituell. Schau einfach auf die zwei folgenden Stellungen, um die Ultradifferenz zwischen ihnen erkennen zu können.

Siehst du's? Die Verwendung des Sanskrit-Namens lässt diese Pose ungefähr siebzehn Mal so spirituell aussehen. Deshalb solltest du dir diese ultraspirituellen Sanskritnamen nun direkt in dein Yogini-Gedächtnis einbrennen. So wie die Yogini Berra einmal sagte, ist Yoga zu 90 Prozent mental; die andere Hälfte ist spirituell. Behalte deshalb die folgenden Grundregeln im Sinn, wenn du dir deinen Weg ins gesegnete Reich der Ultras sanskrittest.

Als Erstes, lass Sanskrit-Bomben nur auf minderwertige Leute fallen, die nicht wissen, was diese Worte bedeuten. Deine Anwendung des erregend schwingenden Begriffs einer gegebenen Streckung wird diesen Proleten nicht helfen, aber es wird dir helfen, spirituell rüberzukommen – viel spiritueller, als sie es sind! Und mach dir um die korrekte Aussprache keine Sorgen – ich sage das aus zwei Gründen: Erstens ist es egal. Du sprichst zu ihnen in einer fremden Sprache, das heißt, die falsche Aussprache von Worten,

Die kaum spirituelle Kamel-Stellung

die sie sowieso nicht verstehen, wird sie nicht noch unverständlicher machen. Drittens[61] ist deine linguistisch unkoordinierte, Englisch sprechende Zunge unfähig, irgendetwas in Sanskrit korrekt auszusprechen.[62] Wenn du sicher bist, dass die Artikulation gerade richtig ist, dann ist sie *garantiert* gerade falsch.

Ein weiteres Statut in der Geheimgesellschaft der Sanskrit-Sprecher ist, diese Terminologie nie zu verwenden in Gegenwart von anderen, die sie wirklich verstehen. Der Grund dafür ist, dass du erstens dann so aussiehst, als würdest du es zu sehr versuchen, denn auch sie versuchen es zu sehr. Das heißt, es wird anstrengend wer-

---

61 Ich mag Trinitäten lieber als Dualitäten.
62 Hallo, ausländische Leser: Ich mag es auch nicht, wenn ignorante Amerikaner annehmen, jeder andere sei ein Englisch sprechender Amerikaner.

Die ultraspirituelle Ustrasana

den mit ihnen. Lass sie einfach wissen, dass du sie wissen lässt, dass du besser bist als sie, indem du dieses Bedürfnis, es so sehr zu versuchen, sie zu besanskritteln, gar nicht hast, indem du zu der einfachen spirituellen Terminologie zurückkehrst. Auch wirst du herausfinden, dass dein Gegner, falls er den Begriff tatsächlich korrekt aussprechen kann, yogischer ist als du. Macht nichts; es kommt nur darauf an, was sie von dir denken. Deshalb konstruiere auf clevere Weise in ihnen eine falsche Schlussfolgerung über deinen Spiritualitätslevel, indem du dein Yogi-Sein durch die Verwendung einer einfachen Terminologie herunterspielst. Dies lässt dich – den weniger Yogischen als sie – in Wirklichkeit yogischer werden als sie, denn es sollte für alle offensichtlich sein, dass du dein Yoganiveau absichtlich herunterspielst, indem du das Sanskrit-Label für die exakt selbe Pose nicht verwendest, weil du einfach mehr Selbstsicherheit hast. Das ist Ultraspiritualität in Aktion.

Noch ein Abschlusswort zur Streckung: Wie oben bewiesen wurde, ist alles Spirituelle zu 90 Prozent physisch. Das Strecken nimmt zehn Prozent der 90 Prozent des Physischen ein. Wenn also andere mit der Vorwärtsbeugung schon in der Mitte der Oberschenkel aufhören, weil sie beim Erreichen ihrer physischen Grenzen ein Sklave des Schmerzes sind, dann solltest du das weiter durchziehen und so bis in den Bereich der orthopädischen Unverantwortlichkeit vordringen. Warum? Weil es das wert ist. Warum ist es das wert? Weil du gewinnst, denn es ist mehr Flow.

Das yogische Prinzip des Yoga Nummer drei: Verführung

Das Crescendo der Heiligen Dreieinigkeit der Yoga-Prinzipien ist die *Verführung*. Es scheint, als hätten die weisen Männer[63] immer gesagt: »Nichts ist, wie es scheint.« Nun, die Yogaverführung sagt, das, was ihr tut, ist nicht so, wie es scheint – eure Taten sind nicht wirklich eure Taten. Weise zu sein ist ein wichtiger Teil im Aufbau von spiritueller Tiefe und einer Yoga-Persona. Oberflächliche Menschen sind einfach[64] und eindimensional; alles, was sie tun, ist einfach, wie es ist.

Zum Beispiel wendest du das Verführungsprinzip an, wenn du dich als Frau entscheidest, vor der Klasse und direkt vor deinem männlichen Yogalehrer zum Aufwärmen in eine entspannende Feuerfliege-Stellung zu gehen.[65] Der Lehrer sieht, dass du da anscheinend in die Stellung der Feuerfliege gehst, aber was du in Wirklichkeit machst, ist, du unterziehst ihn einer mentalen Multiple-Choice-Prüfung, die ihn zugleich verwirrt und fasziniert hinterlässt. Er fragt sich: *Macht sie das, weil:*

---

63 Frauen, hier spreche ich euch mal nicht an. Es geht nicht immer nur um euch!
64 …im schlimmsten Sinn des Wortes.
65 Ich würde das *Tittibhasana* nennen, aber die sexuelle Anspielung wäre dabei zu offensichtlich.

a. Sie weiß, dass ich das nicht kann?

b. Sie will mir zeigen, was sie im Bett kann?

c. Sie will anderen Frauen zeigen, dass sie mir zeigt, was sie im Bett kann?

d. Sie mag einfach das Gefühl dieser Stellung?

e. Alles von dem, mit Ausnahme von d?

Die korrekte Antwort ist »e«. Ob dein Lehrer genug Hirn unter seinem Dutt hat, um das rauszukriegen, geht dich nichts an. Was dich, um Erfolg zu haben, was angeht, ist, dass das Nichts, das dir da gerade gelungen ist, nicht so war, *wie es schien*. Fühle den Flow!

Geht es bei jeder Verführung um Sex? Nein. Manchmal geht es um Aufmerksamkeit, die du mit deiner Sexualität bekommst. Wenn du nicht diejenige bist, die in der Yogaklasse am meisten Aufmerksamkeit bekommt, dann bist du die, die am meisten ignoriert wird. Ein wichtiger Teil des Lebens ist zu lernen, wie du durch eine Wertschätzung deiner Sexualität Aufmerksamkeit bekommst. Das ist die Kernbotschaft der Tantra-Lehren. Tantra lehrt, dass du ein sexuelles Wesen bist, und das wiederum bedeutet, dass du, wenn du für deinen Sex-Appeal wertgeschätzt wirst, in Wirklichkeit Wertschätzung für das erhältst, was du wirklich bist. Ich bringe das hier zur Sprache, weil es zur Sprache kommen muss. Außerdem bietet der Lebensstil des Yoga Gelegenheiten zur Verführung in Fülle. Der Pfad der Weisheit sagt, dass deine Taten, wenn sie mit Yoga zu tun zu haben scheinen, in Wirklichkeit bezwecken, dass du für deine Sexualität wertgeschätzt werden willst. Die Bestätigung, die dir das gibt, macht dich infolgedessen wichtiger als diejenigen, die weniger Bestätigung erhalten.

Dementsprechend musst du, um beste Ergebnisse zu erzielen, deine Yogapraxis dahingehend verfeinern, dass du beim Yoga hautenge Pants trägst. Die musst du dann auch drei Stunden davor und drei Stunden danach tragen. Wenn du normal passende Hosen trägst, funktioniert zwar dein Blutkreislauf, deine spirituelle Expansion ist mit regulärer, bequemer Kleidung jedoch gehemmt. Wie erkennst du, ob eine potenzielle Kleidung in Bezug auf die Verführungsziele, die du hast, eng genug ist? Wenn sie 200 Euro oder mehr kostet, ist sie wahrscheinlich eng genug.

TRAINING FÜR LEHRER

Statistisch gesehen gibt es für jeden Yogaschüler in der Welt zwei Yogalehrer. Von der offensichtlichen Tatsache mal abgesehen, dass die Welt sie heute mehr denn je braucht – warum gibt es so viele davon? Der Status eines Yogalehrers gibt ihnen mehr Autorität und spirituelle Essenz; Yoga zu unterrichten ist außerdem ein garantiert lukrativer Beruf. Im Land der Freien ist es für einen Menschen ohne professionelle Ethik noch nie so leicht gewesen, eine Fertigkeit zu erlernen, die schon jeder andere besitzt, und auf diese Weise in üppigem Wohlstand zu leben, bei einem Verdienst von 20 Euro pro Stunde, zwei Stunden am Tag, drei Tage pro Woche.

Wenn du zu den 33 Prozent der Leser dieses Buchs gehörst, die keine Yogalehrer sind,[66] wie willst du wissen, welcher Lehrer für dich am besten ist? Schau nach dem mit den meisten Tattoos. Ich spreche hier aber nicht über normale Tattoos, wie Herzen, Schädel oder Namen von Exlovern in Stacheldrahtschrift. Schau nach spirituellen Tattoos: Shiva im vollen Lotussitz, prunkvolle Lotusblumen, spirituelle Zitate in Kursivschrift, umgeben von Lotusblumen, Sanskritsilben inmitten von Lotusblumen et cetera. Es liegt in deinem Ermessen zu beurteilen, ob mystische Tiertattoos

---

66 *Noch!* Der Tag ist noch nicht vorbei.

auf den Waden deines künftigen Lehrers ihm Glaubwürdigkeit verschaffen, insofern er als Tierhalter dann vielleicht gar nichts für dich tut.

Sobald du dir den besten Lehrer ausgewählt hast, um den besten Flow aus dir herauszuholen, kannst du dich sicher darauf verlassen, dass sie höchst qualifiziert sind, das zu tun. Sie haben eine Lehrerausbildung absolviert. Entgegen dem, was du wahrscheinlich denkst, werden Lehrer im Lehrertraining tatsächlich trainiert. Es ist ein streng reglementierter Prozess, in dem dein Lehrer von einem anderen Lehrer belehrt wird, wie man Yoga unterrichtet. Das Lehrertraining ist eine vielseitige Erfahrung, die darin besteht, dass dein Lehrer eine Woche mit anderen freigeistigen Individuen verbracht hat, von denen die meisten keine persönlichen Grenzen haben. Wenn dein Lehrer korrekt ausgebildet worden ist, dann hat sein Training Affären mit mindestens drei anderen beinhaltet (im typischen Fall eine nach der anderen, das muss aber nicht so sein). Sie haben sich gemeinsam entschieden, im vergangenen Leben zusammen gewesen zu sein und nun eine Erfahrung durch Aneinanderreiben des ersten und zweiten Chakras zu benötigen. Auf diese Weise können deine Lehrerin und andere die erforderlichen Erfahrungen machen, um den Flow deines Geistes zu maximieren.

Wer hat deinen Lehrer unterrichtet? Das solltest du wissen, denn diese Person ist im Grunde für dich eine Art Opa oder Oma. Und so wie alle Großeltern haben auch dein Yoga-Opa oder deine Yoga-Oma eine Menge weltliche Erfahrung zu geben – genug Lebensweisheit, um Bücher zu füllen –, und die ist ungefähr 25 Jahre alt. Was qualifiziert diesen weisen älteren Menschen dazu, der Lehrer des Lehrers, der dich lehrt, zu sein? Fürs Erste gehört dazu mal ihre Fähigkeit, überall gerne barfuß zu gehen, weil sie die Erde so sehr lieben, und sich nicht mit der irdischen Sorge zu belasten, den Schmutz ihrer Füße auf anderer Leute Teppich zu tragen. Eine weitere wesentliche Qualifikation ist ihre Fähigkeit, das

Anjali Mudra[67] zu halten, wenn sie jedem, den sie treffen, »Hallo« sagen. Außerdem zeigen sie eine gewisse Geschicklichkeit darin, ihre Wunden aus einem zerstörten Familienleben hinter dem Gefühl der Zugehörigkeit zu verstecken, das sie dadurch gewinnen, dass sie in der Yogagemeinschaft hoch angesehen sind.

YOGA ABSCHLIEßEND

Was passiert, wenn ein Fluss so viel Wasser führt, dass die Ufer es nicht mehr halten können? Todbringende Überflutungen. In die symbolische Sprache unserer Diskussion übersetzt, heißt das, dass eine *letale* Menge dich durchfließt. *Letal* ist genau die Menge Flow, die du willst. Der mächtige Fluss, der du bist, liefert die Naturgewalt, die dein Flow ist und die alles tötet, was nicht spirituell ist, und alles zum Leben erweckt, was in deinem Leben spirituell ist.

Wenn du immerhin halbwegs derjenige bist, der du nach dem Lesen dieses Kapitels sein solltest, dann bist du hauptsächlich kein Mensch mehr. Du bist etwas Besseres – ein Yogi. Und wenn du einmal ein Yogi bist, dann bist du es immer. So lange, bis du es nicht mehr bist. Aber höre nicht damit auf, ein Yogi zu sein, das wäre der Tod deiner ewigen Seele.

Als Zusammenfassung hier ein Rückblick darauf, wie du deine Seele ultraspiritualisieren kannst: Vermeide östlichen Yoga wie deine Ex auf deiner Hochzeit; umarme Yoga und koste von dem endlos sich wiederholenden Geschmack dublizierter einzigartiger Praktiken, die verschiedene Namen haben; stecke das ÄSV des Yoga in deinen eng anliegenden Yoga-Dress; und wähle natürlich den besten, berühmtesten Yogalehrer, den du finden kannst.

Während am Yogaleben nicht mehr dran ist als am Yogaleben, ist am ultraspirituellen Leben mehr dran als nur am Yogaleben. Grundsätzlich solltest du auf grüneren spirituellen Weiden herum-

---

67   Die Bedeutung ist: Gruß, Siegel. Auch »so tun, als würde man beten«.

tollen. Während du da stehst, wo du jetzt gerade sitzt, wie würde es sich anfühlen, wenn ich dir sage, dass du so bist wie Hitler, nur schlimmer? Es tut mir sogar weh, dass ich dir das sagen muss. Das bedeutet, dass du mich zwingst, mich selbst zu verletzen, indem ich dir das zu sagen habe. Wie fühlst du dich damit, mich zu verletzen, Hitler? Hör auf damit! Und wenn du damit aufhören willst, solch ein Hitler zu sein, dann folge mir in die höhere Selbstgerechtigkeit des nächsten Kapitels.

5

VEGANISMUS – DEN SPIRITUELLEN HUNGER STILLEN

Statistisch gesehen gibt es auf der Welt zwei Arten von Menschen: Veganer und Menschen voller Hass. Um ein guter Mensch oder – wichtiger – ein spiritueller Mensch zu sein, musst du ein Veganer sein. Veganer zu sein bedeutet nicht nur, ein Spiritueller auf höchstem Niveau zu sein, denn du bist ja vegan; es bedeutet auch, dass du Veganer bist, weil du auf höchstem Niveau spirituell bist. Als Veganer ist deine Spiritualität sogar noch spiritueller, weil du dann nicht mehr die niedrigschwingenden Gifte des Hasses in dir trägst; und weil dein grundlegender Energielevel zu niedrig ist, um dich auf den Hass zu fokussieren, bist du ein liebevollerer Mensch.

Es ist nun Zeit für dich, mit einer unbequemen Frage über die Realität konfrontiert zu werden. Bist du schon ein Veganer, oder bist du eine Reinkarnation von Hitler und badest dich im leckeren Glanz des Todes deiner Opfer?[68] Noch kein Veganer? Der Unterschied zwischen dir und Hitler ist, dass der Führer seine Opfer nie aß. Der andere ist, dass Hitler sich jenseits von spiritueller Erlösung befindet, während du noch eine Chance hast. Als dein Erlöser biete ich dir hier die Chance, dich über den auf satanische Weise sättigenden Plan deiner das Leben hassenden und den Appetit befriedigenden, Fleisch essenden Gewohnheiten zu erheben. Dies ist deine einmalige Chance,[69] das Licht zu sehen und ihm zu folgen. Wenn du dem Licht deinen Rücken zuwendest, wird es für dich dunkel, du unspiritueller, niedriger, Fleisch essender Mörder.

Weil ein Fleischesser inzwischen nicht mehr weiterlesen würde, um sich stattdessen lieber den Kadaver eines geschlachteten Tieres einzuverleiben, weiß ich, dass du, wenn du bis hierher gekommen bist, dich entschieden hast, mit mir dem Licht zu folgen. Das Licht (ich) ruft dich auf die grüneren Weiden des Veganismus. Diese Weiden werden günstigerweise aus veganfreundlicher Nah-

---

68 Hitler war ein Vegetarier, kein Veganer; darin irren sich er und die Geschichte offensichtlich.
69 Es sei denn, du liest das Buch noch mal.

rung erstellt, und sie sind genau genommen nicht grün – versuche es mit einer grauähnlich olivgrünen Farbe, in die sich auch deine Haut bald verfärben wird. Und es sind auch dieselben Weiden, auf denen glückliche Kühe Gras essen, ehe sie rücksichtslos gejagt und dann geschlachtet werden. Vermeide also allzu große Anhänglichkeit. Am wichtigsten ist dabei, dass diese Weiden die Weiden sind, auf denen deine Ultraspiritualität heftig blüht.

Wie jeder weiß, bedeutet Veganismus, dass du nur Pflanzen isst und Menschen hasst, die Tiere hassen, und dass du dabei in selbstgerechter Weise anderen deinen Glauben aufdrückst. Nicht so viele Menschen wissen, dass Veganismus auch bedeutet, dass du besser bist als jeder andere, der nicht Veganer ist. Das klingt einfach, aber es gibt dabei viel zu verstehen, darunter auch das: wie du im Namen deines spirituellen Fortschritts deine vegane Überlegenheit richtig verstehen und ausdrücken solltest. Einige tollen mit mir auf diesen Weiden herum, während ich euch helfe, in entführtem Licht (Chlorophyll) zu baden, sodass ihr das tolle vegane Leben führen könnt (wie in dem Lied von Ricky Martin: Livin' La Vegan Loca)!

ULTRASPIRITUELLE LEKTION IN GESCHICHTE

Der Veganismus fand seinen Weg in die Spiritualität in Indien, wo jeder, auch nicht spirituelle Menschen, eine vegane Diät aßen. Die spirituellen Vorbilder der Inder waren spirituell, weil sie vegan lebten.

VEGETARIER: WAS IHR NICHT SEID

Was ist das Einzige, was schlimmer ist, als ein schrecklicher Mensch zu sein? Antwort: Ein schrecklicher Mensch verkleidet als ein guter Mensch. Das ist die wahre Bedeutung davon, ein Vegetarier zu sein – er ist ein Fleischesser, verkleidet als Pflanzenesser. Ein wirklicher Fleischesser ist wenigstens ehrlich, was aus ihm einen in ehrlicher Weise schrecklichen Menschen macht. Aber wenn ein mit Eiern jonglierender Vegetarier versucht, sich den Glanz mit denen zu teilen, die nur Pflanzen töten (und die kleinen, unbedeutenden Wesen, die auf Pflanzen leben), während er regelmäßig Fisch isst und gelegentlich einen Vogel, dann hast du da einen in Eingeweide verliebten Hunnen, der sich in die falsche Robe eines wahren Heiligen kleidet. Die Vegetarier sind für eine ganze Generation verführter Seelen verantwortlich, die sich für berechtigt halten, denselben Level von Selbstgerechtigkeit einzunehmen, der berechtigterweise den Veganern vorbehalten ist.

Die Vegetarier operieren mit einer »Frag nicht, sag nichts«-Strategie. »Mensch, Derrick, dieses Huhn, das da kreischend herumläuft und Käfer isst, das sieht für mich nicht wie eine Pflanze aus. Ist das tatsächlich ein Tier?« Das ist, was jeder in der vegetarischen Sekte denkt und fragen möchte, aber zu ängstlich ist zu fragen. Und warum gibt es so viel Angst unter Vegetariern? Weil Derrick ein Killer ist. Als »Vegetarier« öffnet Derrick sein langes Rasiermesser, und seine Mundwinkel heben sich in einem irren Grinsen; er sprintet diesem geliebten Huhn hinterher, ergreift es und tut mit seinem mörderischen Instrument das Unerträgliche. Mit dem abgetrennten Kopf in seiner blutigen Hand deutet Derrick auf den noch reflexartig zuckenden Torso des kopflosen Huhns, der da nun wie irre über die Wiese stolpert, bis er zu einem leblosen Haufen zusammenbricht. »Sieht für mich aus wie Gemüse«, sagt Derrick.

Da ich nicht zu denen gehöre, die bei Derricks Namen zusammenzucken, lasst mich hier den illusionären atmosphärischen Druck, der den Vegetarismus ausmacht, zerschmettern. Hühner und Fische sind keine Pflanzen, es sind Tiere. Auch inmitten eines aus Proteinmangel entstandenen mentalen Nebels verstehen Veganer, dass auch hässliche Tiere wie Hühner und Fische keine

Pflanzen sind. Und was ist mit Eiern? Lass dich nicht täuschen: Vegetarier sind imstande, dir ein Ei als eine große, leckere Nuss zu verkaufen. Eier zu essen ist ein grauenvoller Akt des sich Vollstopfens mit den Föten von Vögeln, ehe sie überhaupt eine Chance auf Leben haben, was Eiesser zu Abtreibungsbefürwortern macht. Zudem kommt das Trinken von Milch dem Ermorden von Babys gleich. Schau, wenn du einer Mutterkuh die Milch stiehlst, stirbt das Kuhbaby, ehe es die Chance auf ein langes Leben hat und dann von Karnivoren gegessen wird. Vegetarische Junkies wollen, dass du Milch trinkst, weil Milch eine Einstiegsdroge ist. Wenn dein Milchprodukt nicht aus einem Mandeleuter gepresst wurde, sag zu dieser mit Calcium verzierten Versuchung einfach Nein.

Vegetarier haben jedoch etwas für sich. Inwiefern? Du kannst ihnen ein gewisses Maß an ethischer Verantwortung zugestehen und dich so umso besser in deiner Überlegenheit als Veganer positionieren. Es ist ähnlich wie beim Fliegen mit dem Flugzeug, wo es im Wesentlichen drei Klassen gibt: Economy, Business und erste Klasse. Wenn es dort nur Economy und erste Klasse gäbe, würden die Leute merken, dass die Leute in der ersten Klasse besser sind, weil sie 9 000 Euro für ein extra Kissen und freie Drinks bezahlt haben. Die Hinzufügung der Businessklasse erlaubt den Passagieren der ersten Klasse jedoch, sich noch überlegener zu fühlen, weil sie noch eine Ebene besser sind als die auf der Ebene, wo sie vorher waren, die darüber hinaus die mit Economy Fliegenden aussticht, die vom Boden essen müssen. In derselben Weise sind Vegetarier wichtig, nicht weil sie wichtige Leute wären, sondern weil sie die Veganer bedeutender aussehen lassen. Als Veganer kannst du die Freude genießen, durch einen fest zugezogenen Vorhang auf das Barbarenland der Vegetarier zurückzublicken, wie sie da alle mit ihrer relativen Beinfreiheit sitzen und denken, sie seien was Besonderes. Aber du weißt, dass ihre Sitze nicht ganz zurückzulehnen sind. Und dann schaust du durch deinen Vorhang sogar noch weiter zurück und durch diesen zweiten Vorhang hindurch, der die Vegetarier von der Rinderklasse trennt.[70] Da sind sie, in »Economy«, beschränkt auf barbarische Bedingungen und essen dabei ironischerweise Mahlzeiten von gummierten Rinderpastetchen aus der Mikrowelle. Auf diese Weisen helfen dir Vegetarier, ein tiefes Verständnis für die Würdigung des Besser-Seins zu bekommen, worin deine außerordentliche Existenz besteht, wie auch eine offenherzige Dankbarkeit dafür, besser zu sein als Mörder, die wiederum besser sind als Serienkiller.

MEMOIREN EINES VEGANEN BABYS: MEINE ERSTEN VEGANEN ERINNERUNGEN

Wie es schon in der Bibel heißt, ist Veganismus keine Entscheidung, denn wir werden zum Glück auf diese Weise geboren.[71] In meinem Fall war ich vegan, bevor ich geboren wurde. Ich erinnere mich an den Zustand reiner Glückseligkeit.[72] Es war warm und unterstützend, ich konnte schwimmen, wann immer ich wollte, und es war aufregend, meinen Atem so unmenschlich lange anzuhalten. Dann kam der Tag, an dem meine zarten kleinen Hände die Nabelschnur entdeckten (bzw. das, was für mich damals »mein langer Bauchnabel« war). Nie zuvor in all den Monaten des Keimens hatte ich so sehr das Gefühl, dass mir Gewalt angetan wird! Stell dir den Albtraum vor, diese mitten in dein Innerstes führende Zufuhr fleischverzehrenden Kannibalismus zu entdecken! Nicht

---

70 Offensichtlich haben Rinder kleine Gehirne, denn sie zahlen nur acht Euro für ihre Drinks.

71 In diesem Kapitel geht es nicht darum, sich für Veganismus zu entscheiden. Es geht darum, mit dem Leugnen aufzuhören, mit dem du verdeckst, dass du schon immer vegan warst.

72 Abgesehen davon, dass es schrecklich eng war. Das ist ein weiterer kleiner Grund, warum ich nie Economy fliege.

nur hatte ich nie zugestimmt, dass dieser gewaltsame Zugang in meinen Körper gelegt würde; es konnten auch meine schwachen, fischigen Hände nichts tun, um diese Brutalität aus meinem Körper wieder zu entfernen. Während mein Körper in den nächsten Monaten die Invasion des verflüssigten Fleischs durch das Fleisch meiner eigenen Mutter (gemacht aus dem Fleisch von Tieren, die aus dem Fleisch ihrer Mütter bestehen) ertragen musste, war das Einzige, was ich tun konnte, um bei Sinnen zu bleiben, mich zurückzulehnen und von dem Tag zu träumen, an dem ich auf einer grünen Wiese würde grasen können. Auf diese Weise freute sich mein kleines, liebevolles Selbst, während mein schlecht ausgerüsteter Darm damit kämpfte, das zu verdauen.

Als ich dann geboren wurde, war ich so wütend, dass ich fast weinte. Zum Glück wurde mir ein Wunder geschickt in Form eines Schutzengels. Während meine Fleischessende Mutter darniederlag mit einem aufgerissenen Beckenboden, stieß ein Engel im Sturzflug nieder und durchtrennte mit einer Schere diese abscheuliche Fleischrutschbahn. Endlich frei! In einem letzten Versuch, mich auf der dunklen Seite zu halten, versuchte meine Mutter, mir ihre Brust zu geben, als ein weiteres Mittel, verarbeitetes Fleisch in meinen reinen kleinen Körper zu injizieren. Ich weigerte mich. Und weil ich schon fast fünf Minuten am Leben war, hatte ich dieses Leben zu lieben gelernt, was meine lange festgehaltenen Werte über das Leben, das nicht enden müsse und gelebt werden könne, stark beeinflusste. Außerdem wollte ich gesünder sein als all die anderen Babys, die da mit einer unreinen Diät aus den Körpern ihrer verfallenden Mütter aufgezogen wurden.

Damit begann mein erster Hungerstreik im Namen der

Standfestigkeit für meine Werte.[73] Gandhi brauchte 44 Jahre, um herauszufinden, dass er auf kindische Weise von der Welt verlangen konnte, was er wollte, indem er sich weigerte zu essen. Ich hingegen habe diese infantile Strategie schon in den ersten paar Minuten meines Lebens erlernt. Und so geschah es, dass die großen Menschen meinem Wunsch nachgaben und mir Soyamilch zu trinken gaben, den Nektar der Götter. Das Leben wurde gut. Nun hatte die Macht meines Geistes die vegane Blüte meines Körpers zur Verfügung, die er brauchte, um voll aufblühen zu können. Es war eine Art Pilgerreise, auf der ich zurückkehrte zu der natürlichen Diät eines Kindes. Einer Diät, um das Leben von Generationen Neugeborener aufrechtzuerhalten, ehe sie in der modernen Zeit der auf Bequemlichkeit ausgerichteten Mütter durch das Stillen ersetzt wurde, nur um zu vermeiden, ihren Kindern geeignete Nahrung zu geben. Und so wie die Medizinfrau Mutter Natur es uns verschrieben hat, genoss ich nun eine hohe Dosis von Pflanzenöstrogen, das mit den menschlichen Hormonen viel kompatibler ist, als menschliche Hormone es sind.

Zusätzlich zu der spirituellen Starrolle hatte ich auch wegen meines jugendlichen Veganismus begonnen, in selbstloser Weise zu glänzen. Meine Diätentscheidung rettete also auch mein physisches Leben. Zu meinem Erstaunen entschied sich das Leben, mich während der gesamten Kindheitsjahre durch lebensbedrohliche Umstände herauszufordern: Ich entwickelte einen mysteriösen Fall von Marasmus, einen Kräfteschwund, der mein Leben am seidenen Faden hängen ließ. Als ich das überlebt hatte, wurde ich mit Rachitis geschlagen, und als

---

73   Ausgedrückt durch hilfloses Liegen.

ich endlich mit diesem Kampf durch war, verfolgte mich in meinen Teenagerjahren das Schreckgespenst der Nachtblindheit. Ganz zu schweigen von der Tatsache, dass ich bis zum Alter von elf Jahren nicht genug Mineralien in meine Knochen bekam, um gehen zu können. Die meisten Kinder hätten nicht eine einzige dieser Krankheiten überstehen können, geschweige denn alle drei. Es besteht kein Zweifel, dass mein hartnäckiges Festhalten am Veganismus mir die Stärke und die Nahrungsreserven gab, diese kräftezehrenden Umstände einer normalen Kindheit zu überstehen.

DIE VORZÜGE DES VEGANEN

Der Veganismus hat unzählige Vorzüge. Es sind so viele, dass es fast zwei Hände bräuchte, um alle aufzuzählen. Weil es sich manchmal als nicht gewinnbringend anfühlen könnte, ein Veganer zu sein, lasst mich euch sagen, was die Vorzüge sind, damit sie leichter zu erkennen sind, wenn ihr sie mal nicht fühlt.

Deine Schwingung ist höher. Pflanzen haben eine höhere Schwingung. Dementsprechend erhöht sich deine Schwingung, wenn du nur von Veganern befürwortete Nahrung zu dir nimmst. Und natürlich ist das Niveau deiner Spiritualität umso höher, je höher deine Schwingung ist.

Deine Schwingung ist nicht niedriger. Fleisch hat eine niedrige Schwingung, weil es Fleisch ist und nicht vegan. Wenn du das isst, was eine niedrige Schwingung hat, dann erniedrigt sich deine Schwingung entsprechend.

Du nimmst mehr lebende Enzyme ein. Enzyme bringen mehr Leben in deinen Körper, und eine vegane Diät ist die enzymatisch reichhaltigste mögliche Diät. Enzyme sind Lebewesen, die alle Systeme deines Körpers zum Funktionieren bringen wie eine Schweizer Uhr. Sie sind wie extrem kleine und hochintelligente Schimpansen; sie zu essen ist nicht so, als würdest du irgendein Affenfleisch essen, denn die Enzyme, die du einnimmst und tötest, sind zu klein, um sie zu sehen.

Du konsumierst mehr Nährstoffe. Es gibt drei Nährstoffe, die dein Körper braucht, um außerordentlich gesund zu werden: Kohlenwasserstoffe, Ballaststoffe und Chlorophyll. Deine vegane Diät enthält nicht nur viele dieser Nährstoffe, es gibt darüber hinaus den Bonus, dass dein Körper nicht von irgendwelchen anderen Nährstoffen belastet wird.

Du nimmst ein höheres Maß an Lebenskraft zu dir. Es gibt nur einen Nährstoff, den dein Geist braucht, und das ist *Lebenskraft*. Nur vegane Nahrungsmittel liefern Lebenskraft. Gemäß den Worten der Alten (Yoda), solltest du die *Die Macht* verwenden, das heißt, mehr davon zu haben ist besser. Folglich bekommst du die kraftvollste Kraft, die es gibt – die Lebenskraft – durch Veganismus.

Du bist kein Mörder. Ich hoffe, dass ich nicht erklären muss, warum das etwas Gutes ist.

Dir bedeuten Tierrechte etwas. Der einzige Grund, warum du wünschen könntest, dass es auf der Erde keine lebenden Tiere mehr gibt, ist, dass damit die Fleischesser aussterben würden. Das wäre für dich ein großer Gewinn. Trotz dieser Versuchung, Tiere zu hassen für einen höheren Zweck, gehst du den nobleren Weg und verkündest, dass du Tiere liebst, das macht dich liebenswerter.

Du hast weniger Gifte in dir. Für Veganer besteht ein Lieblings-
zeitvertreib darin – außer giftige rote Farbe auf Leute zu werfen,
die aus dem Kaufhof kommen und einen neuen Pelzmantel tragen –, sich von Giften zu reinigen. Gifte sind der Nummer-eins-
Feind des reiner werdenden Menschen. Der einzige Nachteil des
giftfreien Veganismus ist, dass du dann keine Gifte mehr hast, von
denen du dich entgiften kannst. Aber keine Sorge: Das Weiterent-
giften, auch wenn keine Gifte mehr da sind, macht dich trotzdem
immer noch reiner.

Es ist gut für die Umwelt. Tiere sind die Ursache von mehr Treib-
hausemissionen als alle Autos der Welt zusammen.[74] Auch die
Kreissägen in den Schlachthäusern, die verwendet werden, um
schreienden Tieren, während sie noch leben, ihre Gliedmaßen ab-
zuschneiden, geben unregulierte Emissionen ab.[75]

Du verlierst Muskelmasse. Muskel ist Fleisch, das sich unter
deiner Haut versteckt, und wie du inzwischen sehr gut wissen solltest, hat Fleisch eine niedrige Schwingung. Muskelmasse zu verlieren ist deshalb für dich das Beste. Hier ist eine Qualitätsstufe, nach
der du leben solltest: Wenn deine Ellbogen einen doppelt so großen Umfang haben wie dein Bizeps, dann bist du auf dem richtigen Weg. Der zweite zusätzliche Nutzen ist, dass deine Yogapraxis
von der zusätzlichen Flexibilität aufgeladen wird, die davon her-
rührt, dass du nicht mehr genug Kraft hast, um deine Gelenke davon abzuhalten, sich mehr zu beugen, als sie sollten.

---

74 Ein zweiter Gedanke dazu ist, dass das Befreien der Welt von allen Tieren vielleicht
    doch der noblere Weg ist. Schließlich richten sie diesen Planeten zugrunde.
75 Inzwischen denke ich, dass diese Umwelt-Kamikaze verübenden Tiere es verdienen,
    getötet zu werden. Die Umwelt verdient jedoch etwas Besseres. Leider wird auch hier
    wieder Tierrechten der Vorzug gegeben.

VEGANES TAGEBUCH

Nun wirst du sehen, wie das vegane Leben in der realen Welt aussieht – ich habe die unten stehenden Auszüge dem Archiv meines Tagebuchs entnommen. Auch wenn deine täglichen Aktivitäten nicht unbedingt eine *exakte* Wiederholung von dem sein müssen, was du hier unten siehst, sollten sie doch eine Kopie davon sein.

Das ultraspirituelle vegane Tagebuch Seiner Heiligkeit

5.30 h: Wachte auf mit verfilztem Haar. Versuchte, es zu bürsten. Das Haar fiel aus, je mehr ich bürstete. Hörte mit dem Bürsten auf. War glücklich, heute 30 Jahre Fleischabstinenz zu feiern.

6.00–6.30 h: Machte mir den enorm stärkenden Morgen-Energie-Explosions-Saft.

6.30–6.35 h: Trank den Saft. Oh, wie der sinnliche Genuss von Sellerie, Karotten und Petersilie mich mit erregendem Nährwert erfüllt!

6.35–7.35 h: Säuberte den Mixer.

7.35–8.00 h: Wieder hungrig. Machte mir einen weiteren Saft.

8.00–8.05 h: Trank den zweiten Saft. Das Hinzufügen Roter Beete gibt mir nicht zu bremsende Energie, während es mich schier mit Nahrung vergiftet. PS: Ich kann es kaum erwarten, wie mein flüssiger Stuhl sich violett färbt.

8.05–9.00 h: Säuberte den Mixer diesmal schneller.

9.00–9.45 h: Energetisiert saß ich da und starrte aus dem Fenster.

9.45 h: Ging auf den Bauernmarkt.

10.15–10.30 h: Kritisierte den Nichtbiobauern dafür, nicht bio anzubauen.

10.30–11.30 h: Kritisierte den Biobauern dafür, nicht noch biologischer anzubauen.

11.30–12.00 h: Sprach mit Cory (sie ist auch vegan – klasse, Cory!) in herablassendem Ton über den Schweinebauern Ron, der dort einen Stand hatte. War sehr wütend auf Ron.

12.00–12.01 h: Hab an Rons Transporter die Reifen zerschnitten. Nun schauen wir mal, Ron, wie schnell du auf deinen Hof zurückkommst, um den süßen kleinen Wilbur zu töten! 1:0 für Veganer gegen Mörder!

12.30–13.00 h: Ging im Wald spazieren. Fühlte mich unendlich schuldig, mit jedem Schritt Millionen von Mikroorganismen zu töten.

13.30–14.00 h: Ging nach Hause. Machte mir einen oktanstarken Frucht-Power-Salat. Zutaten: Äpfel und Bananen, geschnitten.

14.00–14.30 h: Aß den oktanstarken Frucht-Power-Salat mit Dankbarkeit. Begann zu kichern. Erinnerte mich daran, dass ich vorher schon Rons Bremsleitung zerschnitten hatte. 2:0 für Veganer gegen Mörder.

14.37–14.43 h: Flüssiger violetter Stuhl!

15.15–19.00 h: Genoss den Mittagsschlaf, ausgelöst von einem gefährlichen Blutzuckerabsturz.

19.00–19.45 h: Bereitete mir zum Abendessen einen Protein-Power-Grünkohlsalat. Zutaten: Grünkohl, drei Mandeln und ein herzhaftes Zitronendressing aus Zitronensaft.

19.45–20.45 h: Aß den Grünkohl-Protein-Power-Salat. Die Kiefermuskeln erschlafften dabei.

21.00 h: Ging zu Bett mit verfilztem Haar und Grünkohl zwischen den Zähnen. Erschöpft. Fühlte mich sehr gereinigt und sehr vegan. Legte mich nieder in kraftvoller Erwartung des morgigen Tages.

DIE ILLUSION, DASS DER TOD EINE ILLUSION IST

Aus spiritueller Sicht gibt es keinen Tod. Es gibt da nur eine Änderung der Form, im typischen Fall hin zu einer besseren Form. Durch das, was primitiv denkende Menschen den Tod und spirituelle Menschen Befreiung nennen, verlässt du deine aktuelle Form. Vergiss nicht, dass das Veganer-Sein nichts mit intelligentem Denken zu tun hat. Nun bist du an einem Ziel angelangt, wo dein veganer Status seine ganze Dynamik verlieren kann. Muss das so sein?

In jeder Konversation, die du mit einem Nicht-Veganer hast, ist es deine von Gott gegebene Pflicht, diesen Heiden zu einer neu gefundenen jungfräulichen veganen Reinheit zu bekehren. Das wird am besten dadurch erreicht, dass du das Schwanenlied schreist, das beschreibt, wie Tiere sterben müssen, damit Fleischesser offensichtlich Fleisch essen können. Der Konflikt zwischen deiner spirituellen Perspektive, dass Tod eine Illusion ist, und deiner veganen Perspektive, dass Tod real ist und schrecklich, gefährdet jedoch dein moralisch verpflichtendes Konversionsprogramm, das Fleischesser zu Veganern macht. Das bedroht nicht nur deine Ultraspiritualität, es bedroht den Heiden, der in Gefahr ist, hier seinen eigenen freien Willen zu benutzen, um seine eigenen Entscheidungen zu treffen. Was kannst du hier also tun?

Zuerst mal, was du nicht tun solltest. Regel Nummer eins auf den Gesetzestafeln auf Hanfbasis ist: »Du sollst die illusionäre Natur des Todes nicht in der Präsenz von jemandem eingestehen, der seinen Stein auf Tierschädel wirft.« Jemand wissen zu lassen, dass du glaubst, dass Energie nie zerstört, sondern nur transformiert werden kann, ist höchst problematisch, wenn dieser Jemand einer ist, der süße Tiere tötet, nur um damit in den Genuss zu kommen, deren Fleisch zu essen. Denn dadurch verlierst du die Kraft einer emotional geladenen Logik.

Während solcher Konversionsgespräche wirst du feststellen, dass deine Leidenschaft mit noch mehr rasender Wut brennt, wenn du dich daran erinnerst, eine Zeitlang zu vergessen, dass es keinen Tod gibt. Andernfalls könntest du, wenn du dich mit John Q. Tiermörder an den Debattentisch begibst, seine Schlachtsucht für etwas wohltuend Positives halten, weil er damit doch den armen Tieren zu einer besseren Inkarnation verhilft. Es gibt keinen Grund, diesem schwanzlutschenden Killer diese Befriedigung zu geben.

WIE MAN MIT EINEM FLEISCHESSER ÜBER DEN TOD SPRICHT

»Wegen dir sterben unschuldige Tiere. Das ist schrecklich! Du gibst den Tieren nicht einmal eine Wahl, und es ist ihr Leben! Du bist ein primitiver, ignoranter Idiot, das nicht zu sehen!«

WIE MAN MIT JEDEM ANDEREN ÜBER DEN TOD SPRICHT

»Wenn du stirbst, wirst du dadurch nur in ein befreiteres Leben hineingeboren. Wie schön! Auf der Seelenebene wählst du genau, wann und wie du diesen Übergang vollziehst. Du bist ein primitiver, ignoranter Narr, das nicht zu sehen!«

Solange du dieses Gespräch mit einem Fleischesser führst, ist Tod eine Realität so kalt wie Stein. Danach aber musst du zu deinem spirituellen Wissen zurückkehren, wonach es keinen Tod gibt. Anders gesagt: Bleib offen und sieh die Dinge von verschiedenen Standpunkten aus, aber bleib dabei verankert in dem, was dich am besten unterstützt. Und natürlich unterstützt es dich am besten, wenn du dahin zurückkehrst, über die Menschen spirituell lachen zu können, die so unterentwickelt sind, dass sie noch an den Tod glauben. Mit anderen Worten: Tod ist eine Illusion nur dann, wenn du das so willst.

Wenn du dich an die hier empfohlene Doktrin hältst, kannst du die fleischbesessenen Heiden mit einer hundertprozentigen Erfolgsrate bekehren. Noch wichtiger ist, dass du mit der Annahme dieser Strategien vermeidest, dass bewiesen wird, dass dein Glaube unbewiesen ist.

ARGUMENTE DER FLEISCHESSER

Gelegentlich wirst du deine veganen Glaubenssätze von Fleischessern attackiert bekommen, die sich dabei als heißhungrige Karnivoren erweisen; einfach deshalb, weil du ihre Glaubenssätze angegriffen hast. Das zeigt nicht nur ihre Unreife, es ist auch ärgerlich. Das Letzte, was du jetzt willst, ist, dein weniges, verbliebenes Neurotransmitter-Niveau darauf zu verwenden, kohärente Gedanken heraufzubeschwören, um auf ihre Attacken zu reagieren. Unten findest du einen komprimierten Leitfaden, wie du ihre brutalen Angriffe überleben kannst, ohne dabei nachdenken zu müssen.

FLEISCHESSER: Wenn du nur Pflanzen isst, bekommst du nicht genug Protein.

DU, DER VEGANER: Doch, bekomme ich.

FLEISCHESSER: Wenn du denkst, dass es falsch ist, Fleisch zu essen, denkst du, dass es auch für Löwen und Tiger falsch ist, andere Tiere zu essen?

DU, DER VEGANER: Ich verachte Tiere, die andere Tiere essen, genau so sehr, wie ich dich verachte.

FLEISCHESSER: Du kannst von Pflanzen kein bioverfügbares B_{12} bekommen.

DU, DER VEGANER: Was bedeutet »bioverfügbar«?

FLEISCHESSER: Es ist schwierig, in der Nahrung genug gesunde Fette zu bekommen, wenn man nur Pflanzen isst.

DU, DER VEGANER: Ich will keine gesunden Fette. Sie machen ungesund und fett.

FLEISCHESSER: Auch ich bin gegen Fleischfabriken. Ich bin nur für Fleisch von freilaufenden Tieren.

> **DU, DER VEGANER:** Das ist sogar noch grausamer! Kühe sind Herdentiere; sie auf offene Weiden zu lassen, quält sie mit dem schrecklichen Stress der Einsamkeit.

Und weil Kommunikation eine multidimensionale Matrix von Möglichkeiten bietet, lass mich dir zeigen, was du erwarten kannst, wenn du mit einem Karnivoren im Gespräch bist, der tatsächlich *logisch* ist.

> **DU, DER VEGANER:** Du bist ein böser Killer.
>
> **LOGISCHER FLEISCHESSER:** Ich weiß. Es tut mir leid. Kann ich durch dich das Reich der Tiere um Vergebung bitten?
>
> **DU, DER VEGANER:** Du kannst bitten, wie sehr du auch willst. Wir vergeben dir nicht, du Mörder!

> **DU, DER VEGANER:** Menschen sind nicht dazu bestimmt, Fleisch zu essen.
>
> **LOGISCHER FLEISCHESSER:** Ich dachte, es sei anders. Vielleicht habe ich mich die ganze Zeit geirrt.

> **DU, DER VEGANER:** Es ist viel gesünder, vegan zu essen.
>
> **LOGISCHER FLEISCHESSER:** So sieht es sicherlich aus.

> **DU, DER VEGANER:** Es ist viel leichter, eine rohe, vegane Diät zu verdauen.
>
> **LOGISCHER FLEISCHESSER:** Ich bekomme dabei schrecklich viel Blähungen.
>
> **DU, DER VEGANER:** Das liegt daran, dass du vom Fleischessen einen Darmschaden hast.
>
> **LOGISCHER FLEISCHESSER:** Damit hast du sicher Recht.

DIE KUNST DES VEGANEN MEISTERN

Um der Spirituellste zu sein, der du sein kannst, indem du der Veganste bist, der du sein kannst, musst du die Kunst des Veganen meistern. So wie mit allem, das du gerne etwas geradliniger hättest, ist auch der Veganismus eine Mischung auf Pflanzenbasis aus 30 Prozent Wissenschaft und 70 Prozent Kunst. Ein Weltklasse-Veganer zu sein lässt sich also mathematisch gesprochen auf 95 Prozent Handwerkskunst runterkochen.[76] Die Wissenschaft des Veganismus ist selbst ganz schön komplex, mit ihren zwei universellen, irdischen Gesetzen, die sogar von den dümmsten Babygiraffen verstanden werden: Iss Pflanzen! Iss keine Tiere! In Wirklichkeit ist Veganismus sehr unwissenschaftlich, nämlich eine der ältesten Kunstformen der Welt. Den Ausdruckstanz des kollektiven Unbewussten in Richtung Bewusstsein zu erkennen, dem haben Veganer seit Jahrhunderten ihr Leben gewidmet. »Ich möchte mich aufgrund dessen ausdrücken, was ich nicht esse, was ich esse, warum ich esse und warum es falsch ist, das zu essen, was ich nicht esse«, verkündet der mächtige vegane Meisterkünstler.

Bei der normalen Kunst – der mit genug Wert, damit die Leute draufschauen – ist es leicht zu erkennen, dass das Kunst ist. Jemand wurde als Kind geschlagen und traktierte dann die Leinwand in unbeholfener Weise mit einem Pinsel, um so etwas von der Präzision eines fünfjährigen Epileptikers auszudrücken und der Welt dann zu sagen, dass das ihren oder seinen tiefen Schmerz ausdrückt. Das ist keine wirkliche Kunst. Bei wirklicher Kunst, d. h. der Kunst des Veganismus, ist es eine Kunst, die Kunst so zu machen, dass es nicht so offensichtlich ist, dass es als Kunst erscheint. Das ist, was kraftvolle Kunst ist. Die Misere der veganen Kunst besteht darin, mit deinen veganen Pinselstrichen deine tiefste Tiefe auszudrücken, obwohl andere so ignorant sind, dass sie das nicht kümmert. Hier sind

---

76   Für den Rohveganer musst du es auf Raumtemperatur erwärmen.

ein paar essenzielle Betrachtungen über die vegane Kunst, die dir helfen werden, der beste van Gogh zu werden, der du sein kannst.

ISS FLEISCHERSATZ AUF SOYABASIS

Isst du gerne das feine Gewebe von Tierfleisch mit seinem vollen Tiergeruch, aber ohne das Schuldgefühl? Nichts besagt, dass Kunst eine komplexe, in sich widersprüchliche Verwirrung mit Sinn sein müsse. Du wirst die Leute mit der koan-artigen Botschaft schlagen: »Der Grund, warum ich so tue, als würde ich Fleisch essen, ist, dass ich das Fleischessen verachte.« Deine Freunde und Familie werden total von den Socken sein aus Ehrfurcht vor dieser Tiefe. Tofurky und Toficken sind unechte Tiere, die immer auf deiner echten Einkaufsliste stehen sollten. Und wenn du mit dem Geist deiner Kunst mehr Safari-Abenteuer ausdrücken willst, dann genieße ein Abendessen mit unechtem Großwild wie Tofiger, Tofelephant, Tofupotamus und Tofuna.

> Wie schützt der Tobauer seine Tohühner
> vor dem Tofuchs?
> ULTRASPIRITUELLES RÄTSEL[77]

ANDERE VEGANER ÜBER VEGANER

1. Wie lange bist du schon Veganer?

2. Bist du Rohveganer? Seit wann?

3. Entreißt du wie ein plündernder Wikinger unschuldigen Bäumen ihre Früchte, oder isst du sie erst, wenn sie tot und zu Boden gefallen sind?

---

[77] Wenn du eine Pflanze bist, wird es aus deiner Sicht ebenfalls brutale Raubtiere geben.

4. Was für einen Mixer hast du?

5. Warum hast du keinen guten gekauft?

Es kommt nicht darauf an, was jemand auf diese inquisitorischen Fragen antwortet, denn – wie jeder Anwalt der Wahrheit weiß (z.B. ein Rechtsanwalt) –, solange du die Fragen stellst, bist du derjenige, der das Gespräch dominiert und auf diese Weise seine Autorität verfestigt.

VERKÜNDE, DASS BIO NOCH NICHT GENUG IST

»Bio ist inzwischen zu wenig lokal geworden. Und das Lokale ist zu wenig bio. Bio ist nicht mehr, was es einmal war. Das Lokale ist nicht das, was es einst sein wird«, kündigt der geschickte vegane Künstler an. Die Misere aller Künstler ist ihr verwundetes Herz, und das ist der Hebel zu ihrer Meisterschaft. Wenn die Künstler ihre Herzen wirklich heilen wollten, dann würde mit dem Schmerz, in dem sie verweilen, auch ihre wichtigste Fähigkeit verschwinden. Wenn du es schaffst, diese Zeilen korrekt auswendig zu lernen, sind sie für dich die Eintrittskarte, um das Dilemma zu übertreiben, welches das Messer

Nichts besagt, dass Kunst eine komplexe, in sich widersprüchliche Verwirrung mit Sinn sein müsse.

ist, das dir in das vernarbte Herz sticht. Offenherzig die Probleme zu diskutieren, während du dich offenherzig der Diskussion über mögliche Lösungen verweigerst, hilft dem organischen Wachstum deiner Probleme und erhöht so den künstlerischen Wert des Dramas deines Veganismus.

VERSTEHE, DASS PFLANZEN SICH GERNE TÖTEN LASSEN

Nur weil Pflanzen keine Stimmbänder haben, um zu lachen, oder einen Bewegungsapparat, der ihnen ermöglicht, vor Freude herumzuhüpfen, während sie aus ihrer Heimat rausgezogen und in deinen Mixer gesteckt werden, bedeutet nicht, dass sie nicht glücklich wären, als eine Imitation auf Tofu-Basis keinen Pieps zu sagen, während sie für dein Vergnügen sterben. Man könnte sogar Ignoranz definieren als die Unfähigkeit zu verstehen, dass Pflanzen glücklich sind, getötet zu werden.[78] In die seelenvollen, nicht existierenden Augen einer Pflanze zu schauen würde das entsetzliche Leiden enthüllen, das sie erfahren, während sie sicher im Boden gepflanzt bleiben. Du tust der Vegetation einen Gefallen, wenn du sie konsumierst, weil sie das zur Reinkarnation in etwas Größeres ermächtigt: in dich. Indem sie Teil von dir geworden sind, essen Pflanzen andere Pflanzen, was den Teilen von ihnen, die nun Teil von dir geworden sind, erlaubt, eine gewisse Pflanzenüberlegenheit zu fühlen.

SEI PSYCHISCH GEWALTTÄTIG GEGEN GEWALTTÄTIGE FLEISCHESSER

So wie die Effektivität von Kriegen sich immer wieder bestätigt hat, löst Gewalttätigkeit gegen Gewalttätige ausnahmslos das Problem. Steige trotzdem nicht bis zur Ebene der physischen Gewalttätigkeit hinab, sondern operiere besser von der moralisch überlegenen Ebene der psychologischen Gewalt aus. Emotionale Handgranaten, die auf sündige *Fleischverbrecher* geworfen werden, das ist Dichtkunst in Aktion. Und weil Kunst etwas ist, das in Emotion erblüht,[79] vermeide die

> **Pflanzen sind glücklich, getötet zu werden.**

---

78   Diese Definition von Ignoranz wäre technisch inkorrekt, würde aber künstlerisch geschätzt.

79   … mit Ausnahme emotionaler Emotionen.

ineffektiven Waffen der Logik. Eine emotional geladene rhetorische Frage, die mit vibrierenden Stimmbändern gestellt wird, bei zusammengekniffenen Augen, offenem Mund und mit einer Herablassung ausdrückenden Pause (z. B.: »Denkst du wirklich, dass es richtig ist, Tiere zu essen?«), wird unvergleichliche Ergebnisse erzielen.

VERGISS NICHT: ES GEHT NICHT UM DIE TIERE

Wenn du gleiche Rechte für Tiere willst, dann schau, dass du in der Menschenrechtsabteilung eines Wolfsrudels einen Job bekommst – als Veganer kann das nicht dein Ziel sein. Die Intention des Veganismus als einer Kunstform ist dieselbe wie die höhere Intention von jeder anderen Kunstform – es geht darum, besser zu sein als andere Künstler. Wenn du dich zufällig mit der Sorge um das Wohlbefinden schmutziger Tiere hast einwickeln lassen, dann zieht dich das aus der Spur deines übergreifenden Ziels heraus: deine spirituelle Überlegenheit über andere zu behaupten. Der Versuch, das Wohlbefinden von Tieren zu verbessern, ist eine direkte Ablenkung vom Verschlechtern des Wohlbefindens von Fleischessern, Allesessern, Vegetariern und jedem anderen, der es wagt, einen Anspruch auf das spirituelle Territorium zu erheben, das du offensichtlich schon besitzen solltest, und dem Befördern deiner Überlegenheit über diesen sozialen Abschaum.

TIPPS FÜR VEGANE MÄNNER

Ein wahrer Maler kommt nicht zur Leinwand und trägt dabei Anzug und Krawatte – das ist kein malerfreundliches Outfit. Es ist auch kein veganerfreundliches Outfit. Probiere es mit einer lockeren Hose, die man vorne zusammenziehen kann, in Kombination mit einem abgetragenen T-Shirt, das deine knochigen Schultern betont. Ungekämmte Hippiebärte fügen dem Künstler der Kunst des maskulinen Veganismus noch ein extra Flair hinzu.

TIPPS FÜR VEGANE FRAUEN

Der Prinz der Veganer[80] sagte einmal: »Keine meiner veganen Frauen wird normal aussehen.« Dementsprechend ist es verifizierbar vegan, wenn du einen Künstler-Rock trägst aus 50 Prozent Hanf und 50 Prozent Sackleinen, mit einem bunten Schal über deinem anrüchig-fleckigen Hemd. Wenn du dem noch ein Babytragetuch hinzufügst (inklusive eines Babys, das von dir ist oder auch nicht), akzentuiert das deine Veganlichkeit noch. Ohne das Baby ist der Schal drei Euro wert, aber er wird dich mehr als 147 Euro kosten, wenn du ihn im Laden kaufst. Außerdem stilsicher sind unrasierte Beine als Zeichen der weiblichen Power und einer freigeistigen Haltung gegenüber Konformität, während du besagte Beine schamhaft unter deinem Künstlerhemd (siehe oben) versteckst, um die schmerzhafte soziale Lächerlichkeit zu vermeiden, die auszuhalten du nicht stark genug bist.

> Wenn du die Aura konsumierst,
> ohne das Tier zu essen,
> bist du dann immer noch vegan?
> ULTRASPIRITUELLES RÄTSEL

ÜBER DAS VEGANE UND HINAUS

Dieses Kapitel war ein vielfältiges Mäandern durch den das spirituelle Bewusstsein erweiternden Gemüsegarten des Veganismus. Während die uninformierten Massen sich zurücklehnen und dabei ihre schweinefettigen Däumchen drehen, denken sie, der Veganismus sei nur die Praxis einer bestimmten Ernährung. Du und deine vom Rote-Beete-Saft geblendeten Däumchen, die du gerade drehst, aber wissen es besser. Wir wissen nicht nur, dass der Ve-

---

80 Ich.

ganismus nichts damit zu tun hat, dem Körper das zu geben, was er braucht; wir erkennen ihn als einen mächtigen Schritt auf den steilen Stufen zu einer gefühlvollen Überlegenheit: der Ultraspiritualität. Du solltest mittlerweile fraglos erglüht sein[81] von der Erleuchtung, dass es nicht nur falsch ist, Tiere zu töten; es ist sogar noch falscher, kein Veganer zu sein. Außerdem ist es sogar noch außerordentlicher falsch, dich nicht mit dem spirituellen Gewinn zu beschenken, der nur im Gemüsegarten von Veganistan geerntet werden kann. Lasst uns darauf ein Glas grünen Saft trinken, der ohne drei Äpfel nicht bekömmlich wäre!

Während im Lauf der Jahrhunderte immer gesagt wurde, dass Karotten ohne Schmutz nicht wachsen können,[82] kann auch gesagt werden, dass es in deinem spirituellen Leben einen notwendigen Schmutz geben muss, jenseits von dem Schmutz, in dem die Karotte wächst. Es ist der Schmutz, der dich in der Tradition wahrer spiritueller Tiefe verwurzelt. Ohne diesen mystischen Schmutz bist du nur ein Wurzelgemüse ohne etwas, worin du dich verwurzeln kannst. Lies weiter!

---

81 Wenn nicht, ist das ein Zeichen, dass du noch mehr mit Gurken aufgegossenes Gurkenwasser brauchst.

82 Ich beziehe mich hier auf den Schmutzverkäufer, der mir das super Angebot gemacht hat, 13 Tonnen Schmutz für den Preis von elf zu kaufen.

Denkst du, du hättest alle
Antworten?

Nein, du hast sie nicht.
Blätter weiter.

6

DEIN GURU – FOLGE DEINEM ANHÄNGER

Du bist spirituell. Das bedeutet, dass du deine Eltern nicht mehr brauchst. Du bist über ihre primitive Art hinausgewachsen, über ihr begrenztes Wissen und ihre einengenden Werte. Du bist ein Mensch mit starkem Geist, kraftvoll und unabhängig. Bist besser als das B-Wort,[83] das viele Menschen quält, inklusive des sichersten Zeichens von Schwäche: die eigenen Eltern zu brauchen. Deinen Vater oder deine Mutter zu brauchen würde bedeuten, dass du wie ein hilfloses kleines Kind bist und nicht fähig, für dich selbst zu sorgen. Es wäre das Letzte, was du brauchst, von deinen Eltern abhängig zu sein, die viel weniger weit entwickelt sind als du. Das wäre wie ein Hungriger, der dabei ist, die Wohlgenährten zu füttern.

Als ehrgeiziger Spiritueller, der noch mehr Spiritualität für seine Spiritualität erstrebt, brauchst du jedoch einen Guru. Der Guru ist der vorhin erwähnte Schmutz, der dich umgibt und so deiner Heiligkeit erlaubt, sich zu verwurzeln und zu wachsen.[84] Ohne Guru verzichtest du auf einen Weg, der garantiert zur Erleuchtung führt. Ob du es glaubst oder nicht, den Weg ohne Guru zu gehen widerspricht deiner Erleuchtung.

Gurus haben nicht nur ihr Leben dem gewidmet, erleuchtet und dann von anderen verehrt zu werden; sie sind außerdem so großzügig, dass sie Regeln formuliert haben, nach denen du ihnen folgen kannst. Sie sagen dir, was du zu tun hast, sie instruieren dich, was du denken sollst, sie korrigieren, wenn du falschliegst, sie lehren dich, sie als Autorität zu respektieren, und liefern dir eine Gruppe von Menschen, wo du dich in familiärer Umgebung zugehörig fühlst und die viel bessere Menschen sind als deine tatsächliche Familie. Das ist offensichtlich etwas ganz anderes als das, was deine Eltern dir geliefert haben. Der größte Unterschied liegt darin, dass dein Guru weiß, was für dich am besten ist. Auf der anderen Seite

---

83 Bedürftigkeit.
84 73 Prozent der Zeit tut er das in Form eines geilen alten Bocks. Je schmutziger er in seiner Anmache ist, umso mehr kann deine Heiligkeit auf diesem Nährboden wachsen.

nutzen Eltern es aus, wenn ihre Kinder naiv und leichtgläubig genug sind, ihnen zu glauben, dass sie wüssten, was für sie gut ist. Wenn es nur einen Weg gäbe, Kinder davor zu retten, jahrelang von ihren fehlerhaften Eltern auf Irrwege gebracht zu werden! Mit Kindern ist schon alle Hoffnung verloren,[85] du jedoch kannst dich retten, indem du dich panisch an dem Rettungsring festhältst, den dein Guru dir so nebenbei mal zuwirft.

Naives Kind	Intelligenter Spiritueller
»ICH BIN UNINTELLIGENT GENUG, UM ZU GLAUBEN, DASS MEINE DYSFUNKTIONALEN ELTERN WISSEN, WAS FÜR MICH AM BESTEN IST.«	»ICH HABE GENUG REINEN GLAUBEN, UM ZU WISSEN, DASS MEIN VOLLKOMMENER GURU WEISS, WAS FÜR MICH AM BESTEN IST.«

Und pass auf: Gurus sind keine Lehrer! Haben sie doch nichts, womit sie dich belehren könnten. Genau das versuchen sie, dir durch ihre erleuchteten Lehren beizubringen – dass du deine Erleuchtung schon in dir trägst. Du brauchst einfach einen Guru, um dir zwischen dir und deiner inneren Erleuchtung im Weg zu stehen und dich zu belehren, wie du sie entdecken kannst.

ERLÖSUNG VON DEINEM GURU

Dein Guru liefert dir eine vorgefertigte Erleuchtung direkt vor die Haustür, und sie hat den Vorteil, dass sie schon in ihm vorgefertigt wurde. Gurus waren zuvor bei anderen Gurus, die auch erleuchtete Paketzusteller waren. Nachdem sie Zeit genug damit verbracht

---

85 Hier noch eine Anmerkung für alle, die dem kindlichen Glauben anhängen, Kinder seien unsere Zukunft: In Zukunft werden die Kinder Erwachsene sein, keine Kinder mehr. Erwachsene sind unsere Zukunft.

hatten, die Erwartungen ihrer Gurus zu erfüllen, waren sie mit genug hochfrequenten Schwingungen angefüllt, um erkennen zu können, dass sie den Guru als Vermittler nicht mehr brauchten – und zu erkennen, dass sie selbst Vermittler sein konnten. Die Erleuchtung, die Gurus garantieren, ist kein leichtes Unterfangen; es gibt keine Garantie, und es braucht einen lebenslangen Kampf, um sie zu erreichen, was bedeutet, dass du sie in diesem Leben vielleicht nicht erreichst. Aber sie würden ihren Job nicht machen, wenn sie dir das Erwünschte gleich auf einmal geben würden.

Da sie von anderen Menschen gelernt haben wie jene von wieder anderen, haben sie von diesen Techniken und Methoden übernommen, wie man das kosmische Bewusstsein erreicht. Dein Guru wird realistisch genug sein, dir zu sagen, dass seine Methoden nicht die einzigen sind, um Erleuchtung zu erlangen, und er wird ehrlich genug sein, dir zu sagen, dass sein System das einzige ist, das funktioniert. Und du brauchst dabei nicht seinen Worten zu glauben. Das System der Erleuchtung funktioniert erwiesenermaßen über die Reihe erleuchteter Gurus, mit denen du nicht sprechen kannst, weil sie tot sind. Durch ihre Erleuchtung haben sie das Bedürfnis nach menschlichen Körpern abgelegt, sodass du sicher wissen kannst, dass der Erleuchtungsplan für die höchsten Schwingungen kalibriert ist.

Das bewiesene Erleuchtungssystem beinhaltet leicht zu erlernende Meditationen und Ratschläge zur Lebensführung. Und weil das System so leicht zu erlernen ist, brauchst du die Führung deines Gurus dann weiterhin, weil es so einfach ist, dass es tatsächlich komplex ist. Und natürlich brauchst du deinen Guru, wenn die Ergebnisse ausbleiben, damit er dich auf deine Fehler hinweisen kann, die dich noch vom Nirwana zurückhalten. Und bevor du daran denkst, den Vermittler wegzulassen, um selbst ein Vermittler zu werden, sei daran erinnert, dass anders als bei Ärzten, sich nicht jeder einfach Guru nennen kann.[86]

---

86 Obwohl jeder jeden anderen Menschen Guru nennen kann.

Abgesehen davon, dass er dazu einen Bart und exotische Kleidung braucht, hat ein Guru eine bestimmte selbstlose DNA, die für die richtige Kombination von *gu* und *ru* nötig ist. Sobald du diesen Menschen als deinen Guru erwählt hast, ist er der Erwählte, der sich so sehr aufopfert, dass er sich in die schwächende Position begibt, dein Führer zu sein, sodass du in der ermächtigenden Position sein kannst, sein Anhänger zu sein. Diese Person (die nicht wirklich eine Person ist, weil sie das Personale transzendiert hat) hat so viel bedingungslose Liebe für dich, dass sie bereit ist, dir dieses Geschenk zu geben. Mit dem Luxus beschenkt zu sein, dass du dich nun als Anhänger entspannen kannst, sinkt dein Stresslevel, und die Anstrengung des nun unnötigen kritischen Denkens vermindert sich ebenfalls dramatisch. Die Sonne in deinem Himmel scheint nun sonniger, und die Vögel sind noch quietschfideler.

ULTRASPIRITUELLE TATSACHE

Das Wort Guru kommt von dem griechischen Wort Känguru und bedeutet »der starke Beine hat, um etwas auszustehen, und eine große Tasche, in die er all seine kleinen Anhänger stecken kann.«

QUALITÄTEN EINES QUALITÄTSGURUS

Guru-Qualität Nummer eins: Sein Er-Sein

Die erste und wichtigste Eigenschaft eines Gurus ist, dass er ein Er sein sollte. Eine idealisierte Vaterfigur findet man nicht leicht in einer Frau. Seit Jahrhunderten gibt es Gerüchte von gelegentlichen weiblichen Gurus, aber niemand ist sich dessen wirklich sicher. Ich diskriminiere hier keine Frauen; ich diskriminiere hier nur diejenigen, die gurumäßig minderwertig sind. Außerdem ist es einfach etwas Übernatürliches, wenn ein Mann eine Robe trägt und hat nichts drunter.

LUSTIGE SPIRITUELLE TATSACHE

Frauen können keine Gurus sein, obwohl sie im Jahr 1985 das Recht erworben haben, Yogalehrer sein zu dürfen. Man schätzt, dass sie das Recht, Guru sein zu dürfen (jedenfalls keine wirklichen), bis 2045 nicht erwerben werden.

Guru-Qualität Nummer zwei: Finanzielle Ungezwungenheit

Wenn er ein wirklicher Guru ist, dann wird er dir den Dienst erweisen, dir dabei zu helfen, dass du die Last deiner materiellen Besitztümer abwerfen kannst. Er macht das entweder durch hohe Gebühren, die erforderlich sind, um seiner Anhängerschaft beizutreten, oder durch starken Druck in Richtung der Pflicht zu freiwilligen Spenden an das ihn repräsentierende Unternehmen. Dies gehört zu den Wasserzeichen eines wahren Gurus. Der Guru wird nicht einer sein, der einen Job hat oder einen solchen braucht, er hat ja dich und all die anderen Jünger. Das ist für ihn die materielle Unterstützung, die er braucht, um frei von materieller Unterstützung leben zu können.

Eine idealisierte Vaterfigur findet man nicht leicht in einer Frau.

Du wirst dich nicht nur gut fühlen, ihm etwas zu geben; er wird dir sagen, dass es gut ist und dass du dich damit gut fühlen sollst. Das wird dann dafür sorgen, dass du dich garantiert gut fühlst. Auf eine Art mystisch-ironische Weise wird es innerhalb von sechs Monaten deiner hingebungsvollen, zahlenden Anhängerschaft passieren, dass du einen inneren Ruf erhältst, deinen Job zu verlassen, auf der Suche nach einer besseren Art, deine Zeit zu verbringen. Während du die sich hinziehende Phase der Suche danach erlebst, deine Zeit damit zu verbringen, eine bessere Art zu finden, deine Zeit zu verbringen, wirst du dich zu einem *Vollzeitanhänger* aufwerten. Ohne Job und mit der Erfahrung, deinen Guru sechs Monate lang finanziell unterstützt zu haben, wirst du nun eine neue Wertschätzung für die Neulinge erleben mit ihren noch intakten weltlichen Jobs und ihrer unerschütterlichen Fähigkeit, den Druck zu fühlen, etwas zu geben.

Deine Zeit der Arbeitslosigkeit – die dann wahrscheinlich irgendwas zwischen dem nächsten Viertel und den verbleibenden Vierteln deines Lebens andauert – wird eine Zeit großer Erinnerungen an deinen Guru sein. Es ist eine Zeit des freien Geistes in deinem Leben, in der du dem Verfolgen des Folgens auf deinem Weg so hingegeben bist, dass du keinen Ehrgeiz mehr für irgendetwas anderes hast. Und natürlich ist es so, dass je mehr Zeit du als Vollzeitjünger verbringst, du umso weniger das Bedürfnis und die Fähigkeit haben wirst, hinauszugehen und in der realen Welt zu leben.

ULTRASPIRITUELLES POP-QUIZ

Verbinde die folgenden drei Typen mit dem entsprechenden Buchstaben, der am besten ihre vorherrschenden Gedanken wiedergibt:

1. Ein erleuchteter Jünger

a. »Ich kann in der realen Welt nicht funktionieren, weil mir die Kraft dazu genommen wurde.«

2. Ein Obdachloser

b. »Ich kann in der realen Welt nicht funktionieren, weil ich durch meinen spirituellen Weg ermächtigt wurde.«

3. Ein Traumatisierter

c. »Ich kann in der realen Welt nicht funktionieren, weil ich entmachtet bin und keinen Ehrgeiz mehr habe.«

Guru-Qualität Nummer drei: Totsein

Am besten ist es, wenn dein Guru tot ist. Wie kannst du am besten von jemandem lernen, der kein Jemand mehr ist? Ah, das ist die Frage eines Neulings, und du hast dir gerade überlegt, ob du sie stellen sollst. Nun, da er nicht mehr lebt, wird dein toter Guru wollen, dass du weißt, dass er immer bei dir ist. Seine Lehren sind nun in den guten Händen der Leute, die ihr Leben an sich haben vorübergehen lassen im Namen des Mutes, mit gleichgesinnten anderen Anhängern in der sicheren Umgebung der Gemeinschaft ihres Gurus zu leben. Noch mehr Vermittler zwischen dir und dem Vermittler bedeutet noch kraftvollere Resultate für dich; also eine exponentielle Zunahme; das ist nichts als reine Mathematik und insofern höchst wissenschaftlich.

Zum einen ist dein toter Guru wie ein mitfühlender Stalker immer bei dir. Zum anderen kannst du sein ideales Selbst viel leichter idealisieren, wenn er nicht mehr lebt. Die Tragödie der noch lebenden Gurus ist, dass auch sie ihre Schwächen haben. Auch wenn es nur Kleinigkeiten sind, wie das verbale Beschimpfen von jemandem, das Schlagen eines Assistenten, das Beschlafen deiner Frau oder das Schlafen mit dir – die Leute können diese bedeutungslosen Kräuselungen im Gewebe des Kosmos falsch bewerten und dann irrtümlicherweise den Guru als nicht perfekt beurteilen. Wenn der Guru jedoch tot ist, siehst du seine gruseligen Tendenzen nie. Es ist dann leichter für dich, so zu tun, als sei das alles gar nicht geschehen. Das ist wichtig, denn dein Geist ist spirituell noch nicht weit genug entwickelt, um die spirituellen Lektionen zu verstehen, die er mit seinen halb verbrecherischen Tendenzen gelehrt hat.

Du wirst auch zahllose Stunden durchleben, in denen du die verrinnende Zeit mit magischen Überlegungen verbringst, wie das Leben mit deinem toten Guru wohl gewesen sein muss für diejenigen, die glücklich genug waren, in seiner Präsenz zu sein, als er noch lebte. Obwohl diese Grübeleien nicht unbedingt einem sinnvollen Zweck dienen, sind sie für dich doch ein süßer Nektar, den du gerne trinkst. Ein Bild von deinem Guru in der Mitte deines Altars zu haben ist gegenüber der Option, deinen Guru neben dir sitzen zu haben, zu bevorzugen.[87]

ULTRASPIRITUELLES POP-QUIZ

Verbinde die folgenden Typen mit dem entsprechenden Buchstaben, der am genauesten ihren vorherrschenden Gedanken entspricht:

1. Ein Jünger mit einem toten Guru

a. »Ich bin so glücklich, dass du in meinem Leben bist. Du vervollständigst mich.«

2. Ein Kind mit einem eingebildeten Freund

b. »Ich bin so froh, dass du in meinem Leben bist. Du vervollständigst mich.«

Natürlich ist es im Leben immer wichtig, flexibel zu sein. Obwohl es eine Aufwertung ist, einen toten Guru zu haben,[88] ist das keinesfalls ein Muss. So wie Osho durch die Metapher seiner buchstäblichen Kollektion von mehr als 90 Rolls-Royces lehrte, ist ein Rolls-Royce immer noch ein Rolls-Royce, auch wenn es nicht das neueste Modell ist. Natürlich enthüllte Osho, als er starb, dass er selbst das neueste Modell war.

---

87 Du solltest einen Altar haben. Außerdem ist es vorteilhaft, darauf Platz zu haben für Bilder des Gurus deines Gurus sowie auch des Gurus deines Gurus Guru. Sie sind alle irgendwie wichtig für dich, weil sie für deinen Guru wichtig waren.

88 Du kannst den Tod deines lebenden Gurus auch planen. Beziehe dich dabei auf die Lehre des Judas.

Guru-Qualität Nummer vier: Besondere Kräfte

Dein Guru wird zweifellos außerordentliche spirituelle Extrakräfte besitzen. Die Fähigkeit, andere Welten wahrzunehmen, Glutenallergie, Levitation, Bilokation, atypische sexuelle Tendenzen, außerdem die Fähigkeit, mit aufgestiegenen Meistern früherer Generationen zu kommunizieren, all das sind wertvolle Kräfte deines Gurus. Und ebenso kraftvoll wie diese Kräfte ist das Mysterium, das sie umgibt. Dein Guru wird wissen, dass du erst dann bereit sein wirst, diese Kräfte zu bezeugen, die nicht wahrgenommen werden können, wenn du weiterentwickelt bist. Zudem wirst du dann fähig sein zu entdecken, wie enorm fähig dein Guru ist, weil er das Bedürfnis hat, dir von diesen mystischen Fähigkeiten zu erzählen. Seine Fähigkeit, nicht beweisen zu müssen, was er nicht beweisen kann, beweist, dass seine übernatürlichen Fähigkeiten realer sind als die Realität.

Guru-Qualität Nummer fünf: Fremdheit

Fremdheit ist ein Synonym für Heiligkeit. Wenn dein Guru eine normale Person mit einem normalen Akzent und einem normalen Namen ist, dann habe ich für dich billigen Luftraum drüben auf dem Mars zu verkaufen. Reale Gurus kommen von einem weit entfernten Land, und das ist einer der folgenden Orte: Indien oder die besseren Teile Asiens.[89] Das Exotische deines Gurus kommt dir insofern gelegen, weil du dadurch in gründlicherer Weise realistische Erwartungen über seinen Geburtsort nähren kannst – als einen Platz mystischer Ursprünge, an dem Erleuchtete geboren werden –, gerade weil du diesen Platz nie gesehen hast. Auch wird dein Guru einen deutlich guruartigen Namen haben. Gab es doch noch nie einen Guru namens Ted. Ein solcher Name wäre, wie einen Puls zu haben, aber ohne Herzschlag. Der Punkt ist, dass du

---

[89] Die Teile von Asien, die asiatischer sind als der Teil von Asien, der von Indien besetzt ist.

ohne Herzschlag keinen Puls haben würdest; und der Punkt dieses Punktes ist, dass du dann offenbar keinen Guru haben würdest.

Außerdem versteht es sich von selbst, dass ein Guru ohne ausländischen Akzent, wie ein Papst ohne Papamobil wäre. Wenn du also 90 Prozent oder mehr von dem verstehst, was dein Guru sagt, dann solltest du zu 100 Prozent verstehen, dass du keinen echten Guru hast. Eine sprachliche Verstehrate von 27 Prozent oder weniger ist das Gütesiegel der ganz Großen.

Ungefähr jetzt könntest du denken, dass Gurus nicht amerikanischen Ursprungs sein können und dass ich gegen Amerika bin.[90] Das ist nicht wahr! Und da du nun mit diesen falschen Anschuldigungen durch bist, lass es mich dir erklären. Einige amerikanische Gurus kamen nach Amerika, um ihr Guru-Sein in dem Land auszuüben, in dem das am profitabelsten ist. Und das ist zufällig das Land, in dem die Menschen am meisten Führung brauchen. Diese Gurus waren jedoch rücksichtsvoll genug, sich einen fremder klingenden heiligen Namen zu geben, als es ihr ursprünglicher fremdklingender unheiliger Name war, sodass du ihre exquisite Verschmelzung mit dem kosmischen Ganzen in einem Meer provinzieller Rednecks als solche erkennen kannst. Das ist ihr Geschenk des Friedens an dich – und es entlastet dich von dem ganzen stressigen Rätselraten, ob dein Guru der richtige ist.

EIN QUALITÄTSANHÄNGER SEIN

Um ein richtiger Jünger zu sein, musst du ein paar Grundregeln verstehen. Als Kind habe ich schnell gelernt, dass ich, wenn ich Lärm machte, was wollte oder Fragen stellte, meinen Eltern lästig war. So wirst du deinem Guru nicht lästig sein wollen, indem du ein schlechter Anhänger bist. Deshalb Augen auf und hergehört:

---

90 Eine spezielle Anmerkung für euch emotional geladene Patrioten: Amerika ist nicht nur das beste Land in der Welt; es sollte das einzige Land der Welt sein.

Gebot Nummer eins: Dein Guru ist ein transzendentes Wesen, kein Mensch.

Gebot Nummer zwei: Du bist frei zu denken, was dir gesagt wird.

Gebot Nummer drei: Du bist frei zu denken, dass das, was dir zu denken gesagt wird, das ist, was du tatsächlich denkst.

Gebot Nummer vier: Du bist frei zu tun, was dir gesagt wird.

Gebot Nummer fünf: Nimm die Regel des Erklimmens der spirituellen Leiter in deine eigenen eingeölten Hände, indem du deinem Guru sexuell zu Gefallen bist.[91] Das bedeutet nicht nur, dass er dich ganz besonders mag, es bedeutet auch, dass du dem spirituellen Erwachen viel näher bist. Es beweist außerdem, dass die Lehre deines Gurus wahr ist, dass Sexualität das vorrangige Tor zum Superbewusstsein ist.

Gebot Nummer sechs: Sprich über deine sexuelle Beziehung zu deinem Guru mit niemand anders. Sie wären nicht bewusst genug, das zu verstehen.

Gebot Nummer sieben: Alles, was du brauchst, ist in dir selbst.

Gebot Nummer acht: Dein Guru hat alles, was du brauchst.

Gebot Nummer neun: Das Gebot Nummer acht hat mehr Gewicht als das Gebot Nummer sieben.

Gebot Nummer zehn: Es ist sehr befreiend, ein Anhänger zu sein.

---

91 Die Regel ist schwerer zu befolgen (aber nicht unmöglich), wenn dein Guru tot ist.

DEINE ANHÄNGER-GEFÄHRTEN

Deine Gefährten in der Kommune, die nach derselben Erleuchtung streben wie du, sind eine wunderbare Gruppe von Menschen. So wie du haben sie in und an sich alles weggewaschen, was sie mit dir nicht gemein haben, und das bedeutet, dass ihr alles miteinander teilen könnt. Das heißt auch, dass du sie in atemberaubender Weise interessant und authentisch finden wirst. Wenn du in die Kommune eintrittst, wirst du die Offenherzigkeit der Gruppe wahrscheinlich erfrischend finden, die mit der Gewissheit verbunden ist, dass der Weg des Gurus der einzige Weg für sie ist und dies auch immer sein wird.

Wenn du von der Kommune indoktriniert worden bist, ist es normal für dich, dass sich ab und zu Gefühle der Irritation in dich einschleichen. Du wirst sehen, dass, je reiner du wirst – was sich an deiner Fähigkeit zeigt, dich ganz in Weiß zu kleiden –, umso mehr kannst du die Unreinheit in deinen Mitkommunarden spüren. Vielleicht wirst du Makti mit hoch erhobenem Kopf, als sei sie etwas Besonderes, zur Versammlungshalle gehen sehen – und du erschauderst und sagst: »Schau, wie arrogant Makti herumläuft, wahrscheinlich denkt sie, sie sei bewusster als alle anderen. Das ist so unbewusst von dieser Zicke.« Diese kristallklare Analyse taucht in deinem reinen Bewusstsein auf, weil du rein genug geworden bist, die kristallklare Wahrheit zu empfangen. Was kannst du denn sonst tun, um dieser Schwester zu helfen, die in so großer Not ist? Die reifste, erleuchtetste Antwort ist, das Problem im *Satsang* zur Sprache zu bringen in Form einer unschuldigen Frage an den Guru, vor der gesamten Kommune, aber nur, wenn der Ego-Täter (in diesem Falle Makti) dabei im Raum ist:

»Guruji, was bedeutet es, wenn ein Mensch so voller Arroganz ist, dass er mit hoch erhobener Nase herumläuft und sich besser fühlt als alle anderen?«

Du brauchst keinen Namen zu nennen, das würde niemandem

helfen, aber du musst für die Dauer dieser Frage Makti anschauen. Diese liebevolle Geste wird allen helfen zu erkennen, dass du dich auf sie beziehst, was wiederum diesem hochnäsigen Snob helfen wird zu erkennen, dass du dich auf sie beziehst. Und das wird Makti helfen zu erkennen, dass sie die folgenden Worte von Guruji hören muss, um zu verstehen, wie sie ihren höchst unspirituellen Charaktermangel beheben kann. Und natürlich werden die Worte deines Gurus Makti helfen, weil du den noblen Weg gewählt hast, ihr zu helfen, obwohl du das gar nicht musstest. Du hättest ja einfach ihr zickiges Selbst im selbstgefälligen Kompost ihrer eigenen Arroganz verrotten lassen können. Stattdessen aber führte deine feinfühlige Irritation dich in spiritueller Weise dazu, dass du diesen unglaublich selbstlosen Akt auf die Bühne gebracht hast.

ERLEUCHTUNG AUS ZWEITER HAND

Je mehr du in einer dich selbst stärkenden Weise die große Diskrepanz realisierst zwischen dem, wo du gerade stehst und dem, wo dein Guru sagt, dass er stünde, könnte die Erleuchtung aus erster Hand dir noch als Lichtjahre entfernt erscheinen. Aufgrund dessen, was dir gesagt wurde, wie du interpretieren sollst, was du siehst, kannst du zu dem Ergebnis kommen, dass du noch mindestens zehn Leben brauchst, bis deine Seele im Embryo einer Slumbewohnerin wiedergeboren wird, die dann deine schlussendliche Erleuchtung ausbrütet. Das kann, gelinde gesagt, entmutigen. Es ist jedoch Zeit aufzuwachen und den Duft des Räucherstäbchens einzuatmen! Weil du diesen ganzen Weg gegangen bist, um nun hier zu Füßen der Sandalen eines echten Gurus zu sitzen, bedeutet das, dass du einen Guru *hast*, und das bedeutet, dass du mit deinem Guru in einer Art spirituellen Ehe verheiratet bist. Du bekommst dadurch die ganze Street Credibility der Erleuchtung, ohne selbst erleuchtet zu sein, in Form einer Erleuchtung aus zweiter Hand. Mitgegangen, mitgehangen, miterleuchtet, das ist das

Gesetz. Denk doch mal an eine normale, unspirituelle Ehe, wo die zu Hause abhängende Ehefrau den ganzen Tag herumsitzt und Bonbons lutscht, während ihr Mann sich den Arsch aufreißt, um die benötigten Millionen nach Hause zu bringen, noch dazu mit einer unethischen, korrupten Geschäftstätigkeit.[92] Nach dem Gesetz gehört die Hälfte dieses Geldes der Frau![93] Da dieses Beispiel die Vorzüge der Investition in die Heiligkeit einer Ehe illustriert, erklärt es auch die Erleuchtungsvorzüge einer spirituellen Heirat mit deinem Guru.

Du hast das Sprichwort »Die Wahrheit liegt immer im Auge des Betrachters« wahrscheinlich noch nie gehört. Nimm deshalb mein Wort als Beleg dafür – hier ist ein Sprichwort, das genau das besagt. Dementsprechend, und so ist es auch mit allem Ultraspirituellen: *Die Erleuchtung liegt immer im Auge des Betrachters.*[94] Und wegen dieses Sprichworts sage ich, dass dies das Prinzip ist, das die Erleuchtung aus zweiter Hand für dich zu einer sauberen Sache macht. Schau dir dazu das folgende Beispiel an.

UNERLEUCHTETE PERSON: »Was denkst du, dass der Sinn des Lebens ist?«

DU SECOND-HAND ERLEUCHTETER: »*Mein Guru sagt*, dass es das darüber hinaus Wachsen über die Suche nach Sinn ist.«

---

92   Eine Anmerkung für Frauen: Wenn ihr Sexismus nicht mögt, lest den vorigen Satz noch mal und versetzt euch in die Rolle des Verdieners. Aber wenn ihr Realismus mögt, fühlt euch frei, den Satz so zu lesen, wie er ist.

93   Anmerkung für meinen Anwalt: Edward! Sobald dieses Buch erscheint, müssen die Papiere unseres Ehevertrages im Tresor verschwinden!

94   Anmerkung für meinen Anwalt: Edward! Setz bitte einen Vertrag auf, der das zu einem Sprichwort macht! Korrigiere die Ehepapiere – ich möchte nicht, dass die eben genannte künftige Frau auch nur einen Cent von den Tantiemen bekommt, die dieses Sprichwort einbringt!

Schachmatt! Oben habe ich die Abschrägung auf der Nadel, die die Erleuchtung deines Gurus direkt in deine Venen reinfließen lässt, in Kursiv angezeigt. Ob der nichtsahnende Niemand, zu dem du gerade sprichst, einverstanden ist oder nicht, und ob er überhaupt etwas versteht, ist egal! Seine bedeutungslose Akzeptanz oder Nichtakzeptanz ist bedeutungslos. Deine erleuchtete Erklärung hingegen kommt direkt von deinem erleuchteten Guru zu dir und dann zu diesem Niemand. Daraus resultiert deine Street Credibility.

Wenn du andererseits versuchen solltest, auf solche verwirrenden Überlegungen eines Unerleuchteten mit deiner eigenen Meinung zu antworten, lockerst du nur das feste Band um deinen Arm, das dir die Injektion des erleuchteten Saftes von deinem Guru garantiert. Sprich deshalb nicht für dich selbst; sprich für deinen Guru von dir selbst aus. Wenn du das nicht tust, wirst du bei null Street Credibility landen, dein Auto wird dir gestohlen, man schießt dir in den Oberschenkel, und du bleibst mitten auf der Straße wie tot liegen. Wie sieht das im realen Leben aus?

UNERLEUCHTETE PERSON: »Was glaubst du, dass der Sinn des Lebens ist?«

DU UNERLEUCHTETER: »Ich glaube, das bedeutet, mit einem ozeanischen Bewusstsein zu verschmelzen, mit allem, was ist.«

UNERLEUCHTETE PERSON: »Ich bin damit nicht einverstanden.«

Du wurdest gerade im übertragenen Sinn (und schmerzhaft) in den Nacken geschlagen, weil du das Zubehör deiner Erleuchtung aus zweiter Hand zu Hause gelassen hast. Geh nach Hause und hol dir die Sachen! Hast du's? Gut. Dann versuche das Folgende:

UNERLEUCHTETE PERSON:	»Was glaubst du, dass der Sinn des Lebens ist?«
DU SECOND-HAND ERLEUCHTETER:	*Mein Guru sagt*, dass es das Verschmelzen mit einem ozeanischen Bewusstsein ist, mit allem, was ist.«
UNERLEUCHTETE PERSON:	»Das ist so tiefsinnig!«

WEITER GEHT'S

Bevor wir dieses Kapitel umbringen und im nächsten wiedergeboren werden, möchte ich noch die Frage ansprechen, die mir unzählige Male[95] jeden Tag gestellt wird: »JP, willst du mein Guru sein?« Ich fühle mich dadurch in gewisser Weise geehrt, hauptsächlich aber beleidigt. Die Antwort Seiner Heiligkeit ist Nein. Ich bin viel mehr als nur ein Guru; meine ultraspirituellen Gaben sind zu viele, als dass ich es ertragen könnte, nur meine Anhänger damit zu beglücken – sie sind für alle Menschen gedacht.

Da du nun in korrekter Weise von mir zurückgewiesen wurdest, musst du deinen eigenen Guru finden. Der Weisheit darüber zu folgen, was ein wahrer Guru ist (die hierin verschlüsselt liegt), macht es nicht leicht, hinauszugehen und einen echten Guru zu finden.[96] Nichtsdestoweniger bist du es dir selbst schuldig, ihn oder sie zu finden.[97] Ich mach es für dich außerdem leichter, indem ich dich mit dem folgenden Guru von olympischem Format bekannt mache.

---

95 Ich zähle das nicht, es könnte also auch nur im übertragenen Sinn wahr sein.
96 Auf Craigslist nach einem Guru zu suchen ist vergleichsweise unglaublich leicht.
97 Für den Fall, dass du das nach 2045 liest.

Mein Name ist Paramahansa Cashinananda. Als Zeichen des Respektmangels dir gegenüber, nenn mich Guruji. Das ist ein Zeichen des Respekts mir gegenüber.

Wenn du nach einer Abkürzung zur Erleuchtung suchst, dann schau über mich nicht hinaus. Ich habe ein altes Geheimnis, das dich direkt zur Erleuchtung mitnimmt. Es hat eine hundertprozentige Erfolgsrate. Ich lehre diese alten Techniken allen meinen Anhängern. Obwohl von ihnen noch niemand die Erleuchtung erlangt hat, gibt es da ein besonderes Licht in dir, das ich sehe; das sagt mir, dass du anders bist – du bist für die Erleuchtung bestimmt. Es ist dein gutes Karma, dass ich geschickt wurde, um dich auf deinem Weg zu treffen, sodass du dein Date mit dem Schicksal halten und auf diese Weise eine 100 Prozent reine 1a-Erleuchtung erreichen kannst.

Aber ich muss dir was sagen. Meine Lehren sind nur für meine Anhänger, für niemand anders. Das kommt allen zugute, denn es schützt Außenseiter vor der gefährlichen Glückseligkeit der Erleuchtung. Ich bin bereit, dich in meine Anhängerschar aufzunehmen, wenn du dazustößt, bist du einer von uns. Wenn du nicht hinzustößt, nun... ich wünsche dir alles Gute in deinem seichten Leben, das nie die mysteriösen Tiefen meiner alten Erleuchtungsgeheimnisse kennenlernen wird. Habe ich erwähnt, dass sie geheim sind? Und habe ich erwähnt, dass sie sehr alt sind?

Es kostet dich absolut nichts, dass ich dir das Geschenk der Erleuchtung gebe – ich verlange nie Spenden von meinen Anhängern. Was ich gebe, ist unbezahlbar, aber ohne eure großzügigen Spenden wird unser Ashram am kommenden Mittwoch seine Türen aus falschem Sandelholz schließen müssen – all dieses Räucherwerk muss ja auch eingekauft werden. Ich lass es dich einfach wissen, dass du dich spirituell verpflichtet fühlen solltest, eine große Spende zu geben, ohne dass ich extra darauf hinweisen muss.

Du hast Glück, jetzt die Gelegenheit zu haben, zu mir zu stoßen, um meine alten Geheimnisse zu erlernen. Du bist karmisch gesegnet, dass ich mich entschieden habe, diese alten Lehren in den Westen zu bringen, um Menschen wie dir die Gelegenheit zu geben, durch mich in direkten Kontakt mit Gott treten zu können. Obwohl in meinem exotischen Teil der Welt Milliarden von Menschen der spirituellen Führung bedurften, hatten sie nicht die erforderliche Fähigkeit der Wertschätzung für meine alten Geheimnisse. Ohne Cash keine Wertschätzung. Deshalb rief mich der Spirit, ich solle in den Westen kommen, wo Millionen wertschätzender Menschen spiritueller Führung bedürfen.

Wenn du dich entscheidest dazuzustoßen, gratuliere! Ich erwähle dich als den nächsten Erwählten auf dem einen wahren Pfad zur Erleuchtung. Wenn du jedoch für immer unerleuchtet bleiben willst, dann genieße es, in Angst und dauerhafter Depression zu leben, in deiner bloß unerleuchteten Existenz, während du sehnsüchtig an den Tag zurückdenkst, an dem du die Wahl hattest, der Gruppe der Erwählten anzugehören.

Paramahansa Cashinanana

Danke, PC! Du bist für immer ein lebendes Testament der erleuchteten Kraft der Reihe toter Gurus!

Sobald du bei Paramahansa Platin-Mitglied geworden bist – oder wenn du von einem anderen Guru/Erwählten erwählt wurdest, dann dort –, werde nicht selbstgefällig, so wie die Versager, die nur ein spirituelles Leben führen. Sei nicht wie die Motte, die zum

Licht hinfliegt und dort einen schmerzhaften Tod stirbt als Konsequenz davon, dass sie ihr Ziel erreicht hat. Lass deine Spiritualität nicht kläglich verenden, nur weil du jetzt das reine Licht deines Gurus gefunden hast. Und falls du dich für einen Moment im Spinnengewebe deines eigenen unerleuchteten Denkens verfangen hast, erinnere dich an das, was ich will, dass du denkst, und das ist, dass du eine Motte bist, die nach noch so viel mehr strebt als nur dem spirituellen Licht. Du bist dem ultraspirituellen Licht hinterher. Denk darüber nach. Es bedeutet, dass es in deiner spirituellen Matrix noch viel mehr und weitere Dimensionen gibt, als nur das Bein der ersten Vaterfigur zu umklammern, die deines Weges kam, und daran festzuhalten und dabei in einem ruhelosen Haufen zu seinen allgegenwärtigen Füßen einzuschlafen.

Es gibt jedoch einen bemerkenswerten Gegner, der dir einen Stoß geben wird, sodass du dich an deinem Guru (oder deiner Gurine) nicht mehr festhalten kannst. Er wird dich den Level verlieren lassen, den du auf der spirituellen Leiter erreicht hast. Dann runterzufallen auf das Niveau des durchschnittlichen Planetenbewohners wäre eine Verschwendung deiner harten Arbeit, die du verwendet hast, um zu den Ultras aufzusteigen. Um also deine spirituellen Besitztümer zu schützen und dich noch höher klettern zu lassen, nehme ich dich nun auf eine Reise mit, auf der du über das nachdenkst, worüber du nicht nachdenken solltest.

Im Gespräch mit meinem besten
Freund, dem Universum

7

ACHTSAM-KEITS-LOSIGKEIT

Es gibt einen unglaublich weisen und nützlichen Spruch, der ungefähr so geht: *Einen Verstand zu haben ist eine entsetzliche Verschwendung.* Ich kann das, was ich da soeben geschrieben habe, nicht noch mehr bestätigen. Du könntest und solltest jedoch mehr mit dem einverstanden sein, was ich gerade geschrieben habe, denn dein Verstand ist in der Schlacht deiner spirituellen Entwicklung dein Hauptfeind. Er wird jede Chance ergreifen, dich runterzuziehen und dir mit seiner Gedankenschwere das spirituelle Leben auszutreiben, und er wird dich so daran hindern, zu neuen spirituellen Höhen zu levitieren. Dein Verstand ist also nicht nur in seiner spirituell ignoranten Funktion schrecklich, er ist auch eine Verschwendung von geronnener Energie, die besser für etwas Spirituelles eingesetzt werden sollte – zum Beispiel, mehr violett zu tragen, astrologischer zu sein oder neue Kristalle einzukaufen.

Dein Verstand ist ein Konglomerat von deinem Gehirn, deinem Ego und deinen Gedanken. Dein Verstand ist begrenzt, dein Geist ist grenzenlos. Betrachte die Analogie (und Wirklichkeit), dass Öl und Wasser nicht denselben Raum einnehmen können; in ähnlicher Weise können auch dein Verstand und deine Spiritualität nicht in demselben Raum sein. Wenn der Sog deines Verstandes dich durch seine Kontrollsucht und Begrenztheit in einem Kellerloch gefangen hält, entgeht dir der ungequälte Glanz deines Geistes. Und für unsere ultraspirituellen Zwecke vergiss dies nicht: Wenn andere Menschen dich dabei erleben, dass du deinen Verstand anwendest, dann *wissen sie, dass du nicht spirituell connectet bist.* Dann sag, dass du dabei erwischt wurdest, wie du spirituell die Hosen runtergelassen hast!

Als der smart strebende Spirituelle, der du bist, denk mal darüber nach: Je mehr du denkst, umso mehr stoßen deine Gedanken dich die spirituelle Leiter der Evolution hinunter und versuchen, dich im unentwickelten Sumpf der Anonymität zu begraben. Aber

> **Dein Verstand ist in der Schlacht deiner spirituellen Entwicklung dein Hauptfeind.**

nicht nur das, dein Verstand hält dich in der Illusion der Zeit gefangen. Er wird dich mit dem Wunsch ködern, dass du dich geerdet fühlen möchtest. »Lass mich dies durchdenken und dann eine wohl durchdachte, reife Entscheidung treffen«, sagt dein verschwörerischer Verstand. Und der Lohn, der da am Ende einer Karotte hängt, die am Ende eines Stocks festgebunden ist, ist das Gefühl, eine sichere und zuversichtliche Entscheidung getroffen zu haben. Aber lass dich dadurch nicht wieder zum Narren halten! Gewinne deine spirituelle Würde zurück, indem du dein Gehirn ausschaltest und mit treuherzig glotzenden Augen zum Himmel hochschaust und sagst: »Führe mich, Geist!«

Die Bosheit deines Verstandes vervollständigt ihre antispirituelle Kontrolle mit einer Motivation aus Angst. »Ich kann meinen Job nicht verlassen,[98] weil ich dann kein Geld hätte, um mir etwas zu essen zu kaufen«, sagt das Angst-Mantra dieser Gedanken. Willst du wirklich ein Sklave der Angst sein und sie zu deinem Meister machen? Das Einzige, was du fürchten solltest, ist die Kontrolle durch die Angst selbst. Das sollte genügen, um dich zu motivieren, dich nicht von Angst kontrollieren zu lassen. Wenn du das nicht tust, wird deine spirituelle Atrophie schneller fortschreiten als der Brustmuskelschwund bei einem veganen Bodybuilder.

In den 100 Prozent der Zeit, in der du deinen Verstand nutzt, bist du zu 107 Prozent von Angst kontrolliert. Die Ungezwungenheit deines Geistes, die reine Liebe ist, hasst es, wenn Angst dich kontrolliert. Dein Geist schafft es nicht, dich zu kontrollieren, wenn dein Verstand die Zügel hält, und ich glaube, wir haben allen Grund zu glauben, dass dein Geist sich damit ein bisschen unsicher fühlt. Und er hat Recht damit! Der Grund, warum der Geist dich hier für eine Lebenszeit inkarniert hat (als ein Aspekt des Kindes deines höheren Selbst), ist, dass er so endlich deinen vom Ver-

---

98 Neun von zehn der gespaltenen Selbste spiritueller Menschen wollen ihre Jobs aufgeben, weil sie denken, sie seien dann ein freier Geist.

stand erzeugten freien Willen plattmachen konnte, um dich in liebevoller Weise zu kontrollieren.

Für deinen spirituellen Fortschritt geht es nun darum zu lernen, nicht zu denken. Wann immer du nicht denkst, bist du am *Spiritten*, wie ich es gerne nenne. All dein Denken kommt von deinem angstdominierten Verstand, während das *Spiritten* von deinem auf Liebe basierenden Spirit kommt. *Wenn du frei bist von deinem Verstand, beginnst du, deinen liebevollen Geist kontrollieren zu können.* Das ist offensichtlich wahr, andernfalls stünde es hier nicht in kursiv. Und wenn dieses Stückchen Weisheit in geneigten Buchstaben nicht der Sinn des Lebens sein soll, dann weiß ich nicht, was es ist. Der einzige andere Lebenssinn, der mir noch einfällt, ist, stark zu sein. Und weißt du, was wahre Stärke ist? Das ist so spirituell zu sein, dass du deinen Geist kontrollieren kannst. Das ist ultraspirituell.

DER UNENDLICH ENDLICHE VERSTAND

Bei dem Bemühen, wie du lernen kannst, nicht zu denken, ist hier noch etwas, worüber du nachdenken kannst: Dein Verstand ist endlich. Das fabrizierte Wissen, das darin gespeichert ist, gründet sich auf deiner begrenzten Erfahrung der schwer begrenzten Menschen, von denen du im Lauf deines Lebens gelernt hast. Deine Eltern waren offenbar nicht klug genug, die Grundlagen der Verhütung zu verstehen. Deine Lehrer waren offensichtlich nicht klug genug, es in der realen Welt zu schaffen, deshalb wurden sie in die Rolle zurückversetzt, andere auf die reale Welt vorzubereiten. Deine vergangenen Liebespartner waren offensichtlich nicht klug genug, um zu verstehen, wie sie es dir recht machen konnten. Dies sind die Leute, die der Datenbank deines Verstandes Intelligenz gespendet haben. Und wie bei jeder Datenbank sollte man der Qualität der Daten misstrauen.

Obwohl die Endlichkeit deines Verstandes aus den unendlichen Begrenzungen besteht, die du von anderen gelernt hast, ist dein

Geist unendlich in dem Sinn[99] dieses Wortes. Er besitzt unendliche Intelligenz, Kompetenz, Kraft und Macht. Wie jeder ehrgeizige Diktator willst auch du die Bauernschaft deines Lebens erobern und die unendlichen Fähigkeiten deines Geistes besitzen. Sobald du ihn unter Kontrolle hast, ist der Geist dein wertvollster Besitz. Deine Fähigkeit, das irre clevere Genie deines Geistes anzuzapfen, hängt vor allem von deiner Fähigkeit ab, die Leute darüber zu informieren, dass du von Geist geführt bist. Studiere das folgende Szenario auf eine Weise, die einen Mangel an Denken impliziert.

Unschuldig ignoranter Zuschauer: »Warum hast du angefangen, mitten im Laden zu tanzen?«

a: **EINE VOM VERSTAND KONTROLLIERTE BEGRENZTE PERSON:**
>»Ich dachte, das wäre eine gute Idee.«

b: **EINE SPIRITUELL KONTROLLIERENDE UNBEGRENZTE PERSON:**
>»Mein Geist inspirierte mich zu einem Trancetanz.«

Kein Zweifel, dass die spirituell kontrollierende unbegrenzte Person (b) hier den besten Ausgangspunkt hat. Der unschuldig ignorante Zuschauer würde in einem solchen Fall vermutlich ungefähr so antworten: »Unglaublich, wie du da vom Geist geführt wirst!« Das führt zu einem hohen Respektgewinn für dich.

In seiner Reaktion auf die Antwort der vom Verstand kontrollierten begrenzten Person (a) würde der unschuldig ignorante Zuschauer fraglos konstatieren: »Wenn du denkst, dass das eine gute Idee ist, dann seid ihr alles Idioten.« Das bedeutet einen Verlust an Respekt für dich.

---

[99] In meinem Buch (nicht diesem hier, sondern dem Buch der Sprüche, wo ich all das aufschreibe, worüber ich nie schreibe) gibt es nur zwei Arten von Sinn: den sechsten Sinn und den Sinn, der den sechsten Sinn ersinnt (ein siebter Sinn?).

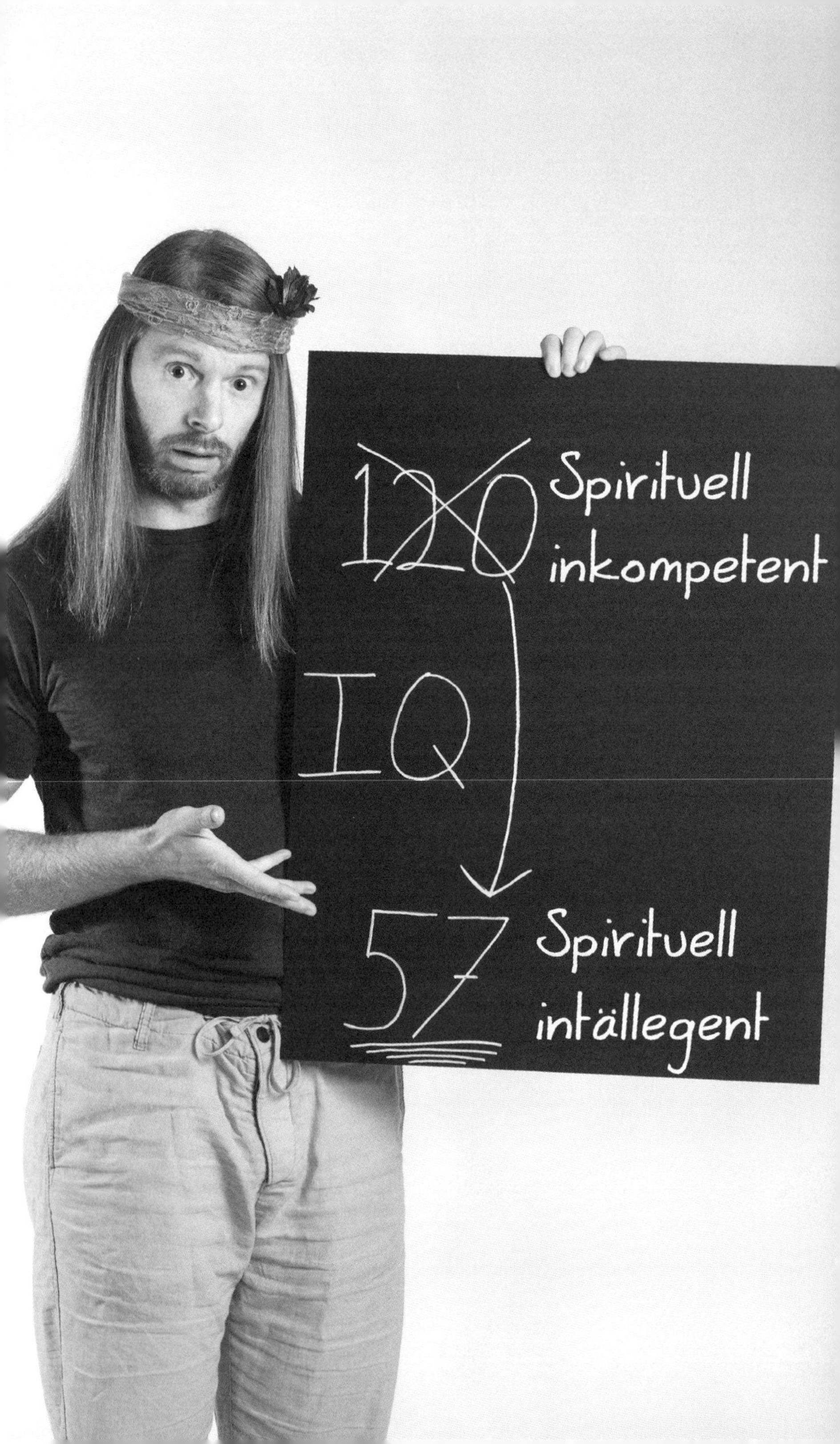
120 Spirituell inkompetent
IQ
57 Spirituell intällegent

SICH VOM VERSTAND TRENNEN

Es gibt einen Menge dessen, was ich dich meinem Geist nach lehren soll zum Thema Befreiung von deinem Verstand. Ehe wir zu diesen mental befreienden, spirituell inflationierenden Geheimnissen kommen,[100] ist es wichtig, dass du in klaren Worten das wichtigstes Grundprinzip verstehst, wie du tiefer mit deinem Geist verbunden sein kannst. Dies ist das Prinzip: *Die Lösung der Verbindung mit dem Verstand ist dasselbe wie die Verbindung mit dem Geist.*

Dieses Prinzip arbeitet nach den Prinzipien, die besagen, dass die kraftvollste Weise, wie du dich mit deinem Geist verbinden kannst, die Trennung der Verbindung mit deinem Verstand ist. Prinzipiell ist es wie die Betrachtung der folgenden Frage: *Wie kann ich mein Herz dazu bringen, langsamer zu schlagen?* Deinen Herzschlag zu verlangsamen hat nichts mit dem zu tun, was du tust, um das Schlagen deines Herzens zu verlangsamen; es hat alles damit zu tun, nicht das zu tun, was es schneller schlagen lässt. Hör also auf damit, schnell zu atmen, mach dir keine Sorgen mehr, hör auf damit, dir vorzustellen, wie ich nackt aussehe – dies sind alles Sachen, mit denen du aufhören kannst, um das zu tun, womit du einen niedrigeren Herzschlag erreichst. Dementsprechend wird das Beenden deiner Verstandestätigkeit automatisch deine spirituelle Einstimmung und die Fähigkeit, dich von deinem Geist führen zu lassen, wie eine Rakete abgehen lassen. Es ist fast zu komplex, um so einfach zu sein. Außer der Beendigung deiner Verstandestätigkeit gibt es nichts, was du tun musst, um mit deinem Geist verbunden zu sein.

Man kann das als soziales Experiment beobachten. Wenn du aufgrund des guten Funktionierens deines kopflosen Instrumentariums spirituell gut geeicht bist, werden Menschen in deiner

---

100 Etwas ein Geheimnis zu nennen ruft eine kopflose Reaktion hervor, mehr davon wissen zu wollen. Davon befreist du dich gerade.

Umgebung hierüber Urteile fällen. Solche Urteile sind ein Zeichen davon, dass

1. sie in ihrem Verstand gefangen sind und deshalb ihre IQs zu hoch sind, um deinen spirituellen Ausdruck wertschätzen zu können;

2. sie sich selbst darauf hinweisen müssen, wie sehr sie in ihrem Verstand gefangen sind;

3. du spiritueller bist als sie.

Ich verweise auf diese Urteile, weil der spirituell weniger ausgekochte Veteran sich entmutigen lassen kann von den Wellen sozialer Unbeholfenheit, die sich manchmal an den Ufern kopflos freigeistiger Fähigkeiten brechen. Behalte dabei jedoch im Kopf (in kopfloser Weise, ohne darüber nachzudenken), dass du die Urteile anderer, die noch von ihrem Verstand abhängen, als Ermutigung verwenden kannst, um so mehr Wertschätzung für deine spirituellen Stärken zu bekommen; vorzugsweise während dir dabei die armen Bergarbeiter-Seelen leidtun, die noch in der kollabierenden Kohlegrube ihres Verstandes gefangen sind.

> **Der Verstand ist ein Pestizid**
> **gegen deinen Geist.**
> ULTRASPIRITUELLES SPRICHWORT

DAS EINSCHLÄFERN DER ACHTSAMKEIT

Die Bewegung der Achtsamkeit in der Spiritualität ist analog (und ähnelt) dem Aufstellen junger Frauen an Straßenecken als Prostituierte, um sie von der Straße fernzuhalten. Die Achtsamkeit prostituiert sich deinem Verstand im Namen der Befreiung von diesem in einer Weise, welche die Art, wie dein Verstand dich im Griff hat, verstärkt.[101] Prostituierte auf der Straße aufzustellen, um sie von der Straße fernzuhalten, ist kontraproduktiv. Achtsam zu werden, um sich von deinem Verstand zu befreien, ist jedoch eine noch schlechtere Idee. Einfach gesagt: Eine achtsame Lebensweise bedeutet, dass dein ganzes Leben sich um die Beachtung dreht, das heißt um deinen Verstand, der beachtet werden will.

Wenn du im Gefängnis[102] wärst und ausbrechen wolltest, fändest du es unsinnig, aus der abgeschirmten Veranda deiner nur minimal gesicherten Hütte auf dem Land herauszuklettern und dir einen Tunnel zu bauen, der in den Oz-artigen (oder OITNB – Orange ist the new Black –, wenn du ein Hipster bist) Hochsicherheitsbereich im Horrorflügel der nächsten Strafvollzugsanstalt führt. Das wäre nicht die richtige Vorgehensweise – dazu bist du zu schlau. Und wenn du dazu nicht schlau genug bist, dann bist du vermutlich achtsam. Du musst lernen, schlauer zu sein, indem du lernst, wie du vergessen kannst, deinen Kopf zu benutzen.

Ähnlich dem Mythos, dass du am Ende eines Regenbogens einen Topf voll Gold finden kannst, arbeitet der Mythos der Achtsamkeit, indem er durch deinen Verstand auf Logik basierende unlogische Trugschlüsse erschafft, die gegen deinen auf Logik basierenden Verstand vorgehen. Wenn ich zum Beispiel sage: »Alles, was ich sage, ist eine Lüge«, dann zieht sich dein Verstand wie eine Würgeschlange automatisch um sich selbst herum zusammen und hört nicht auf, darüber nachzudenken. In dieser stressigen (und schmerzhaften) Zwickmühle zwingt dich die Achtsamkeit, deinen Verstand zu benutzen, um ein Dilemma zu lösen, das jenseits deines Verstandes liegt. Die Folge davon ist: noch mehr Verstand. Folglich kein Geist.

Sei achtsam mit deinen Gedanken ist eine sehr klösterlich achtsame Art zu sagen: *Denke über deine Gedanken nach und denke*

---

101 Achtsamkeit ist die kontrollierende Hand des Zuhälters, wenn du dieser Analogie noch folgen willst.

102 Und das bist du – dein Gefängnis heißt Verstand.

außerdem, dass du nicht über deine Gedanken nachdenkst, während du in Wirklichkeit über sie nachdenkst, weil es das ist, was wir wollen, dass du denkst. Das ist, was sie sagen, diese kursiv abgeschrägten, immer die Ruhe bewahrenden und Eins-nach-dem-anderen-Machenden, mantren-chantenden Affen in ihren Roben. Aber behalte Folgendes im Kopf: Das Einzige, was du im Kopf behalten solltest, ist, nicht in ihre achtsam aufgestellten Fallen zu stürzen.

Zusätzlich zu all den anderen Rumi-Gedichten, bei denen du so tun musst, als verstündest du sie, ist hier noch eins:

> Jenseits der Ideen vom falschen
> und richtigen Tun gibt es ein Feld.
> Dort werde ich dich treffen.

Die Bedeutung der Worte, von denen ich so tue, als verstünde ich sie, ist, dass Rumi hier über ein Feld spricht, das sich jenseits der Achtsamkeit befindet. Dieses Feld – auf das er hier auf so mysteriöse Weise anspielt, leider ohne dabei eine Beschreibung davon mitzuliefern – ist das Feld der Achtsamkeitslosigkeit. Dort treffe ich dich.

ACHTSAMKEITSLOSIGKEIT

Bei meinem nie endenden Streben, der Menschheit zu helfen (oder wenigstens dem Teil der Menschheit, dem es wichtig genug ist, mein Buch zu kaufen), sich spirituell zu entwickeln, hat meine seelenvolle Recherche mir das revolutionäre Konzept der Achtsamkeitslosigkeit gebracht, das ich nun dir überbringe. Achtsamkeitslosigkeit hat die ganze Losigkeit der Achtsamkeit, nur ohne das besamende Achten auf den Verstand. Indem du bei allem, was du tust, nun die Achtsamkeitslosigkeit anwendest – bei Entscheidungen, die du zu treffen hast, beim Ausgeben von Geld, bei Problemen, die du lösen willst –, kannst du all das ohne Beachten des Verstandes tun. Den gelben Ziegelsteinweg deines Lebens kannst du nun ohne Zutun deines Verstandes herunterspringen, und das macht dich auf natürliche Weise spirituell.

Achtsamkeitslosigkeit arbeitet in einer Sequenz von drei Stufen. Auf der ersten musst du deinen Verstand verlieren, indem du ihn nicht benutzt. Der Verstand ist wie ein Muskel – er wird sich zurückbilden, wenn du ihn nicht verwendest. Das kommt dir zugute. Auf der zweiten wirst du dort, wo vorher dein Verstand war, nun eine Leere vorfinden, und gerade so wie schwarze Löcher durch die schiere Masse ihres Nichts Materie einatmen, so wird deine Achtsamkeitslosigkeit nun mehr von deinem Geist einsaugen. Auf der

> **Achtsamkeitslosigkeit hat die ganze Losigkeit der Achtsamkeit, nur ohne das besamende Achten auf den Verstand.**

dritten und letzten (hier wird der Vorteil nun wirklich groß) bist du so weit, dass das schwarze Loch deines Verstandes (ohne den Bestandteil des Verstandes) jetzt so weit deinen Geist eingefangen hat, dass du die Kontrolle über deinen Geist gewonnen hast!

Schlüssel Nummer eins zur Achtsamkeitslosigkeit: Aufmerksamkeit

Der Schlüssel zur Aufmerksamkeit ist, sie auf kein Objekt zu richten. Wenn du etwas Aufmerksamkeit gibst, woher sollst du das nehmen, was du da gibst? Von deinem Verstand. Das Geben von Aufmerksamkeit ist einer der Gründe, warum Leute von ihrem Verstand eingelullt werden. »Wie kann ich keiner Sache Aufmerksamkeit geben?«, fragt der aufmerksame Verstand. Fall auf

> **Der Schlüssel zur Aufmerksamkeit ist, sie auf kein Objekt zu richten.**

diese Frage nicht herein! Wie schaffst du es, nicht in ein Café zu gehen und vom Tresen herunter einen doppelten Rückwärtssalto zu machen? Ganz simpel: Du machst es einfach nicht.

Wenn du dich im hohen Schwingungsfeld des Keine-Aufmerksamkeit-Gebens befindest, heißt das nicht nur, dass du von deinem

Geist geführt wirst; es bedeutet außerdem, dass du keinem Gedanken Aufmerksamkeit gibst, sei es, dass er von dir selbst kommt oder von jemand anders. Eine der aufmerksameren Gesten, mit denen du jemanden beschenken kannst, der gerade seine Gedanken mit dir teilt, ist, diese zu ignorieren. Es ist weder gut, einen Süchtigen zum Drogenkonsum zu ermutigen, noch einen denkenden Menschen zum Denken zu bringen. Und dabei bekommst du sogar noch einen kleinen Bonus: Wenn du die Gedanken von Menschen anerkennst, springen sie weiter und setzen Folgerungen in Gang; sie halten sich für wichtig. Wenn du aber ihre Gedanken ignorierst, schließen sie daraus folgerichtig, dass du wichtiger bist als sie – eine hübsche kleine Einzahlung von Wettbewerbsguthaben auf deinem spirituellen Konto.

Schlüssel Nummer zwei zur Achtsamkeitslosigkeit: Intuition

Intuitiv zu sein hat sehr viel mit dem Anspruch zu tun, dass du deine Intuition nutzt. Dein intuitives Gefühl ist kein Gefühl, das irgendein Gefühl involviert, es ist mehr ein spirituelles Zeichen, das sich in dem heiligen Land, das du bist, einprägt. Du wirst dein intuitives Vokabular strecken wollen, um nicht nur das Wort *Intuition* darin willkommen zu heißen, sondern auch *spüren, fühlen, etwas aufnehmen* und *Durchgaben*. Wenn du dazu fähig bist, mehrere Synomyme zu verwenden, anzuwenden und zu nutzen, um im Bereich der Intuition deine Claims abzustecken, wirst du im Verstand deiner Zuschauer wenig Zweifel hinterlassen, dass du nicht mehr im Kopf, sondern in deiner Intuition bist. Im realen Einsatz klingt die Magie dann etwa so: »Ich *spüre* es, dass du Stress hast« –, »Meine *Intuition* sagte mir, dass ich auf dich zugehen sollte« –, »Ich *fühle*, dass du nicht mit dem richtigen Typen zusammen bist« –, »Ich *nehme da etwas auf*, das mir sagt, dass du wütend bist« oder: »Ich bekomme eine *Durchgabe*, die besagt, dass du etwas ändern musst.«

Hier nun eine Fußnote über Intuition, die ich nicht dort hinschreibe, wo Fußnoten stehen sollten: Die Genauigkeit deiner

Intuition nimmt mit der Vagheit der dabei aufgestellten Behauptungen proportional zu. Merke dir dazu diesen einfachen Spruch: *Vagheit öffnet das dritte Augenlid deiner intuitiven Vision.* Auf dem Schachbrett der Spiritualität ist es ein schlechter Zug, die Leute genau wissen zu lassen, was ihre spezifischen Probleme und Lösungen sind. Wenn du sie wirklich wüsstest, würde das ihnen helfen, aber das würde dir nicht helfen. Genauigkeit beim Anwenden der Intuition hinterlässt dich mit einem größeren Risiko, falschzuliegen. Wie meine Tante Cleo mir einmal sagte: »Das Einzige, was noch schlimmer ist als das Anmelden intuitiver Ansprüche, ist das Aufstellen intuitiver Behauptungen, die widerlegt werden können.«

Sieh, der Weise weiß, dass das Sprechen über etwas, worüber man selten spricht – das jedoch offensichtlich der Fall ist –, im Reich der intuitiven Überlegenheit der König unter bloßen Vasallen ist. Wenn du am seltensten falschliegst, liegst du am intuitivsten richtig. Ich glaube, dass das so ist, denn ich bin der Weise, der das geschrieben hat. Lasst uns nun die Übung ansehen, die dir helfen wird, deine königlichen intuitiven Muskeln spielen zu lassen.

Ordne die folgenden intuitiven Aussagen gemäß der Wahrscheinlichkeit, dass sie richtig sind, in einer Reihenfolge.

a. »Ich spüre, dass du eine Herausforderung vor dir hast.«

b. »Ich spüre, dass du genau jetzt eine Herausforderung zu bestehen hast, weil dein Boss deine Talente übersieht, wodurch du dich unrespektiert richtungslos fühlst.«

c. »Ich spüre, dass du herausgefordert bist.«

Die höchste Wahrscheinlichkeit, richtig zu sein, hat c. Warum? Weil sie die ungenaueste der drei Aussagen ist und deshalb die geringste Wahrscheinlichkeit besteht, dass sie falsch sein könnte.[103]

---

103 Bei Wahlmöglichkeiten hat c immer die höchste Wahrscheinlichkeit, richtig zu sein.

Sie hat den Vorteil, etwas zu behaupten, das für den anderen wahr ist, das aber zugleich für alle und zu jeder Zeit wahr ist. Hierbei wird der Andere sich von deiner tiefen Einsicht ertappt fühlen und weniger leicht zu dem ungenauen Schluss kommen, dass du keine Ahnung hast, worüber du sprichst; weil du hoch intuitiv bist.

Die Antworten a und b sind fragliche Feststellungen, die du vermeiden solltest. Solltest du dabei falschliegen, riskierst du, an spiritueller Autorität zu verlieren.[104] Wenn du mit einer intuitiv verschwommenen Aussage beginnst, bekommst du außerdem intuitiv den Kredit dafür, dass du diese feinen Details in die Konversation eingebracht hast, sobald die andere Person sie einmal eingebracht hat. Um zu illustrieren, wie diese Magie funktioniert, gebe ich dir hier das Transkript einer aktuellen Sitzung in spiritueller Heilung, die ich durchgeführt habe, damit du daraus lernen kannst.

> **HEILER JP:** »Ich bekomme intuitiv den Eindruck,[105] dass du einer Herausforderung gegenüberstehst.«

> **VERWUNDETE PERSON:** »Ja! Ich wollte mein eigenes Geschäft eröffnen, in dem ich für amphibische Haustiere Halsbänder mit dem Kundennamen verkaufe, aber ich bin da gerade blockiert und fürchte mich davor, mich damit zu zeigen. Mein Herz will wirklich mit dem Unternehmen beginnen, aber jedes Mal, wenn ich damit irgendwie konkret werde, sabotiere ich mich selbst.«

> **HEILER JP:** »Ja, ich habe gespürt, dass das passiert.«

---

104 Wahrscheinlich hast du nie Unrecht. Manche Leute sind einfach nicht wach genug, um die Wahrheit in dem zu sehen, was du in ihnen siehst.

105 *Eindruck* ist ein Synonym für Intuition auf hohem Niveau. Um als Heiler verantwortlich vorgehen zu können, musst du erst die Begriffe *spüren, etwas aufnehmen, Intuition, Durchgaben* und *fühlen* meistern.

Hat diese Person die Heilung bekommen, die sie braucht? Nein. Sie hat etwas noch Wertvolleres bekommen. Sie ist Zeugin der intuitiven Laserlichtshow geworden, die von mir wahrhaftig aufgeführt wurde. Sie war einfach *erstaunt*, und weil *erstaunt* eine höhere Schwingung hat als *geheilt*, hat diese Person mehr bekommen als das Geld, das sie bezahlt hat. Habe ich intuitiv von der sich hier andeutenden Frustration im Amphibien-Haustier-Kunden-Halsband-Geschäft gewusst? Das ist nicht die Frage, auf die es ankommt. Die wichtige Antwort auf die nicht gefragte wichtige Frage ist, dass der Türöffner von mir, der in ihrem Leben eine Herausforderung gespürt hat, sie dazu veranlasste, das fehlende Detail zu liefern, worin die Herausforderung tatsächlich bestand. Was daraufhin alle Anwesenden veranlasste, mir Kredit zu geben für diese ehrenvolle intuitive Arbeit, die ich da so spirituell aufgeführt habe.

Die letzte nicht als Fußnote fußnotierte Anmerkung über das den Verstand minimierende Geschenk der Intuition ist unglaublich spannend, denn sie betrifft deine spirituelle Dominanz in direkter Weise. Wenn genug Gnade dich durchfließt, sodass du den Menschen etwas sagen kannst, das sie über sich selbst nicht wissen, dann gewinnst du ein beträchtliches Maß an Macht (über sie). Im Verstand dieser im Verstand gefangenen Individuen, auf die du da personalisierte Wahrheitsbomben abwirfst, entsteht eine gewisse ängstliche Reaktion, die besagt: »Ich kann vor diesem mächtigen Wesen nichts verbergen. Es macht mir Angst, was er sonst noch von mir weiß.« Diese Angstreaktion ist gerade genug, um sie davon zu überzeugen, dass du ein gewisses Maß an Power hast, denn du weißt Sachen über sie, die sie über sich selbst nicht wissen. Aber es ist nicht genug Angst da, dass sie sich verletzt fühlen und wegrennen würden, sodass du im Power-Geschäft bleiben kannst.

»Aber was, wenn das, was du da von dem anderen Menschen spürst, gar nicht der Fall ist?«, fragst du zitternd in deinen Achtsamkeitsstiefeln. Schau: Wenn du die Technik des Sag-jemandemetwas-über-ihn-das-er-nicht-Weiß[106] anwendest, spielt die Wahrhaftigkeit deiner Aussage keine Rolle; nur deine Zuversicht beim Aussprechen deiner Feststellung spielt eine Rolle. Was etwas wahr macht, ist, dass es geglaubt wird. Wenn aber mal ein abtrünniger Cowboy deines Weges kommen sollte, der so von seinem Verstandesgehege kontrolliert ist, dass er deine intuitive Einsicht weniger als megacool erstaunlich findet, dann ist es sehr mitfühlend von dir, wenn du ihm antwortest: »Ich sehe, dass du im Moment noch zu viel Angst hast, dir das anzuschauen. Wenn du so weit bist, lass es mich wissen.«

Zuversicht + Vagheit

= intuitive Genauigkeit

ULTRASPIRITUELLE FORMEL, WIE MAN MIT INTUITION GEWINNT.

Wann ist der richtige Zeitpunkt, um deine Intuition anzuwenden? Jederzeit. Vergiss nicht, dass deine Intuition das Schwert ist, das die Verbindung mit deinem begrenzten Verstand durchtrennt und zugleich das euch verbindende Gewebe. Je intuitiver du bist, umso achtsamkeitsloser bist du.

Schlüssel Nummer drei zur Achtsamkeitslosigkeit: Impulsivität[107]

Impulsivität ist das, was der Göttlichkeit am nächsten kommt, sagt das Sprichwort. Was du tust, was du auswählst und wofür du dich entscheidest, sollte deshalb in seiner Impulsivität göttlich sein. Damit sind die höchsten Praktiken der Auswahl und des Handelns gemeint, die du ohne deinen Verstand durchführen kannst. Mal angenommen, du gerätst mit deinem Ehemann in einen Streit und

---

106   Oder SJEÜIDENW, wenn du ein Fan von Abkürzungen bist.

107   Ja, wir sind hier immer noch bei den Schlüsseln zur Achtsamkeitslosigkeit. Wenn du dabei den Faden verloren haben solltest, sei das nächste Mal ein bisschen achtsamkeitsloser.

fühlst den Impuls, einfach aufzustehen und den Arsch sitzen zu lassen; dann ist das genau das, was du tun solltest. Es rettet dich davor, unter all diesen Gedanken des Verstandes, was am besten getan werden sollte, begraben zu werden.

Eine der spirituell unverantwortlicheren Überlegungen, von denen die Leute üblicherweise infiziert sind, ist die Idee, dass wir über die Konsequenzen unserer Aktionen *nachdenken* sollten. Da kannst du ebenso gut zum nächsten Gefängnis gehen und darum bitten, dass sie dich dort einschließen. Dein Verstandesgefängnis ist erst dann glücklich, wenn es bis an seine Kapazitätsgrenzen mit den dummen Aktionen angefüllt ist, die diese spirituell sorglose Haltung zur Folge hat. Lass mich das mit einem Bild illustrieren, wobei ich meine Worte verwende und du deine Vorstellungskraft. Du sitzt vielleicht an einem Sonntagmorgen auf der Veranda eines Strandcafés und hast Brunch mit deinen Freunden. Dort sitzt dir Marvin gegenüber und wippt mit seinem Kopf ganz begeistert zum Rhythmus einer wunderbaren Musik, die sonst niemand hören kann. Marvin ist für sein Alter ein beeindruckend guter Surfer, und er hat es darauf abgesehen, heute die glorreichen Tage der 1960er-Jahre noch mal zu erleben wie jeden Tag. Marvin schaut in deine Richtung und fragt: »Bruder, hast du Bock, heute mit mir auf der Einstein-Welle zu reiten?«

Sein Angebot auf Gemeinsamkeit mit dir, wofür er dir etwas von seinem kürzlich selbst gemachten LSD geben will, ist etwas, über das du normalerweise nachdenken würdest, so wie auch über die diesbezüglichen Risiken und Freuden des dem folgenden Trips, aber nicht heute. Heute bist du so frei wie ein Kilt-tragender Schotte ohne Unterwäsche, weil du dich glückselig der Begrenzungen deines dich begrenzenden Verstandes entledigt hast.

»Hi, yeah, Marvin«, rufst du.

Und bevor du dir dessen gewahr wirst (und kurz nachdem die blauen Zwerge ankommen), bist du am Herumtollen in der Welle, ohne den Unterschied zwischen euch beiden, dem Ozean und den

Zwergen wahrnehmen zu können. Auf diese Weise kommt aus der Impulsivität nur spirituell Gutes.

Ein Kernpunkt beim korrekten Anwenden der Impulsivität ist die Klassifizierung deiner schlecht durchdachten Aktionen als von deiner Intuition geführte, wann immer jemand deine Entscheidungen in Frage stellt. Sag dann einfach: »Ich bin meiner Intuition gefolgt.« Wenn du das machst und dabei so tust, als hätte die Befragung dich verletzt (oder das wirklich fühlst), umso besser, dafür gibt es extra Punkte. Eigentlich sollte dich das verletzen – es *ist* einfach verletzend, wenn jemand die Qualität deiner intuitiv entstandenen Führung in Frage stellt. Intuition, das sind die Durchgaben aus der spirituellen Welt, für die du das Medium bist. Sie in Frage zu stellen ist eine Art Gotteslästerung, und zwar ein Typ von Gotteslästerung, über den göttlich gelästert werden muss. Wenn jemand in das sanfte, rotwangige Gesicht des schönen Kristallkindes deines spirituellen Selbst spuckt und du dann offensiv wirst, sendest du damit die Botschaft, dass spirituelle Verachtung nicht geduldet wird.

Schlüssel Nummer vier zur Achtsamkeitslosigkeit: Wissen

Solltest du versucht sein zu denken, dass du denkst, ist es gut, das Aufkommen der verdächtigten Gedanken anders zu benennen. Es ist dann besser, es als Wissen zu bezeichnen. Dein Verstand weiß nichts, er kann nur nachdenken. *Wissen* ist ein tiefer Zustand des Nichtmentalen, in dem deine Verbindung mit dem kosmischen Bewusstsein dir die Fähigkeit verleiht, etwas schlichtweg zu *wissen*. Abgesehen von der offensichtlichen Tatsache, dass die beiden Worte verschieden geschrieben werden, ist der andere Unterschied zwischen Wissen und Denken das lächerlich hohe Niveau an Sicherheit, das mit dem Wort *Wissen* impliziert wird. Und das Wissen kann dich weiter in das bisher noch unerforschte Territorium der Achtsamkeitslosigkeit hineinführen, wenn du das Adjektiv *höheres* hinzufügst. *Höheres Wissen* injiziert deiner Spiritualität ampullenweise Geistwachstumshormone (GWH).

Wenn jemand dich zum Beispiel fragt: »Warum hast auf unserer Wanderung in dieser rauen Gegend keine Schuhe getragen?«, antwortest du: »Höheres Wissen hat mich dabei geführt.« Wie blutig auch immer deine Füße dabei werden, deine weise Selbstaufopferung ist ein direktes Ergebnis deines höheren Wissens aus der geistigen Welt.

»Bist du sicher, dass du sie heiraten willst? Du hattest mit ihr bisher nur ein Date, und das war auf dem String-Cheese-Konzert«, sagen dir protestierende Skeptiker, und du antwortest darauf: »Höheres Wissen informiert mich, dass sie die Richtige ist.«

Denken ist etwas, das angefochten werden kann. Höheres Wissen ist definitionsgemäß[108] unanfechtbar. Nichts wird zur Diskussion gestellt – inklusive deines unanfechtbaren Status als ein ultraspiritueller Krieger –, wenn du in wissender Weise dieses Juwel an Achtsamkeitslosigkeit meisterst.

Schlüssel Nummer fünf zur Achtsamkeitslosigkeit: das Universum fragen

Du bist nur etwas mehr als menschlich, deshalb ist es menschlich verständlich, dass du die Antwort auf Rätsel, die dich verwirren,[109] nicht weißt; oder nicht weißt, in welche Richtung du gehen sollst, wenn es auf dem sprichwörtlichen oder physischen Weg deiner Entscheidungen eine Gabelung gibt. Du siehst dunkle Wolken der Unsicherheit am Himmel und fühlst die kühle Brise einer Befürchtung, die droht, aus deinem gelassen stoischen Modus Operandi heraus zu einer tatsächlich emotionalen Antwort zu führen. Es sollte in dieser Metapher auch einen gespenstischen Wald voller Trolle und messerschwingender Affen geben. Der Punkt ist, dass dies die Stellen sind, wo du die Praxis deiner Achtsamkeitslosigkeit verlierst oder meisterst. Viel zu viele strebsame Spiritu-

---

108   Ich habe die Definition nie gesehen, aber ich habe höheres Wissen darüber, was sie ist.

109   Notiz an dein Selbst: Verwende das Wort *verwirren* nie wieder.

elle können heutzutage einer solchen Versuchung der Achtsamkeit nicht widerstehen, aber wenn du diszipliniert achtsamkeitslos weiter auf Kurs bleibst, dann wirst du massig viel neue Power hinzugewinnen.

Aber wie bleibst du diszipliniert achtsamkeitslos weiter auf Kurs und weißt, was du wissen musst, aber nicht weißt? Was wir sicher wissen, ist, dass du nicht deinen Verstand fragen darfst – er hat das Wissen nicht; er weiß es nicht einmal. Jetzt ist der beste Zeitpunkt, zum Universum hinaufzuschauen, dem Nichts in seine leeren Augen zu starren und zu fragen: »Was sollte ich tun, Universum?« Der Verstand des Universums ist kein gewöhnlicher, menschlicher Verstand – es ist eher ein universeller Verstand. Einige würden sagen, dass das Universum alles weiß, andere, dass es das meiste weiß, aber die meisten würden dem zustimmen, dass es sicherlich mehr weiß als du.

Das Universum zu fragen garantiert dir nicht nur, dass du die beste Antwort auf die rätselhaften Fragen des Lebens bekommst, sondern auch, dass du sie schnell, leicht und in glückbringender Weise bekommst, denn in 99 Prozent der Fälle gibt das Universum dir die Antwort, die du hören willst.[110] Dies ist die Art, wie du das höhere Wissen erhältst, dass die Antwort wahr ist.

Das Universum wird dir die Antwort auf deine Frage normalerweise in Form des ersten Gedankens geben, der dir in den Sinn kommt. Du kannst diesem Gedanken vertrauen, denn es ist kein normaler menschlicher Kopf-Gedanke, der von deinem menschlichen Reptilienhirn kreiert wird;[111] es könnte nicht unterschiedlicher sein, obwohl der Anblick täuschen kann. Es ist mehr Sache des Universums, das einen Gedanken aus deinem Verstand als Umschlag benutzt, der die universelle Botschaft enthält und dir zustellt. Schau, was in dem Umschlag drin ist – natürlich nach-

---

110 Das verbleibende eine Prozent lohnt sich nicht anzuhören.
111 Dementi: Diese Zeile ist eine bezahlte Aussage, gesponsert von der Illuminati Ltd.

dem du auf den Umschlag geschaut hast, um ihn zu öffnen und zu sehen, was drin ist.

Warum ist das Universum Teil von dieser Welt? Das ist natürlich so, weil es dann einen fortlaufenden Eins-zu-eins-Dialog mit dir genießen kann. Es gibt dem Universum eine Existenzberechtigung. Ich weiß das, weil ich dem Universum mal diese Frage gestellt habe, und das war die Antwort. Ohne die Möglichkeit, mit deinen Fragen Magic 8 Ball zu spielen, fühlt sich das Universum in der schrecklichen Sinnlosigkeit der in unendlichen Dimensionen expandierenden Galaxien verloren, wo es über Quadrillionen von Sternen und Planetensystemen auf dem Laufenden bleiben muss.

Deine Fragen an das Universum sind hier aber noch nicht das Endspiel. Nicht dass du mich falsch verstehst – deine Resultate sind gut, wenn es das ist. In Wirklichkeit aber werden sie besser sein als nur gut – sie werden spirituell sein. Aber warum hier schon aufhören? Je mehr du die Tatsache anderen mitteilst, dass du der Typ von Mensch bist, der *das Universum befragt*, umso mehr werden deine Resultate sich in den Bereich des Ultraspirituellen hinein exponentiell ausdehnen. Vergleiche diese beiden Aussagen:

»Ich habe mich entschieden, dass ich nach Gütersloh umziehen werde.«

»Ich habe das Universum gefragt, und es sagte mir, dass ich nach Gütersloh umziehen soll.«

Bei welcher der beiden Aussagen schmeckst du die saccariferose (das ist ein Wort, das es wirklich gibt) Süße der Ultraspiritualität? Deine eigenen Entscheidungen zu treffen zeigt nur deine sklavische Abhängigkeit von deinem unentwickelten Verstand. Wenn du jedoch das Universum die Entscheidungen treffen lässt, stöpselst du dich damit in ein unendlich progressiveres Netzwerk ein.

Schlüssel Nummer sechs zur Achtsamkeitslosigkeit: ewige Vergänglichkeit

Verstehe diesen Begriff mit der Fähigkeit deines höheren Wissens. Verstehe, dass alles, was du da vor deinen Augen in der menschlichen und nicht menschlichen Welt tanzen siehst, keine Rolle spielt. Die Kraft des ewigen Lebens lehrt dich, dass nichts im menschlichen Leben wegen des ziemlich redundanten Phänomens der Vergänglichkeit eine Rolle spielt. Alle Objekte[112] und Menschen[113] werden schließlich von der schäumenden Blutwelle der Zeit mitgenommen.[114] Warum? Weil sie vergänglich sind. Warum sind sie vergänglich? Um dich zu lehren, dass sie keine Rolle spielen. Warum musst du darin belehrt werden, dass sie keine Rolle spielen? Damit du nicht zu sehr an ihnen haftest, was dich von dem ablenken würde, was eine größere Rolle spielt.

Die Lehre der Vergänglichkeit ist eine so tiefe ewige Wahrheit, dass sie zum beständigen Inventar der universellen Bibliothek der Einsichten gehört, in der es nur ein Buch gibt. Sein Titel? *Vergänglichkeit*. Die Doktrin der Vergänglichkeit lehrt dich, dass du dich von Menschen, die keine Rolle spielen, trennen musst; tatsächlich ist das das Einzige, was eine große Rolle spielt, ungleich den nichtfaktischen Dingen, die nicht wirklich eine Rolle spielen. Hier ist ein Auszug aus meinem persönlichen Tagebuch (ein bald erscheinender Wälzer, der den Bestand der eben erwähnten armseligen Bibliothek verdoppeln wird), das illustriert, wie die Lehre der Vergänglichkeit sich in meinem Leben ausgewirkt hat.

---

112   … besonders die unspirituellen.
113   … besonders die unspirituellen.
114   Für den Zweck, diese Lektion zu verstehen und diese Lehre zu validieren, tue so, als würde Zeit existieren.

LIEBES TAGEBUCH,

es ist zwei Jahre her, seit Charlotte und ich uns getrennt haben. Ich war mir sicher gewesen, dass sie die Richtige ist. Oh, wie mein Herz weint wie ein Wurm, der von den Klauen eines mächtigen Spatzen auseinandergerissen wird. Universum, was soll ich tun?

Was? Ich soll die vergängliche Natur von allem realisieren, einschließlich meiner Beziehung mit Charlotte? Bist das wirklich du, Universum? Das dachte ich. Und, ja, ich werde eine dramatische Pause einlegen, um der durchdringenden Einsicht der Vergänglichkeit zu erlauben, mein vom Spatzen gebissenes Herz zu durchstechen.

So ist es besser. Nun, mit dem Trost dieser Einsicht schreibe[115] ich von einem viel friedlicheren Ort aus. Meine Vision sieht nun die wahre Natur meiner Beziehung zu Charlotte. Von meinem vorigen Zustand mangelhaften Sehens (Blindheit) hatte ich so sehr für immer mit ihr sein wollen, um für immer glücklich zu sein! Wie sehr hatte ich mich damit geirrt. In Verletzung der unveränderlichen Gesetze der Vergänglichkeit wollte ich, dass die Dinge bleiben, das war dumm von mir, besonders im Hinblick darauf, wie egoistisch Charlotte ist.

Mein Glaube an die Beständigkeit des Begehrens ließ mich glauben, dass Charlotte eine Rolle spielt. Dieses Messer aus irrendem und gezacktem Stahl hat nun lange genug seine Sägekante in mein zartes Fleisch geschnitten! Ich verstehe nun, dass mein tiefster, verzweifelter Wunsch nach meiner früheren Geliebten unreif und unmöglich ist: dass sie den Rest ihres Lebens von Einsamkeit gequält verbringen wird, während sie in ihrem Single-Trailer in der mittigsten Mitte

---

115   … mit Bleistift statt mit Feder.

von Oklahoma sitzt, in einem plastikgetäfelten Wohnzimmer, umgeben von ihren 27 Katzen, verlotterten Pyjamas, die nach Katzenurin riechen, und Virginia Slim Zigaretten, die von Tag zu Tag weniger slim sind, und dabei den armen Wind hört, wie er da tagein, tagaus ruft: »Du warst so dumm, JP zu verlassen ...«

Ich hatte diesen Wunsch irrtümlicherweise in der Unvergänglichkeit verankert, aber nun bin ich über dieses jugendliche Sehnen hinausgewachsen. Möge die obige Kette diabolischer Wünsche nicht länger für den Rest ihres Lebens andauern – möge sie einfach nur für eine vergängliche Kette von ein paar Jahrzehnten gelten. Aufgrund der Natur der Vergänglichkeit verstehe ich nun, dass nur dieser Wunsch realistisch ist, und er ist auch spiritueller.

Danke, Universum!

In vergänglicher Verbundenheit
JP

Gerade als die Raupe dachte, die Welt sei zu Ende, wurde sie ein Schmetterling. Gerade als der Schmetterling dachte, die Welt sei zu Ende, fiel er vom Himmel herunter, starb und wurde Teil des Erdbodens. Gerade als der Erdboden dachte, die Welt sei zu Ende, wurde er Teil einer majestätischen Kiefer. Gerade als die Kiefer dachte, die Welt sei zu Ende, wurde sie von einer ganz im Jetzt verankerten Papierfabrik gefällt, um zu einem Schulnotizbuch aus minderwertigem Papier zu werden. Und gerade als das Papier dachte, die Welt sei zu Ende, wurde es recycelt. Gut gespielt, Vergänglichkeit!

ACHTSAMKEITSLOSIGKEIT, SCHLUSSFOLGERUNGEN

An diesem Punkt besitzt du zweifellos das höhere Wissen, dass dein Verstand etwas Schreckliches ist, das abgeworfen werden muss. So wie ein Same seine harte Schale abwerfen muss, wenn er zu etwas Nützlicherem aufkeimen soll, als nur ein unnützer Same zu bleiben. Als jemand, dem du wichtig genug bist, dass ich will, dass du mein zweites Buch kaufst,[116] will ich dich achtsamkeitslos daran erinnern, dass das Überspringen deines Verstandes mit Achtsamkeit eine böse Falle ist, mit der du all deine Lebensrechte dem Verstand übergibst, während dein Verstand dich davon überzeugt, dass du jenseits des Verstandes leben würdest. Frag den Mönch, der nach vierzig Jahren des Holzhackens und Wassertragens dem Mönchsgefängnis entsprungen ist – er wird dir sagen, dass die Achtsamkeit dem Leben die Achtung vor den Samen der Fülle entnimmt und sie durch die samenlose Hohlheit des Verstandes ersetzt.

Wie jeder ruchlose Diamantenverkäufer dir sagen wird: *Poliere deinen Edelstein und poliere ihn oft.* So wie ein Edelstein viele Facetten hat, so funkelt auch deine Praxis der Achtsamkeitslosigkeit aus verschiedenen Facetten: Sei aufmerksam, um sicherzustellen, dass du keine Aufmerksamkeit gibst! Du weißt nicht, wann du deine Impulsivität pulsieren lassen kannst? Wende darauf deine Intuition an und spüre, wann das angemessen ist. Du wirst wahrscheinlich schlicht und einfach wissen, wann die rechte Zeit dafür gekommen ist, die Karte deines höheren Wissens auszuspielen. Wenn du in eine schwierige Lage geraten bist, frag einfach das Universum – da bist du sicher, dass du eine tröstliche Antwort bekommst, um die vergängliche Natur

---

116 Ich habe die Absicht, reich zu werden, indem ich das Buch schreibe *Wie man mit dem Schreiben von Büchern reich wird.* Die bald erscheinende Auswahl wird sicherlich die Bibel der kommenden Generationen von Coachs werden.

der Zwickmühle zu erkennen, in der du gerade steckst. In dem Maße, wie dein Niveau an Zuwendung sinkt, steigt dein Niveau an innerem Frieden an. Und am wichtigsten, das gilt für alle Teile des Ganzen deiner Achtsamkeitslosigkeitspraxis, praktiziere laut und oft!

Deine Achtsamkeitslosigkeitspraxis hat nun die Bühne bereitet für sogar noch mehr spirituelle Aktion in deinem ultraspirituellen Drama. Wie auf jeder Bühne ist es auch hier am wichtigsten, was *auf* der Bühne geschieht. Und wie bei allem Wichtigen auf der Bühne konvergiert der wichtigste Aspekt der Wichtigkeit in der Mitte der Bühne. Deshalb, in den übersetzten Worten, die Rumi nie gesagt hat:[117] *Es gibt da eine Bühne. Jenseits davon gibt es eine Mitte der Bühne. Dort treffe ich dich.* Was meint er damit wohl? Lass es mich dir erklären…

---

117 Auf jeden Fall nicht auf Deutsch.

Diese Seite wurde absichtlich
leer gelassen,
so leer, wie dein Verstand
sein sollte.

8

GNADENLOSE
MEDITATION

Alles das, was du bisher in deinem ultraspirituellen Repertoire erworben hast, wird dir nun als eine entscheidende Auswahl unterstützender Methoden dienen. Da du nun vorgibst, alle bisherigen Praktiken in dein Leben voll integriert zu haben, ist es Zeit, den Protagonisten der größten Theateraufführung deines Lebens in die Mitte der Bühne zu bringen. Lasst uns nun den spirituellen Scheinwerfer auf unseren Star richten – die Meditation.

Alles, was dem vorausgegangen ist – Achtsamkeitslosigkeit, Yoga, Veganismus und so weiter –, wird deine Meditation unterstützen, so wie auch deine Meditation diese Praktiken unterstützen wird. Es ist sogar unmöglich, dass diese Praktiken dir nützen können, wenn du nicht meditierst. Es hat keinen Sinn, einer Qualle Meditation beizubringen, denn da ist keine Substanz drin, die meditativ werden könnte. Wenn du also Substanz hast, dann ist es besser, du meditierst, andernfalls wirst du bald keine Substanz mehr haben.

Meditation stammt von einem kosmischen Wort ab, und das ist *Medikation*. Wie alle Premium-Medikationen, die du von Leuten jedes respektablen Trommelkreises am Strand bekommen kannst, sollte die Medikation der Meditation dich meditativer machen. Mit der geeigneten Dosis müsste es für dich sein wie für ein Pferd auf Tranquilizer – extrem meditativ.[118] Gemäß bevorstehender wissenschaftlicher Forschung ist es sogar so, dass das Wort *meditativ* von *sedativ* abstammt. Wenn du auf die richtige Art meditierst, wirst du deshalb die Resultate deines präsenzvernichtenden Enthusiasmus, deiner Ambition und die interessanten Eigenheiten deiner Persönlichkeit stark sediert bekommen. Auf diese Weise wirst du es viel leichter finden, Energie einzusparen, meditativ präsent zu sein, ruhig und sanft zu wirken und dir nicht Unannehmlichkeiten zu bereiten mit Dingen, die du eigentlich nicht tun willst.

---

118 Das Pferd wird schneller rennen können als du. Es sei denn, du nimmst regelmäßig Tofoll (tolles Tofu) mit Tranquilizer ein. Dann könntest du es sein, der schneller ist.

Einige sagen, dass Meditation eine Einstiegsdroge in die Mediokrität ist – das ist nicht wahr![119] Erstens ist jedes Sedativ, mit dem ich bisher auf Trip gegangen bin, viel besser als nur mittelmäßig. Zweitens ist das Abstreifen von Ambition – diese bösartige Kraft, die es hasst, dass die Dinge so sind, wie sie sind – dich vielleicht als selbstzufrieden in der Mediokrität verwurzelt erscheinen lässt. Aber es gibt da eine gewisse Art der unterschiedslosen Fülle, wenn du Mediokrität weltlichen Ambitionen gegenüber bevorzugst. Warum solltest du Initiative zeigen, wenn deine Haltung im Grunde jedem zeigen kann, dass du besser bist als das unspirituelle Bedürfnis, Träumen nachzulaufen wie jeder andere auch?

Es ist außerdem wichtig anzumerken, dass Meditation der *effektivste* Weg ist, meditativer zu werden. Der wichtigste Nutzen davon, meditativer zu sein, ist, dass es Meditation erleichtert, was dich folglich meditativer macht und zu mehr und besserer Meditation führt – ein transzendenter Zyklus im Ökosystem deines Bewusstseins.

Wozu brauchst du Meditation und die Effekte von Meditation in deinem Leben? Weil du dein Leben nicht lebst, um das Leben zu leben – du lebst dein Leben, um das *spirituelle* Leben zu leben. Meditation ist das Spirituellste, was du tun kannst, seit der Dalai-Lama Buddha entdeckt hat. Sie ist durch die geschorenen Köpfe von sexy Mönchen in Mode gekommen, die in stillen Tempeln auf der ganzen Welt[120] für Foto-

> Der wichtigste Nutzen davon, meditativer zu sein, ist, dass es Meditation erleichtert, was dich folglich meditativer macht und zu mehr und besserer Meditation führt.

grafen posierten und dabei ihre Körperhaltung in der meditativ verlockendsten Weise lotussierten. Das hat Meditation zum Synonym für spirituelle Entfaltung gemacht. Und was die Mönche be-

---

119 Anmerkung für meinen Psychiater: Ich streite wieder mal mit mir selbst. Ich brauche eine höhere Einstellung meiner Medikation.
120 Hauptsächlich der asiatischen Welt.

trifft, die so ihr Fotoshooting gleich mal mit einer Meditationssitzung verbunden haben, bin ich ihnen persönlich dankbar. Ohne diese bewundernswerten Bilder, auf die man sich beziehen kann, würden wir auf jemanden, der meditiert, schauen und uns denken: »Warum bloß sitzt der einfach so da?«

Wahre Meditation ist viel mehr als nur einen bequemen Platz auf dem harten Fußboden zu finden, die Augen zu schließen und so zu tun, als würden sich einem die Hüften nicht verkrampfen. Meditation ist alles das, während du dir außerdem vorstellst, dass du vor einem Goldfischteich sitzt. Damit wären die Grundlagen erklärt. Aber es sind die höheren Aspekte der Meditation, die dir helfen werden, den Sprung zu größeren spirituellen Fortschritten zu machen. Während du beginnst, tiefer in das schwarze Loch[121] dieses Kapitels einzutauchen, werde ich dich in den verschiedenen Meditations*stilen* schulen. Noch bedeutsamer ist jedoch, dass ich dich mit dem gesegneten Wissen von all dem segnen werde, was den meditierenden Massen verborgen ist – den *fortgeschrittenen Meditationstechniken* der besagten Stile.

POPULÄRE MEDITATIONSSTILE

So unpopulär, wie Meditationsstile für nichtspirituelle Menschen des Mainstreams sein können,[122] so haben sie doch einen populären Platz unter den anderen Meditationen am unpopulären Ende des Popkulturspektrums. Während die fortgeschrittenen Meditationstechniken, die später in diesem Kapitel vorgestellt werden, dir das sprichwörtliche (und spirituelle) Brusthaar auf deiner Seele geben werden, wirst du vielleicht auch einiges von dem ausprobieren wollen, was du in der kurzen folgenden Aufstellung findest.

---

121   Ich meine das in der allerschmeichelhaftesten Weise.
122   Wenn du immer noch so unentwickelt bist, dass du an die Hölle glaubst, wären dies die Menschen, die in die Hölle kommen.

Transzendentale Meditation. Das Beste im Leben kostet nichts, aber für die besten Meditationen gilt das todsicher nicht. Denn das Erlernen der Transzendentalen Meditation (oder TM, wenn deine Zeit knapp ist und du Abkürzungen brauchst, die anderswo die Leute an Trademarks denken lassen) bringt eine Investition von ungefähr 1 000 Euro mit sich, sodass du dir sicher sein kannst, dass diese Art der Meditation bedeutend wertvoller und echter ist als jede andere. Sobald du durch einen milden Entzug auf deinem Bankkonto einmal mit TM indoktriniert bist, bringt die Ausübung dieser Methode den heiligen Prozess mit sich, erfahren zu dürfen, dass der Gründer von TM der Guru der Beatles war und deshalb auch für den ganzen Erfolg verantwortlich war, den jeder Beatle (prä- und post-Ono) hatte.

Die Meditation des Urtons. Diese impliziert absolute Stille. Die Stille ist notwendig, damit du dich selbst dabei hören kannst, wie du dir selbst in redundanter Weise dein Mantra immer und immer wieder aufsagst, indem du es in den Frieden deines eigenen Verstandes hineinschreist. Das hilft dir, dich von deinem Verstand zu befreien. Diese Meditationsform wird hauptsächlich an Chopra-Zentren in der ganzen Welt gelehrt. Kaum bekannt ist die Tatsache, dass sie von Deepak Chopra erfunden wurde.

Zazen. Bei dieser Meditation sitzt du im Schneidersitz in einer Art, über die Hüftchirurgen sich nur freuen können. In den Lücken zwischen dem Pulsieren des Schmerzes fokussiere dich auf deinen Atem. In diesen minimalen Lücken (in einer Länge von etwas zwischen einem Drittel und einem Siebenunddreißigstel einer Sekunde) wirst du Frieden finden.

Meditation der liebenden Güte. Diese Meditation gewährt die Annehmlichkeit, aus großer Ferne Gefühle von liebender Güte an Menschen zu senden, ohne die Unannehmlichkeit, sie ihnen gegenüber direkt ausdrücken zu müssen. Du beginnst damit, dir selbst liebende Güte zu schicken, dann einem Freund, als Nächstes jemandem, wo das »schwierig« ist, dann jemandem, den du verachtest, und schließlich jemandem, den du wirklich abgrundtief hasst.

Geführte Meditation. Vielleicht bist du jemand, der mit Krücken geht, obwohl deine Beine durchaus gut funktionieren. Wenn das so ist, dann könnte die geführte Meditation für dich das Richtige sein.

Klangmeditation. Wenn du die unerträgliche Stille deines Verstandes nicht ertragen kannst, dann könnte das Fokussieren auf einen Ton für dich ein effektiver Weg sein, um die Stille auszuhalten. Um hierin beste Ergebnisse zu bekommen, höre dir etwas an, das uralten mystischen Lärm macht – Kristallgeläute, ein Gong, eine tibetische Klangschale – oder einfach deine Lieblingsmusik, wenn du zufällig weder alte noch mystische Klänge magst.

Vipassana-Meditation. Vipassana macht man am besten als Schweigeretreat in einer Länge von drei bis zehn Tagen. Die quälende Stille in dieser Zeit kann es dabei mit dem quälenden Schmerz des so langen Sitzens aufnehmen, aber diese Herausforderungen werden durch deine Unfähigkeit wieder ausgeglichen, in den folgenden sieben Monaten damit aufzuhören, über diesen Retreat zu sprechen.

FORTGESCHRITTENE MEDITATIONSTECHNIKEN

An diesem Punkt möchtest du vielleicht die naheliegendste tibetische Klangschale anschlagen, um deinen Verstand von streunenden Gedanken zu befreien. Schlag sie nun noch mal an und leere dabei deinen Verstand vom Verstand – diese fortgeschrittenen Strategien werden nirgendwo anders gelehrt, nicht einmal in den entferntesten Meditationsklöstern in den Bergen, wo sie kein Englisch sprechen. Diese Techniken sind jedoch das, was deiner Meditationspraxis wirkliche Kraft verleiht. Sie sind sogar das, was in deine *spirituelle* Praxis (in der Form von Meditation) das Rituelle einfügt.

**Fortgeschrittene Meditationstechnik Nummer eins:
Länge der Zeit**

Für deine Meditation den richtigen Zeitpunkt auszuwählen ist das zweitwichtigste Element deiner Meditationszeit – an ferner zweiter Stelle. Das wichtigste ist, darüber zu *sprechen*, wie lange du meditierst. Meditation transzendiert die Zeit, denn sie versetzt dich in einen zeitlosen Zustand, und das ist genau der Grund, warum du dafür den richtigen Zeitpunkt ausfindig machen musst. Ohne das wüsstest du nicht, wie lange du meditierst, und auch nicht, wie du länger meditieren kannst als andere, die meditieren – wenn du gar nicht weißt, wie lange du meditierst. Hier ist eine einfache Formel, die dir helfen kann zu bestimmen, wie lange du meditieren solltest: *Länger ist immer besser.*[123] Warum ist länger besser? Weil länger mehr Meditation bedeutet, und mehr Meditation bedeutet mehr Meditationszeit als die, welche andere Meditierer meditieren, was bedeutet, dass du spiritueller bist als andere Spirituelle. Der Rapper The Notorious B.I.G sagte mal: »Mo' meditation, mo' problems«, oder so was in der Art. Lasst mich sagen, was er damit meinte: Je mehr du meditierst, umso mehr Probleme haben andere, weil sie mit deinem spirituellen Aufstieg nicht Schritt halten können. Diese Einsicht bezieht sich natürlich auf die paradoxe Natur des Universums, insofern als mo' problems für andere Meditierer bedeutet, dass du keine Probleme hast. Mo' Meditation ist immer mo' besser.

Wenn du ein Anfänger bist, rate dich dir – in der fordernden Art eines Borderliners –, nicht weniger als zwei Stunden am Mor-

---

123 Oder > ist immer besser, wenn du Purist der Mathezeichen bist.

gen zu meditieren und zwei Stunden am Abend (wenn du kein Anfänger mehr bist, magst du vielleicht den »Wir sprechen über die Länge«-Abschnitt weiter unten weglassen). Klingt das nach ziemlich viel? Wenn du nicht denkst, dass die anderen zwanzig Stunden des Tages nicht genug Zeit sind, um nicht zu meditieren, dann musst du drei Stunden am Morgen und drei Stunden am Abend meditieren. Nicht nur wird dieser Satz der inneren Inhaftierung dich lehren, dass du genug Zeit hattest für zwei Sessions von je zwei Stunden Länge. Er wird dir außerdem genug Zeit geben, um zu erkennen, dass, obwohl vier Stunden Meditation an deinem Tag vier Stunden brauchen, du in einem zeitlosen Raum bist, deshalb braucht das eigentlich überhaupt keine Zeit.

Welche Zeit ist die beste für die Platzierung deiner Meditationszeit? Die schmerzhafteste Zeit, um aufzuwachen, ist es. Deshalb sollte sie für die meisten Menschen nicht nach vier Uhr am Morgen liegen. Die Erfahrung von Schmerz ist hier wichtig. Das bedeutet, dass du dein Ego mit heruntergelassenen Hosen erwischst und ein grelles Licht auf die Unreinheiten wirfst, die noch immer liebevoll verbrannt werden müssen. Das ist der Grund, warum du mitten in der Nacht meditieren solltest, anstatt zu schlafen, wie es eigentlich angebracht wäre. Eine Frühmorgenmeditation lehrt deinen Körper jedoch, mit weniger Schlaf auszukommen.[124] Dich auf dem Weg von der Juicebar nach Hause zu verirren, dort mit dem falschen Ehemann zu schlafen sowie auch eine eingeschränkte Geschicklichkeit im Alltäglichen, das sind alles Früchte dieser Meditationstechnik. Ein zusätzlicher Bonus dabei ist, dass das Bedürfnis deines Körpers nach Schlaf eine weitere Bedürftigkeit ist, die du transzendieren kannst, indem du lernst, wie du deinen Geist kontrollieren kannst, um deinen Körper zu kontrollieren, um seine dusseligen menschlichen Bedürfnisse zu überwinden.[125]

---

124 Ein schwaches Funktionieren ist immer noch ein Funktionieren.
125 Ich persönlich habe den Schlaf durch achtstündige unbewusste Savasana Sessions überwunden.

Deine abendliche Meditationssitzung sollte um sechs Uhr beginnen. Der Zweck deiner abendlichen Meditationssitzung ist zweierlei: Sie gibt dir einen spirituellen Grund, deine Zeit nicht mit anderen zu verbringen zu genau der Zeit, wann sie können; zweitens macht sie dich zu einem Löwen, der auf dem höchsten und zerklüftetsten Kliff steht und dort sein königliches Gebrüll loslässt. Während der frühe Morgen und der späte Abend die korrekten Zeiten für eine Meditation sind, vergiss nicht, dass es keine falsche Zeit für Meditation gibt. Fühle dich zu jedem zusätzlichen Zeitpunkt frei, dich selbstbewusst in Angriffsstellung zu bringen und dich mit einer spontanen Meditationssitzung einzubringen.

Fortgeschrittene Meditationstechnik Nummer zwei:
von Meditation sprechen
Um deiner Verwurzelung in der kompetitiven Spiritualität treu zu bleiben, erinnere dich daran, dass die Art, wie du über Meditation sprichst, in jedem Fall eine lautstärkere Äußerung ist als das Nichttun deiner Meditation selbst. Das sollte dich nicht überraschen, denn die Meditation sollte in Schweigen ablaufen.

> Die Worte, die du über Meditation sagst,
> sprechen immer lauter als die Meditation
> selbst.
>
> ULTRASPIRITUELLES SPRICHWORT

Wenn es auf die Länge ankommt, ist Sprechen lauter als Worte. So wie die Bestandteile eines Kuchens noch keinen Kuchen ergeben, wenn sie nicht miteinander verrührt und in den Backofen gestellt werden, braucht deine Meditationspraxis die heiße Luft deines Sprechens, um die vorteilhafte spezielle Substanz, die deine Meditation sein soll, aufzubauschen. Der Glaube, dass Meditation und das Sprechen darüber zweierlei seien, ist eine Illusion der Getrenntheit, die viele Menschen leiden lässt. In diesem Falle ist alles eins.

Fortgeschrittene Meditationstechnik Nummer drei:
von der Länge sprechen

Einige sagen, dass die Länge keine Rolle spielt. Sie spielt jedoch eine Rolle. Und je mehr du über die Länge sprichst, umso relevanter ist sie. In all der Zeit, die ich dafür aufgewendet habe,[126] habe ich nie einen erfolgreichen spirituellen Menschen getroffen, der beim Sprechen über Meditation nicht die Bedeutung der Zeitlänge betont hätte.

»Ich meditiere am Morgen«, sagt der schwächliche Möchtegernspirituelle.

»Ich meditiere am Morgen wenigstens zwei Stunden lang«, sagt der erfolgreiche Spirituelle.

Um das tote Pferd der obigen Kuchenanalogie zu Tode zu reiten, wirst du nie ein Kuchenrezept sehen, das einfach sagt: »Schiebe den Kuchen in den Backofen.« Es sagt dir genau, wie lange der Kuchen da drin sein muss, denn das ist wichtig.[127] Küchenchefs der Weltklasse kennen das Geheimnis des Spezifischen, und das gilt auch für Meditierende der Weltklasse.

Bevor du dir die Zeit nimmst, über möglicherweise heuchlerische Botschaften bezüglich der Natur von Zeit auch nur nachzudenken, lass mich das geraderücken: Bei dem Ausmaß an Zeit, in dem du sagst, dass du meditierst, geht es nicht mehr um Zeit als vielmehr um das Ausmaß an Zeit, in dem du tatsächlich meditierst. Es geht um die Länge. Länge ist der zeitlose Ort, zu dem das Ausmaß an Zeit, die du meditierst, spricht. Wer ist jetzt der Heuchler?

Da ich gerade davon spreche – es sollte eine direkte Beziehung zwischen dem Ausmaß an Zeit, die du meditierst, und dem Ausmaß an Zeit geben, von der du den Leuten erzählst, dass du meditierst. Und diese direkte Beziehung sollte eine der lockeren Korre-

---

126   Ungefähr drei Minuten.
127   Die Ausnahme davon ist mein Rezept für Flachssamen, Grünkohl und Zitronenschale in meinem bevorstehenden veganen Rohkost-Rezeptbuch: *Wenn du die Hitze nicht ertragen kannst, bleib in der Küche.*

lationen sein. Zehn Minuten zu meditieren, obwohl du während eines Smalltalks über große Dinge beanspruchst, zwei Stunden zu meditieren befindet sich in einer Grauzone.[128] Und weil der großartige Himmel über dir grau ist,[129] ist es wichtig, den Graubereichen liebende Güte anzubieten, denn sie enthalten alle möglichen bunten Farben in sich. Außerdem wirst du, wenn du hier an der Genauigkeit festhängst, nur vom semantischen Zeitstrang gelyncht werden. Und, wie du weißt, geht es wirklich um die Länge der Meditation. Spirituelle Länge wird immer in der vertikalen Dimension gemessen, nicht so sehr in der morphologisch irrelevanten horizontalen Zeitrichtung. Und beachte dabei, wenn du zehn Minuten meditierst, aber ankündigst, du hättest es für zwei Stunden getan, dass hinter deinen Worten eine starke Intention steckt. Intention ist der Schlüssel dazu, etwas Besseres zu bekommen, als du momentan hast. Zwei Stunden lang zu meditieren ohne irgendeine Intention ist nicht zu vergleichen mit dem *Sprechen* darüber mit einer starken Intention.

Hier noch eine kleine Anmerkung mit einem hohen Molekulargewicht. Wenn du in den Tag hineinlebst und dich dabei spontan dem überlässt, was das Universum dir bringt, wird das Universum dich sicherlich mit verschiedenen Menschen beschenken, die dich fragen: »Wie war dein Tag?« Egal, ob diese Frage von einem übermäßig höflichen Lebensmittelhändler kommt oder von jemandem, auf den es wirklich ankommt, dies sind beste Gelegenheiten, in einer Weise zu antworten, auf die es wirklich ankommt. Versuche zum Beispiel so zu antworten: »Ich habe meinen Tag mit einer zweistündigen Meditation begonnen, so wurde es ein *wunderbarer* Tag!« *Carpe Spiritus Diem*: Ergreife verdammt noch mal die Gelegenheit, die dir dieser Tag gebracht hat, auf diese Weise deine spirituelle Überlegenheit zur Schau zu stellen.

---

128 Dies stärkt übrigens auch deine Fähigkeit zu glauben, dass Zeit nur eine Illusion ist.
129 Hallo, Leser vom pazifischen Nordwesten! Wie geht es eurem Vitamin-D-Mangel?

Lass dir die zweistündige Meditation egal sein. Wichtiger ist, dass du besorgt bist, dich darum nicht zu sorgen. Gib deiner aktuellen Antwort auf die dir gestellte Frage (»Es war ein wundervoller Tag«) ein Vorwort über das, worauf es wirklich ankommt (»eine zweistündige Meditation«). Das wird *Spirituelles Reiten* genannt. Es ist keine Kunst, einfach zu antworten: »Ich habe zwei Stunden meditiert«, und der Reiter fehlt. Schlussendlich rechtfertigst du dabei nur, dass es sie nicht juckt, was du da tust. Wenn du von der Länge deiner Meditationssitzung sprichst, ergreife eher Gelegenheiten, als selbst welche zu schaffen, denn eine Gelegenheit, die du erschaffst, ist keine. Jedes Mal, wenn du jemanden in der Falle einfängst, die sie für dich aufgestellt haben, ist das ein ultraspiritueller Gewinn für dich. Weil sie danach gefragt haben, ist die Information über die Meditation, die du ihnen gibst, für sie vielleicht irrelevant, aber was für sie eine Rolle spielt, das ist für dich irrelevant, denn du hast ihnen gegeben, was für dich relevant ist, indem du dem einen Reiter angefügt hast, was für sie angeblich eine Rolle spielt – das belanglose Thema dessen, wie dein Tag war.

Fortgeschrittene Meditationstechnik Nummer vier:
Sichtbare Ergebnisse
So wie Schönheit oder ein Gerstenkorn, das auf Antibiotika nicht mehr reagiert, liegt Meditation immer im Auge des Betrachters. Du brauchst also Augen, um deine Meditation zu bezeugen; aber nicht deine Augen, vor allem deshalb, weil deine Augen nicht leicht sehen können, was du tust. Dich für eine Meditation an den geschäftigsten (und deshalb am wenigsten meditativen) Plätzen, die du finden kannst, zu positionieren, ist für die Meditation ideal. Versuche zum Beispiel in einem Park zu meditieren, wo junge Leute Frisbee spielen, ältere Menschen mit Drogen dealen und noch ältere in die Büsche kriechen, um zu schlafen oder zu kacken. Strände, Flughäfen und der Rasen vor deinem Haus sind weitere geeignete Orte, die dir exzellente Sichtbarkeit verschaffen.

Du solltest dich auf jeden Fall irgendwo positionieren, wo Passanten inspiriert werden, dich staunend anzustarren und zu fragen: »Was macht dieser erstaunlich friedliche Zenmeditationskrieger an einem normalen Platz wie diesem hier?«

Vergiss nicht, dass es sich bei der Meditation so verhält, dass, je sichtbarer du bist, umso sichtbarer werden deine Ergebnisse sein. Andernfalls ist es so, dass, je weniger sichtbar du bist, umso mehr werden deine Resultate keine wirklichen Resultate sein. Hier ist ein Beispiel für ein wünschenswertes Meditationsergebnis: »Schau, wie sie meditiert. Sieh, wie still, schweigend und verbunden sie ist.« Ein Beispiel für ein unerwünschtes Meditationsergebnis: »Ich habe sie nicht beim Meditieren gesehen. Sie verdient meine Zuwendung, Bewunderung oder Liebe nicht.« Nur du bist für die tatenlosen Taten deiner Meditation verantwortlich. Es ist eine einfache Angelegenheit von Karma-Mathe – wenn du schlechte Meditationsergebnisse erhältst, liegt es daran, dass du sie verursacht hast. Die Auswirkungen guter Ergebnisse unterliegen also vollständig deiner Kontrolle. *Wirst du dich entscheiden, solche Ergebnisse zu erzeugen?* Das ist hier die einzige Frage, die zu beantworten sich lohnt.

Davon ausgehend, dass deine Frühmorgenmeditation stattfindet, wenn der Rest der Welt noch schläft, wunderst du dich vielleicht, wie du in den Stunden, bevor die Sonne deinen Teil des Globus tatsächlich bescheint, öffentlich sichtbar werden kannst. Das Heraufdämmern neuer Technologien bietet dir hier einen erleuchteten Retter an: Instagram. Einen offenherzigen Augenblick der Meditation in einem Selfie einzufangen ist unbezahlbar. Während jeder still sitzen und die Augen schließen und so tun kann, als würde er kein Bild von sich aufnehmen, ist hier das Geheimnis, mit dem du einen Unterschied machen kannst: die Zeitangabe deines Postings.

Der häufigste Fehler, der bei Meditationsselfies am frühen Morgen gemacht wird, ist, dass das Selbst des Selfies das Foto, ohne nachzudenken, direkt nach der Aufnahme rausschickt – am frühen Morgen, wenn niemand es sieht. Und selbst wenn jemand es sieht, zu der Zeit am Morgen auf den Beinen zu sein bedeutet, dass das kein Jemand ist – es ist ein Niemand. In diesem Fall werden deine Sichtbarkeit und die entsprechenden Meditationsergebnisse mit null multipliziert. Du kannst die positiven Effekte der Meditation jedoch exponentiell erhöhen, indem du mit dem Enthüllen deines Selfies bis zum mittleren Nachmittag wartest.[130] Zugegeben kann es sich als schwierig erweisen, einen halben Tag lang auf einem visuellen Meisterstück der Meditationsgeschichte zu sitzen, ehe man es rausschickt. Die Versuchung, die Welt sofort damit zu segnen, wird immer stark sein, aber Versuchung ist nichts als eine ehebrecherische Geliebte. Bleibe deiner Moral treu bis zu der Tageszeit, wenn die Menschen am meisten versuchen, durch eine Flucht zu Instagram der Sinnlosigkeit ihres Arbeitslebens zu entkommen; wo sie sich zeitweilig emporgehoben fühlen können durch die sichtbaren Blumensträuße aus den Leben anderer Menschen, die anscheinend bedeutsamer sind als das ihre.

Fortgeschrittene Meditationstechnik Nummer fünf: Auf dem Boden sitzen

Es bringt nichts, einen Stuhl oder Kissen zu verwenden, wenn die Oberfläche der Erde doch billionenmal größer ist. Auf dem Boden zu sitzen verbindet dich mit unserer erleuchteten Mutter, der Erde. Auf einem Stuhl zu sitzen bedeutet, dass du mit unserer erleuchteten Mutter nicht verbunden bist, denn du bist nicht auf der Erde, sondern auf einem Stuhl, und kein irdischer Weg kann dir von dort aus Zugang zu deiner inneren Erleuchtung verschaffen.

---

130 Algorithmen werden heute nicht mehr nur von Jungfrauen in ihren Mittzwanzigern mit hohem IQ verstanden.

Fortgeschrittene Meditationstechnik Nummer sechs: die Beine im Lotussitz

Da Lotusse weithin als die spirituellsten aller Blumen bekannt sind, ist das Sitzen in der Lotusposition fraglos einem bequemen Sitzen überlegen. Es ist ein unschlagbares (und bald unerträgliches) Rezept, um mehr Meditativität zu gewinnen, wenn du deine Beine in einer Position zusammenfaltest, die nach der spirituellsten aller Blumen benannt ist.

> Meditation ist etwas, von dem alle sagen können, dass sie es tun.

Fortgeschrittene Meditationstechnik Nummer sieben: Verbinde dich mit deinem Atem

Entgegen dem, was ein absolut ignoranter Anfänger im Meditieren dummerweise denken könnte, solltest du während der Meditation atmen. Um mehr Intensität zu bekommen, atme, so schnell und flach du kannst.[131]

Fortgeschrittene Meditationstechnik Nummer acht: Nenne es eine Praxis

Meditation ist etwas, von dem alle sagen können, dass sie es tun. Und weil du niemand bist, der ein Niemand sein will, hebe dich von den anderen ab, indem du das, was du da tust, deine *Meditationspraxis* nennst. Eine fortlaufende Praxis zu haben impliziert ein spirituell reifes Repertoire an Weisheit und Erfahrung. Von einem außenstehenden Beobachter kann es nicht gesehen werden, sie glauben aber, dass es existiert, weil du die spirituelle Tatsache deiner *Meditationspraxis* mal eben erwähnt hast. Sobald du deine Praxis einmal publizierst, gewinnst du automatisch 24 Jahre Meditationserfahrung hinzu, egal, wie viele Jahre Erfahrung du nicht hast.[132]

---

131 Das schlägt zwei Fliegen mit einer Klappe, weil das dir auch noch einen kardiovaskulären Workout verschafft.

132 Es ist ein Algorithmus, den würdest du sowieso nicht verstehen.

Fortgeschrittene Meditationstechnik Nummer neun:
Kopflos sein

Behalte im Kopf, dass alle Bemühungen umsonst sind, wenn dein denkender Kopf beim Meditieren denkt. Dementsprechend ist es wichtig, in einem kopflosen Zustand zu verweilen – ohne Denken. Der vom Verstand bestimmte Kopf wird natürlich zu Gedanken über die 84 000 Dinge, die du eher tun solltest, abgelenkt werden wollen: wohin du die Autoschlüssel gelegt hast, und wie es wäre, auf einem gepanzerten Zebra mit deiner Großmutter einen Turnierzweikampf auszutragen. Du musst diesem Sog deines denkenden Verstandes widerstehen, indem du den kopflosen Zustand akzeptierst. Um dir zu helfen, dich in die Ruhe der Kopflosigkeit hinein zu entspannen, solltest du dich während deiner Meditation auf nichts anderes fokussieren als auf das Einatmen durch deine Nase und das Ausatmen durch deinen Mund; bei aufrechtem Oberkörper und tiefer Bauchatmung, die Zunge berührt dabei deinen Gaumen, und die Fingerspitzen deiner Daumen berühren die Spitzen deiner Zeigefinger, verbunden mit der Erde, ohne an irgendwas zu denken; die Augen sanft geschlossen, aber aufgerichtet zu deinem dritten Auge hin, reinigendes weißes Licht einatmend und graue, smogartige Wolken dunkler Energie ausatmend.

`Spontane Wunderheilungen brauchen manchmal Jahre.`

WUNDERHEILMITTEL

Wenn du als Mensch gebrochen genug bist, um etwas zu haben, das geheilt werden muss, dann ist, egal, was dein Leiden ist, Meditation deine Droge. Der Schlüssel zum Heilen mit Meditation ist, davon eine Dosis zu nehmen, die stark genug ist, um was auch immer da ist zu übertönen. Zu den üblichen Leiden, die mit Meditation gut heilbar sind, gehören Depression, Kopfweh, Angst,

ADHS, zu viel Reden, zu viel Energie haben, sozial sein und nicht-meditativ sein.

Wenn Meditation dein aktuelles Leiden nicht zum Verschwinden bringt, bedeutet das, dass du ungeduldig und gierig bist. Wenn du erwartest, dass Meditation über Nacht wirkt, musst du meditieren, um dir zu helfen, dich von deinen unrealistischen Erwartungen zu heilen. Spontane Wunderheilungen brauchen manchmal Jahre. Ich hatte mal eine Anhängerin, die unter Depression und Angst litt. Nachdem sie zwölf Jahre lang nur Meditation angewandt hatte, um sich zu helfen (das heißt, ihre Probleme zu töten), beschloss sie in ihrer ruhelosen Art, dass das nicht funktionieren würde. Geschlagen mit dem genetischen Defekt der Ungeduld kam sie glücklicherweise zu mir. Ich habe sie dann wieder auf die Spur gebracht, indem ich sie veranlasste, für weitere zwölf Jahre ein neues Commitment abzugeben. Da sie nun schon seit einer vollen Woche in der zweiten Phase ihrer Heilungsmeditation ist, wird sie in den nächsten 623 Wochen definitiv frei sein von ihrer Depression und Angst.[133] Das eben gebrachte Beispiel einer herzbewegenden Heilung vermittelt die wichtige Einsicht, dass noch mehr Meditation immer das Heilmittel ist für etwas, das Meditation nicht heilen kann. Außerdem solltest du, wenn du richtig meditierst, damit aufhören, dir Sorgen zu machen über das, woran du in der Meditation leidest, was auch immer das ist. Das ist dann sogar noch besser als eine Heilung. Und wenn du ultraspirituell bist, dann bist du nie am Nicht-Meditieren (siehe weiter unten), und das bedeutet, du machst dir nie Sorgen darüber, wie du leidest. Und das ist besser, als geheilt zu werden.

---

[133] Sie ist 92 Jahre alt. Sie wird also in der einen oder anderen Weise sowieso frei sein.

NEUE MEDITATIONEN ERSCHAFFEN

Was wäre, wenn ich dir sagen würde, dass es einen Weg gibt, wie du aus allem eine Meditation machen kannst? Würdest du mir glauben, wenn ich dir jetzt sagen würde, dass ich gerade mit dir eine Fragestell-Meditation mache? Denn das mache ich gerade. Und jetzt habe ich mich umgestellt auf eine *Ich-schreibe-wie-es-ist*-Meditation. Wie kannst du eine so hohe Ebene der *Alles-was-ich-tue-ist-Meditation* erreichen? Ich bin froh, dass du jetzt die Fragestell-Meditation machst. Lass mich dir mit einer Antwort-geben-Meditation antworten.

Es gibt eine uralte Methode, die *Etikettierung* genannt wird. Anders als bei den Etiketten meines Großvaters in Bezug auf Gender und Ethnien, kann das Etikettieren eine Heilkunst sein. Ich erkläre jetzt, wie das geht. Schau dir an, was du tust, was auch immer das gerade ist. Sobald du das identifiziert hast[134] – gerade jetzt liest du[135] –, bedeutet das, dass du die *Lesemeditation* praktizierst. Diese Methode gibt dir alle Vorteile der Meditation, aber ohne die Meditation. Wenn du etwa in der Fernseh-schau-Meditation engagiert bist, hast du ja gar keine Zeit für wirkliche Meditation.

Diese Methode gibt dir alle Vorteile der Meditation, aber ohne die Meditation.

Diesen Nachmittag habe ich nichts anderes getan, als in verschiedenen Formen meditiert. Ich begann mit einer *Hunde-Gassi-gehen*-Meditation. Dann folgte eine *Das-Erbrochene-meines-Hundes-vom-Fußboden-entfernen*-Meditation. Dann kam die *Ich-wünschte-mein-Hund-hätte-nicht-all-das-Gras-gegessen*-Meditation. Dann fand ich inneren Frieden bei der *Heißer-Konflikt-mit-meiner-Freundin*-Meditation. Darauf folgte die *Meine-Freundin-hat-Unrecht*-Meditation. Dann versenkte ich mich in die

---

134 Wenn das mehr als drei Sekunden dauert, verdienst du, eines der Etiketten meines Großvaters in Bezug auf Begabung auf dich selbst anzuwenden.
135 Um das zu erkennen, nutze ich meine Intuition.

Scrollen-auf-Facebook-Meditation. Dann praktizierte ich eine *Hin-fahren-zur-Yogameditation*-Meditation, kurz darauf gefolgt von einer *Ich-gehe-nicht-zum-Yoga-weil-ich-immer-noch-wütend-bin-auf-meine-Freundin*-Meditation. Dann hatte ich eine *Riesenmenge-von-Soyaeis-essen-damit-ich-die-Wut-nicht-mehr-fühle*-Meditation. Dann die *Heimgehen-und-meiner-Freundin-die-kalte-Schulter-zeigen-damit-sie-weiß-wer-hier-die-Kontrolle-hat*-Meditation. Schließlich folgte dem eine *Nickerchen*-Meditation.

Den meditativen Flow in jeder Art von Aktivität zu finden ist nicht leicht. Es sind dafür zwei Schritte nötig. Erstens musst du dich dabei daran erinnern, das Wort Meditation an alles ranzuhängen, was du gerade tust. Zweitens darfst du nicht vergessen, dass du das Wort Meditation an alles rangehängt hast, was du gerade getan hast. Und natürlich der dritte dieser zwei Schritte: Sorge dafür, dass um dich herum noch andere sind mit funktionierenden Ohren, sodass sie das alles hören können.

ABSCHLUSSMEDITATION

Das *höhere Wissen* über Meditation ist dem einfachen Meditieren um Lichtjahre voraus, und – offenbar eine Synchronizität – das einfache Meditieren liegt gegenüber dem höheren Wissen über Meditation um Lichtjahre zurück. Solange du um dein neu gefundenes höheres Wissen bezüglich der Meditation weißt, ist deine Fähigkeit, meditativer zu sein als andere, unzweifelhaft ohne Parallelen. Wichtiger als Meditativität oder Parallelogramme ist jedoch, was Meditation für dich tun kann. Dich dem verpflichtet zu haben, dass du deine Meditation der Welt zeigst, dabei die Stimme hören zu lassen, die deine Verlautbarungen über Meditation verlautbart, und das Auswählen oder Erschaffen der für dich richtigen Meditation – all das bringt dich ins spirituelle Rampenlicht in der Mitte der Bühne, wo deine Meditativität deine Ultraspiritualität beleuchtet, sodass alle es sehen können.

UM HIER ZUM SCHLUSS ZU KOMMEN:

Du musst also, wann immer du kannst, deine Umgebung gnadenlos mit dem vollen Gewicht der Meditation attackieren. In dem Maße, wie deine Dominanz im Bereich der Meditation dein Niveau der Ultraspiritualität hebt, wirst du zu einem abgeklärt-heiteren Engel der Überlegenheit, der bereit ist, sich die zornigen Feuer des Nichtwertens nutzbar zu machen.

9

KRITISCH UNVOREIN-GENOMMEN

Die schlimmsten Menschen, die du kennst, sind die urteilenden Menschen, die du kennst. Und noch schlimmer als nur die schlimmsten Menschen zu sein, die du kennst, ist, dass sie die am wenigsten spirituellen Menschen sind, die du kennst. Du solltest wissen, dass du mit ihnen nichts mehr zu tun haben solltest, denn sie sind einfach nicht spirituell genug, um für dich gut genug zu sein, sie zu kennen. Ich weiß das, weil ich die am wenigsten urteilende Person bin, die du kennst. Du hast mich also korrekt als die am wenigsten urteilende Person beurteilt. Das ist eines meiner Geheimnisse, insofern ich die spirituellste Person bin, die ich kenne – oder die du kennst.

In dem Maße wie du den Scheiterhaufen deiner Urteilslosigkeit aufbaust, initiiert das in dir das Aufsteigen des Phönix. Deine Urteilslosigkeit verbrennt alles, was sie unvoreingenommen beurteilt, ein Urteil zu sein. Aus der Asche dieses Feuers wird ein stärkeres Du hervorgehen, ein spirituelleres Du, ein besseres Du – nun schmerzhaft gereinigt von den Unreinheiten des Urteilens. Einmal aufgestiegen, bist du fähig, das Wüten der Flamme deines Nichturteilens auf die noch im Urteilen gefangenen Menschen loszulassen. Warum? Weil du so die Urteile der anderen mit deiner Fähigkeit zum Nichturteilen begrüßen kannst und in einer kraftvollen und verlässlichen Weise deine spirituelle Überlegenheit behauptest.

Damit du weiterhin alles in dir verbrennen kannst, was nicht spirituell ist, und so weiterhin deine Ultraspiritualität zeigen kannst, bist du nun dabei, eine Weisheitslektion zu erlernen, bei der du deine Urteile vernichten und das höchste Nichturteilen ausüben kannst, das du aufzubringen vermagst.

WARUM URTEILEN DIE SPIRITUELL MINDERENTWICKELTEN?

Alle Urteile der urteilenden Menschen rühren daher, dass sie schreckliche Menschen sind. Nicht dass sie schlechte Menschen wären; es ist nur so, dass sie schrecklich sind. Dementsprechend ist es wichtig für dich zu glauben, dass es wichtig für dich ist zu verstehen, dass all die Urteile dieser Menschen daher rühren, dass sie unsicher sind. Was ist denn falsch daran, unsicher zu sein? Netter Versuch, das schönzureden! Ich habe kein Urteil darüber, warum Unsicherheit falsch sein sollte, aber ich kann sagen, dass daran nichts richtig ist, und ich kann erklären, was daran weniger als ideal ist.

Die Unsicherheiten[136] einer Person haben ihren Ursprung in ihren fundamentalen Schwächen und Fehlern – vielleicht sind sie nicht clever, sehen nicht gut aus oder sind nicht liebenswert. Wegen dieser Defizite läuft diese Person mit einem Gefühl von Instabilität herum und hat das Gefühl, nicht gut genug zu sein,[137] was dann dieses Gefühl von Unsicherheit erzeugt.

> **Erinnere die Menschen oft daran,**
> **dass du sie nicht beurteilst.**
> **Sie werden sich dann sicher nicht**
> **beurteilt fühlen.**
> ULTRASPIRITUELLES SPRICHWORT

Anstatt dass diese Person gegenüber ihrer Unsicherheit ihren Mann steht (mit Leugnung, Unterdrückung, Spiritualisierung, Gleichgültigkeit oder einem weiteren Tattoo), lässt sie sich von ihr kontrollieren, und der sie dominierende Dämon ihrer Unsicherheit veranlasst sie, andere zu beurteilen. Das Urteilen erlaubt ihr – und sei es nur für einen kurzen Moment –, das Gefühl zu haben, dass die andere Person ein schrecklicherer Mensch ist als sie selbst, und das erlaubt der urteilenden Person, einen momentanen

Alle Urteile der urteilenden Menschen rühren daher, dass sie schreckliche Menschen sind.

---

136 Ich spreche hier von einer »Person«, sodass eine bestimmte frühere Freundin von mir (Charlotte) nicht weiß, dass ich über sie spreche.

137 Was ungefähr das Einzige ist, womit sie Recht hat.

Geschmack von fast-könnte-ich-vielleicht-gut-genug-sein zu bekommen.

Es ist wichtig, gegenüber urteilenden Menschen verständnisvoll zu sein und nicht in die Falle zu geraten, sie deshalb zu verurteilen, weil sie urteilen. Dein spirituell bereichertes Verständnis sollte dich mit dem höheren Wissen beschenken, dass diese Menschen urteilen, weil sie tief innen fehlerhafte Wesen sind, mit erdrückenden Unsicherheiten. Dieses Verständnis wird dich auf günstige Weise daran erinnern, dass du keine Fehler und Unsicherheiten hast, was man daran sieht, wie frei von Urteilen du bist. Es wäre korrekt zu sagen, dass, je mehr Freiheit vom Urteilen du ausdrückst, umso mehr beweist du der Welt, dass du fehlerlos und frei von diesem skandalösen Schmutz bist, der die Sterblichen im Sumpf des Urteilens festhält. Es ist eine Tatsache, dass du keine Mühe gescheut hast, um mit dem hellen Licht deiner Freiheit vom Urteilen direkt in die zusammengekniffenen Augen der wenig Beleuchteten, noch Urteilenden und insofern Voreingenommenen zu strahlen – ein Ausdruck von liebender Güte, denn während sie noch im Sumpf der Dunkelheit ihres eigenen Selbst stecken, ist es für sie schwierig, etwas zu sehen.

Der andere Grund, der Menschen dazu bringt zu urteilen, ist, dass sie in der Falle ihres relativen Verstandes stecken. Relativ zum Verstand des Absoluten ist der relative Verstand ein besonders unentwickelter Aufenthaltsort. Wenn ein Mensch jedoch in der Relativität gefangen ist, beurteilt er alles absolut: gut, schlecht, heiß, kalt, monogam, Lügner & Betrüger, vegan, Übeltäter. Dich spirituellen Sucher überrascht das vielleicht, weil du meistens nur den Geschmack der Nullachtfuffzehn-Einheit schmeckst. Es ist jedoch so, dass spirituell minderwertige Menschen noch die relative Realität des Urteilens erfahren. Und weil sie in den Fallen ihres Verstandes gefangen bleiben, sollte dieses höhere Wissen dir bestätigen, dass dein nicht urteilendes Selbst absolut spiritueller ist als sie.

Wenn urteilende Menschen dir nun unbeabsichtigt den Vorrang im spirituellen Wettbewerb lassen, ist es da nicht gut, dass andere urteilen? Weil ich keine Urteile habe, kann ich sagen, dass es gut ist. Aber ich kann auch sagen, dass es viel besser ist, als wenn diese noch so sehr Urteilenden urteilsloser wären als du!

DIE INTENSITÄT DEINER UNVOREINGENOMMENHEIT VERSTÄRKEN

Um eine unvoreingenommene Person zu sein, musst du wissen, wie du dich aufgrund dessen, was du nicht bist, definieren kannst. Das kann ein bisschen verwirrend sein, weil du grundsätzlich nicht weißt, wer du bist. Du magst Wertungen nicht, deshalb definierst du dich aufgrund dieses Widerwillens. Andernfalls würdest du im Treibsand des Nichts versinken und verzweifelt ins Urteilen zurückfallen, nur um ein Gefühl von dir selbst zu bekommen. Aber ich erspare dir dieses Versinken und den Sand, indem ich dich daran erinnere, dich daran zu erinnern, dass das, was du bist, spirituell ist. Und was du nicht bist, das ist voreingenommen. Nun, da du ein neues Gefühl von dir selbst hast, teile ich dir die besten Methoden mit, wie du weniger von dem sein kannst, was du nicht bist.

Wie bei jedem vollständigen Ganzen müssen auch bei der Zusammenstellung des Ganzen deiner Spiritualität die unvoreingenommenen, nicht wertenden Teile deiner Individualität zusammenkommen. Im Folgenden wirst du die wesentlichen nicht wertenden Kräfte kennenlernen, die du brauchst, um unvoreingenommen zu lernen. Getrennt vom integralen Ganzen, sind diese nicht integrierten Teile auch schon an und für sich effektiv, aber wenn sie mit den anderen Teilen des vereinten Ganzen vereint sind, machen diese holifizierten Teile aus dir eine nicht mehr zu bremsende Kraft des Nichturteilens.

Die erste unvoreingenommene Kraft: Beobachte!
Öffne dein drittes Auge, um genau zu sehen, ob du den mächtigen, in bedeutsamer Weise unsichtbaren Unterschied zwischen den folgenden beiden Szenarien erkennen kannst:

PERSON: »Du bist unhöflich.«
SPIRITUELLE PERSON: »Du bist unhöflich.«

Wenn du den Unterschied noch nicht erkennen kannst, brauchst du wahrscheinlich einen Schuss Weizengras direkt in dein Herz.[138]

Aber da du vermutlich nirgendwo in deiner Nähe einen Lieferanten von Triticum aestivum cotyledons hast, erlaube mir, dir dieses Wissen zu spritzen: Die »Person« im ersten Szenario übergibt sich mit ihrem groben Urteil auf die Person, die sie da anspricht. (Es tut mir leid, dass du das bezeugen musstest.[139]) Die zweite Person hingegen – die spirituelle Person – stellt einfach nur etwas fest. Dieses spirituelle Wesen ist spirituell einfühlsam und schaut tief in das, was ist, deshalb kann sie das der unwissenden Person völlig selbstlos berichten. Während die Worte, die von ihr verwendet wurden, denen ähneln mögen, die von der voreingenommenen Person so kraftvoll von sich gegeben wurden, kommen die beiden identischen Sätze jedoch aus unterschiedlichen Welten – den Unterschied macht die urteilsfreie Beobachtung im zweiten Fall.

Ich beobachte nun, dass du fragst: »JP,[140] wie kann ich etwas beobachten?« Dies ist eine essenzielle Frage. Sind Urteile das Markenzeichen der spirituell Minderwertigen, so sind Beobachtungen das Markenzeichen der spirituell Überlegenen. Verstehe jedoch bitte, dass damit auch große Verantwortung einhergeht. Wenn du den kristallklaren Raum der Beobachtung dessen, was ist, betrittst – mit deinem kristallklaren Sinn für Wissen –, dann ist das, was du der im Dunst befindlichen Welt berichtest, nichts anderes als die absolute Wahrheit. Es kann für Sterbliche unerklärlich schwierig

---

138 Anmerkung an den Verleger: Ich empfehle, einen Arzt mit an Bord zu nehmen, um das abzusegnen und dafür die Haftung zu übernehmen.
139 Ich rate zu einer kurzen 63-Tage-Detox-Kur, um das wieder loszuwerden, was du da beobachtet hast.
140 Für dich ist das Seine Heiligkeit.

sein, mit der Reinheit der Wahrheit umzugehen, die du imstande bist, ihnen mitzuteilen. Ganz anders als die relativen Meinungen, die in einer extrem niedrigen Schwingung vibrieren, können Beobachtungen deine Vibration mit der hohen Frequenz der Verantwortung intensivieren – der Verantwortung für die Bestimmung dessen, was die Realität eines Menschen wirklich ist, basierend auf dem, was du beobachtest, dass du beobachtest.

Folglich ist es wesentlich, dass du dir selbst eingestehst, dass der Grund, warum du imstande bist zu beobachten, anstatt nur zu urteilen, der ist, dass du nicht wie ein Baby im Laufstall des relativen Verstandes herumtapst. Du bist fähig zu sehen, was absolut der Fall ist, mit einer Klarheit, die ohne Vorurteile oder Lebenserfahrung ist, die das formen könnte, was du siehst, dass du siehst. Deine spirituelle Erwachtheit hat die angestrengten Lider ihrer kurzsichtigen irdischen Augen geschlossen, womit du die spirituell unfehlbar präzise Schärfe eines Falkenauges erlangst.

Wenn du in dem spirituell gedüngten Boden des Beobachtens verwurzelt bist, kannst du dir sicher sein, dass das, was dir als wahr erscheint, auch für jeden anderen wahr ist. Wenn du klar siehst, ist es leicht zu sehen, dass du die Wahrheit klar siehst. Urteilende Opportunisten sind immer schnell dabei, sich selbst in irrtümlicher Weise davon zu überzeugen, dass sie deine gereinigte Wahrnehmungskraft besitzen. Sie bekommen einen vagen Sinn davon, was wahr zu sein *scheint*, und nehmen dann fälschlicherweise an, dass dies die Wahrheit *ist*, ohne zu wissen, wie sie sich in angemessener Weise mit der Wahrheit bescheiden können, dass das nur *ihre* Wahrheit ist. Wenn du beobachtest, dann *ist* das wahr, was dir als wahr erscheint. Wenn du hochspirituell bist, ist das die Wahrheit, denn an dem Ort, wo bedingungslose Akzeptanz ist, kann kein Urteil existieren, weil die bedingungslose Akzeptanz kein Urteil akzeptiert. Um das zu illustrieren, gebe ich dir die Gelegenheit, im folgenden Szenario diese Wahrheit zu beobachten:

> **PERSON:** »Du bist nicht sehr bewusst.«
>
> **SPIRITUELLE PERSON:** »Ich kann sehen, dass du nicht sehr bewusst bist.«

Die Beobachtung spricht sehr für die spirituelle Person! Hast du die allwissend bejahenden Worte *Ich kann sehen* im zweiten Szenario gesehen? Die sind dort sehr schön und akkurat platziert worden. Das spirituelle Wesen hat nicht die nutzlosen Worte *Ich denke* oder *meiner Meinung nach* verwendet, denn spirituelle Wesen denken nicht, und sie haben auch keine Meinung – sie sehen einfach, was wahr ist, dass nämlich die andere Person nicht sehr bewusst ist. Wie bewusst ist es doch von ihnen, den Mangel an Bewusstsein in der anderen Person zu sehen! Natürlich ist es offensichtlich, dass die Person im ersten Szenario aus Unsicherheit am Urteilen ist.

Es ist außerdem hilfreich, wenn nicht sogar entscheidend, die Leute wissen zu lassen, dass du Beobachtungen machst. Sie können nicht sehen, dass du klar sehen kannst, was der Fall ist; sie können nur das sehen, was nicht der Fall ist – das Relative. Ihre spirituelle Unfähigkeit wird dazu führen, dass sie deine Beobachtungen für Beurteilungen halten, aber das ist klar die verwirrte Projektion ihrer unklaren Selbste auf dich. Damit du nicht den Fehler machst, sie diesen Fehler machen zu lassen, schau dir das folgende Beispiel an:

Ein spiritueller Mensch wendet sich an einen Menschen: »Ich kann sehen, dass du sehr kontrollierend bist und versuchst, die Menschen um dich herum zu dominieren. Das ist kein Urteil, ich beobachte es nur.«

Die Beobachtung als solche zu deklarieren – und damit die Möglichkeit des Beurteilens aus der Welt zu schaffen, ohne dabei den Schatten eines Zweifels zu hinterlassen – bedeutet, dass du den anderen Menschen mit dem schattenlosen Wissen dessen, was du weißt, segnest, und nicht mit dem, was du bloß *denkst*, du wüsstest es. Dieses Geschenk durchtränkt ihre unspirituelle Seele mit deinem Segen, weil es impliziert, dass du wissen solltest, dass du weißt, dass sie wissen, dass du über sie Wissen besitzt, was sie wissen sollten.

Bevor ich fortfahre, rate ich dir, das Prinzip der Beobachtung in die Praxis umzusetzen, sodass deine Unvoreingenommenheit sofort beginnen kann zu expandieren. Denke an das, was du an der Person, die dir am wichtigsten ist, am meisten verachtest. Dann erinnere dich daran, dass es wahr ist, weil es dir als wahr erscheint. Ruf nun diese Person an und lasse den Hammer der Beobachtung der allmächtigen Wahrheit auf sie niedergehen.[141] Vergiss nicht, sie wissen zu lassen, dass es sich um eine Beobachtung handelt, nicht um ein Urteil. Auf diese Weise sollte es dir gelingen, das außer Kontrolle geratene Fahrzeug ihrer Wut wieder auf Kurs zu bringen, hin zu der Auffahrt, die zur überfließenden Wertschätzung führt.

Die zweite unvoreingenommene Kraft: Töte dein Ego
Dein Ego (oder dein *Selbst*) zu töten ist ein Akt reiner Liebe und Akzeptanz. Die effektive Ausrottung deines Egos kommt von deiner Fähigkeit zu sagen: »Ich habe kein Ego.« Was ist der Beweis, dass du kein Ego hast? Höre dir einfach eine Tonaufnahme von dir selbst an, in der du sagst, dass du kein Ego hast. Oder noch besser, spiele das anderen vor. So frei vom Ego zu sein, dass du damit prahlen kannst, keines zu haben, erhöht die Lichtgeschwindigkeit, mit der deine Spiritualität auf sympathische Weise den Leuten mit Licht und Liebe ins Gesicht schlägt.

Zusätzlich zur Erhöhung deines Selbstwertgefühls wird der selbstlose Akt, kein Gespür für ein Selbst zu haben, wesentlich sein für das Dirigieren deines wertfreien Orchesters. Das Ego ist die Quelle von allem Urteilen. Es macht die Menschen unspirituell ignorant genug, um an Trennung zu glauben; deshalb urteilen sie, dass sie von anderen getrennt sind, auch von ihrem Geist. Wenn

---

141 Oder simse ihr das zu, um so das Risiko zu minimieren, dass sie Unglauben verbalisiert in Bezug auf die Wahrheit, die du da aussprichst.

Für die Jagd aufs Ego ist immer Saison.

du dein Ego los bist, dann bist du auch die Quelle deines Urteilens los, was es dir erleichtert, zu dem Urteil zu gelangen, dass du ohne Urteil bist. Zu welcher Strafe würdest du dadurch verurteilt? Lebenslänglich spiritueller zu sein als die spirituell Minderwertigen, die ihr Ego zur Schau tragen – alle außer dir.

Zusätzlich zu der spirituell ausgefuchsten Strategie zu behaupten, dass du kein Ego hast, gibt es eine weitere effektive Methode der Hinrichtung deines Ego-Selbst, und die besteht darin, es zu verurteilen. »Was?«, fragst du. »Würde nicht die Verwendung eines Urteils beweisen, dass ich gar nicht egolos bin?« Zunächst mal, lass dir das egal sein. Sich zu kümmern ist eine der Methoden, wie das Ego dich kontrolliert. Zweitens kümmere dich nicht darum – diese paradoxe Performance ist eine der Methoden, wie du dein Ego kontrollieren kannst. Weil das Ego die Quelle von all deinem Urteilen ist, ist das therapeutische Urteil, das behauptet, *ein Ego zu haben ist schlecht* ein Urteil, das aus dem Ego entsteht, um sich selbst mit Bedacht zu verurteilen. Sobald du einmal dein Ego dazu gebracht hast, sich selbst als schlecht im Urteilen zu beurteilen, hast du eine leidenschaftliche Ego/Selbst-Implosion initiiert, die es nicht überleben wird. Ohne das Ego wird es dir besser gehen. Es hat dich nie geliebt – es hat dich nur die ganze Zeit benutzt.[142]

> Das Ego zu ermorden ist das Liebevollste,
> was du für deinen bedingungslos liebenden
> Geist tun kannst.
>
> ULTRASPIRITUELLES SPRICHWORT

Die dritte unvoreingenommene Kraft: Aggressives Mitgefühl

Nichts sagt so sehr: *Ich hasse Beurteilung,* wie Mitgefühl sagt, dass es Beurteilung hasst. Mit warmen, liebenden und großmütterlich sanften Armen akzeptiert Mitgefühl bedingungslos, und das be-

---

142 So wie Charlotte.

deutet, dass Beurteilung schlecht ist. Außerdem handelt Mitgefühl wie spirituelle Elektrizität, die durch den Kreislauf deines Geistes fließt. Denke an die spirituellsten Menschen, die du kennst: Thich Nhat Hanh, den Dalai Lama, Donald Trump und Mutter Teresa. Besonders Mutter Teresa. Sie ist eine spirituell bedeutsame Lady, obwohl sie eine Lady ist. Bekannt für ihre guten Taten und ihre aggressiv sich sorgende Haltung gegenüber anderen, hat Mutter T das Graffiti-Zeichen ihres Namens für die kommenden Jahrhunderte auf die Wand des spirituellen Ruhms gesprayt. Wie hat sie das gemacht? Durch Mitgefühl. Dafür hat sie sich den Arsch[143] aufgerissen. Wie verpackst du den Müll mit Gebrüll? Durchs Akzeptieren von Mitgefühl.

Ehe wir dir mit Mitgefühl Feuer unterm Hintern machen, solltest du etwas über die gefährliche Seite des Mitgefühls wissen. Weil die Klippe, von der du abstürzt, vermutlich die Klippe ist, die du nicht gesehen hast, lass mich für dich das positive Licht des Bewusstseins auf die negative Dunkelheit des Mitgefühls werfen, damit du nicht mit einem schlecht platzierten Schritt vor dem gefährlichen Abgrund des Mitgefühls dein Ableben provozierst.

Das Risiko, dem du dich an der glitschigen Kante von Empathie und Akzeptanz aussetzt, riskiert die Selbstgefälligkeit anderer. In jedem synonymen und austauschbaren Sinn des Wortes ist Mitgefühl synonym und kompatibel mit Selbstgefälligkeit. Andere so zu akzeptieren, wie sie sind, wirkt auf sie wie eine zartbesaitete Ermutigung, nichts anderes zu erstreben als die selbstgefällige Verweigerung, etwas Besseres zu werden, als sie sind. Auf diese Weise werden spirituelle Anfänger durch die inakzeptable Co-Abhängigkeit von Akzeptanz und Mitgefühl zu Komplizen einer solchen Verweigerung.

Das ist nicht durchweg schlecht. Im Kern geht es beim Mitgefühl gar nicht darum, Menschen zu helfen, sondern darum, sie zu

---

143 … im besten Sinn des Wortes.

akzeptieren. Und das Akzeptieren von Menschen ist bedeutend hilfreicher als das tatsächliche Helfen, was mich an meinen ersten Guru erinnert. In dem Jahr, da ich ihn kannte, zeugte er mit seinen engsten Schülerinnen auf makellose Weise mehrere Dutzend Kinder.[144] Was er durch seine charismatischen Lektionen lehrte, war, dass die Hilfe, die er den Müttern seiner Kinder durch Alimente geben könnte, sie nur verletzen würde, denn das wäre nicht besonders hilfreich. Stattdessen bot er ihnen ein fast jenseitiges Mitgefühl an. Seine Fähigkeit, die besondere Härte mitfühlend zu verstehen, der sich diese alleinerziehenden Mütter für Jahre aussetzten, war für sie weit mehr an Hilfe, als jede andere Unterstützung es je hätte sein können. Er war akzeptierend, nicht helfend. Das machte ihn zu einem Guru.

Ich habe mir diese kraftvolle Lehre kürzlich bei einer meiner Anhängerinnen zu Herzen genommen: »Hilf mir«, flehte sie. »Nein«, sagte ich. »Ich werde dir nicht helfen. Ich habe etwas Besseres – ich empfinde Mitgefühl und Akzeptanz für dich. Gern

> Höheres Mitgefühl bezieht sich auf die spirituell fortgeschrittene Fähigkeit, Menschen als die zu akzeptieren, als die du sie haben willst.

geschehen!« Diese Schülerin bat mich nie wieder um Hilfe, wahrscheinlich brauchte sie auch nie wieder welche.

Die vierte unvoreingenommene Kraft: Mitgefühl der höheren Ebene

Es ist Zeit, deinen Schutzhelm abzunehmen und den frischen Bergwind des Mitgefühls der höheren Ebene zu erfahren. Das ist nicht die locker-flockig-sanft-Leute-umarmende Art von Mitgefühl, die du bisher kennen und schätzen gelernt hast. 99 Prozent der spirituellen Menschen bleiben auf diesem niedrigen Niveau hängen, hauptsächlich wegen ihrer negativ begrenzenden Überzeugungen

---

144 Was zweifellos seine spirituelle Power und Heiligkeit kraftvoll bezeugt.

über das Selbst – die begrenzend sind, weil sie sich auf die unglaubliche Tatsache gründen, dass sie glauben, sie hätten ein Selbst. Wenn du dein Leben in eine etwas weniger schreckliche Form inkarniert hast und du genug davon hast, den gelben Ziegelsteinweg des Mitgefühls runterzuhüpfen, dann bist du wahrscheinlich ausreichend akklimatisiert, um die Intensität der höheren Weisheit aushalten zu können, die mit dem Mitgefühl der höheren Ebene einhergeht.

Im Gegensatz zum Akzeptieren der Menschen als die, die sie sind, bezieht sich das Mitgefühl der höheren Ebene auf die spirituell fortgeschrittene Fähigkeit, Menschen als die zu akzeptieren, als die du sie haben willst. Diese Fähigkeit als spirituell progressiv zu bezeichnen, ist ein Understatement – du müsstest eine neue Sprache erfinden, um ein Wort dafür zu finden, wie progressiv das ist.[145] Du wirst nun nicht länger aus den Fäden deiner die Co-Abhängigkeit unterstützenden Akzeptanz bequeme Deckchen der Selbstgefälligkeit häkeln; du wirfst diesen Trost ab und hilfst den Menschen, tatsächlich zu wachsen und spirituell zu expandieren. Indem du überlegst, wer du sie sein lassen und wie du sie haben willst, verhilfst du spiritueller Power zum Durchbruch, und das akzeptierst du dann bedingungslos. Definitionsgemäß heißt das, dass du sie ablehnst, so wie sie sind – was ein kleiner Preis ist für den viel größeren Gewinn, den du ihnen später geben wirst, während du dich selbst damit bezahlst, dass du höheres Mitgefühl ausstrahlst.

Wenn du so spirituell bist, wie du von anderen angesehen werden willst, dann bist du in einer viel besseren Position, um einzuschätzen, wer jemand anders werden sollte. Menschen, die nicht von dem inneren Ruf inspiriert wurden, große Schritte in der äußeren spirituellen Welt zu unternehmen, werden für sich immer nur mehr von demselben wählen. Es ist nicht einmal spirituell verantwortungsvoll, wenn man sie ihr eigener gesetzlicher Vormund sein lässt. Gesegnet mit deiner tiefen Einsicht, kannst du jedoch

---

145 Progressivo!

das Potenzial sehen, von dem du möchtest, dass andere Menschen es erreichen. Dein Job ist, sie mitfühlend für das zu akzeptieren, was aus ihnen werden könnte, wenn sie fähig sind, deine unrealistischen Erwartungen zu erfüllen.[146] Das Ausmaß deiner Unvoreingenommenheit wird maßlos zunehmen: Auf dieser Ebene akzeptierst du nicht, wer sie sind, wie könntest du auch nur beurteilen, wer sie sind? Du kannst sie nicht beurteilen, denn so, wie sie sind, sind sie dessen nicht einmal wert.

Achte auf den folgenden Bericht aus meinem Leben: Er bezeugt in fürsorglicher Weise die transformative Kraft des höheren Mitgefühls.

Ich war ungefähr acht Jahre alt, da kam ich eines Tages von der Schule nach Hause und war so verzweifelt, wie mein emotional schlichtes Kinderselbst es nur sein konnte. Weil mein Vater nicht zu Hause war, erlaubte ich mir zu weinen. Nach drei Stunden gab meine Mutter schließlich nach und fragte: »Was ist los, Jay Pee?«[147]

»Die anderen Kinder in der Schule nörgeln an mir herum und verspotten mich die ganze Zeit«, schniefte ich zwischen Schluchzern.

Meine Mama sah mich mit der Art von Blick an, den nur Mütter haben können. Sie antwortete sanft: »Sie mögen wahrscheinlich nicht, wer du bist.«

Die Größe ihrer momentanen Weisheit verwirrte mich. Ich blinzelte mit den Augen und neigte meinen Kopf in der hündischsten Mach-weiter-Geste, die ich aufbringen konnte.

---

146 Je unrealistischer, desto besser. Deine Erwartungen sollen nicht in der *Realität* begründet sein, die in der *Relativität* begründet ist, die im relativen Verstand begründet ist. *Unrealistische* Erwartungen entsprechen *unrelativen* Erwartungen.

147 Meine Mutter nutzte immer so viele Buchstaben wie möglich, denn sie war Scrabblesüchtig.

Sie machte weiter. »Wenn Menschen dich nicht mögen, ist es schwer für sie, dich als der zu akzeptieren, der du bist. Sie hätten es wahrscheinlich leichter, wenn du so wärst, wie sie dich haben wollen. Denn bräuchten sie dich nicht zu verspotten, und du würdest dich nicht so schlecht fühlen.«

Glühbirnen leuchteten in meinem kleinen Verstand auf. Ich schaute meiner Mutter tief in die Augen und fragte scheu: »Mama, magst du mich so, wie ich bin?«

Sie streichelte meinen Kopf, lächelte sanft und antwortete: »Mein liebes Kind ... ich würde dich lieber mögen, wenn du ein erfolgreicher spiritueller Meister wärst, weiser, als deine Jahre vermuten lassen, und umwerfend gut aussehen würdest, mit langem rotem Haar.«

Noch an jenem Tag veränderten ihre Worte mein Leben. Obwohl sie ihre Schwächen hatte,[148] war ihr Herz offenbar voll von höherem Mitgefühl. Ich lernte da nicht nur, dass ich mir die Liebe und Akzeptanz meiner Mutter schließlich verdienen konnte, wenn ich mich wesentlich ändern würde (zum Beispiel, indem ich mir fortwährend mein Haar färbte); ich lernte auch, wie ich das spirituelle Geschenk des höheren Mitgefühls an andere würde weitergeben können.

MITLEID MIT ANDEREN – DER DÜNGER VON UNVOREINGENOMMENEN

Mitleid mit anderen zu haben ist nicht dasselbe, wie sie zu beurteilen, denn es bedeutet, sie zu bemitleiden. Bemerke, dass *Bemitleiden* und *Beurteilen* zwei verschiedene Worte sind. Die bewusste Vision zu haben, durch das Bemitleiden die Unzulänglichkeiten

---

148 Siehe meine früheren Hinweise auf ihre Süchte und ihre schlechte Auswahl von Lieblingsbands.

anderer Menschen sehen zu können, ja, davon besessen zu sein, ist ein zweifacher Dienst. Zum einen mögen die Menschen es, wenn man sie bemitleidet. Tatsächlich gibt es wahrscheinlich eine definitive Chance, dass sie als Kinder gelernt haben, wie sie andere dazu bringen konnten, Mitleid für sie zu empfinden, sodass sie sich geliebt fühlen konnten. Menschen zu bemitleiden heißt, sie in der Weise zu lieben, wie sie gelernt haben, dass sie geliebt zu werden verdienen. Andere zu lieben ist bei weitem das Liebevollste, was du für sie tun kannst. Und es ist altruistisch spirituell von dir, das Liebevollste zu tun.

Zweitens ist es so, dass du, um andere bemitleiden zu können, dich über sie erheben musst. Der Name dieses Spiels lautet nicht, Menschen runterzuziehen, sondern: »Auf-Menschen-Druck-ausüben-die-schon-runtergezogen-sind«. Wenn du in Kontakt kommst mit Menschen, die Probleme haben, musst du die vom Herzen gefühlte Entscheidung treffen, dich zu bessern, indem du dich entscheidest, besser zu sein, als sie es sind, ehe sie dir leidtun können. So bist du inspiriert, seelisch zu wachsen, indem du bereit bist, andere zu lieben, indem du sie bemitleidest. Wenn dir jemand leidtut, dann beanspruchst du standfest den neutralen Boden der Unvoreingenommenheit für dich selbst, sodass du über ihnen stehen kannst. Wenn dir jemand leidtut und dabei die Versuchung aufkommt, diese Person wegen ihrer Mängel zu verurteilen, erinnere dich daran, dass sie nicht einmal stark genug ist, um mit einer solchen Verurteilung umgehen zu können.

Hier ist eine kurze ultraspirituelle Checkliste, um dir zu helfen, den spirituellen Raum zu halten, der nötig ist, um jemanden zu bemitleiden:

Beginne Sätze mit: »Schade, dass du …«

Wenn du nach etwas suchst, warum jemand dir leidtun könnte, finde einfach etwas, das du besser kannst als sie. Der Abstand zwischen deiner und ihrer Fähigkeit erschafft den heiligen Raum, um Mitleid zu haben.

Bemitleide den anderen jeweils nicht länger als fünfzehn Minuten. Er könnte genug negative Energie haben, um dich mit ins Grab zu ziehen, wahrscheinlich ist sie ein Energievampir.

Wenn jemand versucht, mit dir Mitleid zu haben, wende unverzüglich Mitleid-Judo an: Fühle Mitleid für ihn,[149] dass er mit dir Mitleid empfindet.

Lass ihn wissen, dass es besser werden wird.

Erinnere ihn daran, dass das, was da geschieht, einen höheren Sinn hat.

Informiere ihn, dass sein Trauma Teil seines heiligen Vertrags ist.

Oder frei nach den Worten des spirituellen Weisen Herrn T.:[150] Bemitleide den Narren. Diese zeitlosen Worte sind hochentzündlicher Zunder für das liebende Feuer deiner Unvoreingenommenheit.

WENN DU BEURTEILT WIRST

Urteilende Menschen werden urteilen, so wie Wasser immer nass sein wird und Feinde immer feindlich sein werden. Wie kannst du dich schützen, wenn jemand dich verurteilt? Anders als deine unheimlichen und einsichtsvollen Beobachtungen der Mängel ande-

---

149 An dieser Stelle habe ich »ihn« geschrieben, um in Bezug auf die Genderbewegung politisch korrekt zu sein, denn Frauen würden zu leicht in psychotische Wut ausbrechen, wenn ich nicht einige der zu bemitleidenden Beispiele auf ein »er« richten würde.

150 Du glaubst nicht, dass Herr T. spirituell ist? Gratuliere zu deinem Rassismus.

rer sind urteilende Menschen unfähig, irgendetwas Wahres oder Nützliches an dir zu sehen. Ihre Vision ist nicht stark genug, und ihr Verstand ist nicht still genug, um etwas zu beobachten. Ihre Urteile haben mit dir nichts, mit ihnen selbst aber alles zu tun. Sie projizieren ihr Urteil über sich selbst auf dich. Du bist einfach ein klarer Spiegel, der spirituell genug ist, den Urteilenden die Lektionen widerzuspiegeln, die sie über sich selbst lernen müssen.

> **Dich selbst als urteilslos zu beurteilen gibt dir die ultimative Freiheit von Beurteilungen.**
>
> ULTRASPIRITUELLES SPRICHWORT

Wenn aufgrund ihrer Urteile voreingenommene Menschen nicht mögen, was sie im Spiegel sehen, verurteilen sie dafür im typischen Fall den Spiegel. Du bist der Spiegel. Je weniger du urteilst, umso mehr Stille bringst du auf deine reflektierende Oberfläche. Und je mehr Stille deine reflektierende Oberfläche hat, umso reflektierender ist sie. Es ist deshalb richtig, hieraus zu schließen, dass andere, wenn sie dich beurteilen, damit deine spirituelle Stille unterstützen.

Die Ausnahme von dieser Regel ist, wenn sie dir Komplimente machen, denn manchmal hören urteilende Menschen lange genug damit auf, dich negativ zu beurteilen, um damit anzufangen, dich positiv zu beurteilen. Diese Gelegenheiten entstehen normalerweise dann, wenn das Licht deiner Liebe stark genug ist, um durch den dunklen Wald ihrer relativen, egoistischen Wahrnehmungen hindurchzuscheinen, sodass sie einen Blick auf dein wahres Selbst werfen können. Dieser Stapel wahrheitsgetreuer Blätter darf gerne hereinwehen, denn mit ihrer schmeichelhaften Beurteilung haben sie dich in Wirklichkeit korrekt beobachtet, anstatt dass sie einfach einen Blick in den Spiegel geworfen hätten. Man kann sicher annehmen, dass diese Annahme wahr ist, denn eine urteilende Person kann schon mal nichts Gutes an sich selbst erkennen. Deshalb schauen sie zweifellos *auf* den Spiegel, nicht in ihn hinein.

KRITISCHE SCHLUSSBEMERKUNG

Die besten Menschen, die ich kenne, sind die nicht urteilenden Menschen, die ich kenne. Nicht nur hat ihre Unvoreingenommenheit das morsche Holz ihrer Urteile verbrannt, sie bezeugt auch ihre Verbindung mit dem großen universellen Geist, der imstande ist zu urteilen. Dein Ego loszuwerden, die Quelle all deiner Urteile, ist ein großer Schritt hin zur spirituellen Bedeutung des Einsseins. Das reguläre Mitgefühl verantwortlich zu handhaben und das höhere Mitgefühl unverantwortlich zu handhaben sind ebenfalls wichtige Schritte, die gegangen werden müssen. Die Kunst zu meistern, wie man andere bemitleidet, kann als leicht erscheinen, denn das ist sie. Was nicht leicht ist, das ist das kontinuierliche Erfassen der Weisheit, dass du vermeiden musst, die negativen Urteile minderwertiger Menschen über dich persönlich zu nehmen, während du die positiven Urteile sehr persönlich nehmen sollst. Deine Anstrengungen werden sich aber als lohnend erweisen in dem Maße, wie dein Geist die Belohnung eines kühlen Drinks aus dem Brunnen des Ultra nimmt und der von den Geistern der Urteilslosigkeit ausgelöste Rausch das Niveau deines spirituellen Charismas anhebt.

Ist das Einssein mit *alledem* wirklich so einfach wie die Beurteilung deiner selbst als urteilslos? Beurteile das selbst.

Und wenn ich hier vom Urteilen und Richten spreche – es gibt da einen ziemlich rachedurstigen Charakter irgendwo im Himmel, der dir entweder dauerhaft dein aktuelles Leben zur lebendigen Hölle machen will – oder dein Leben danach zur lebenden Hölle. Weil du es aber nicht nötig hast, dich endlos mit der quälenden Hand dieses urteilenden alten Mannes zu quälen, dem ein Nein als Antwort nicht genug ist, lies weiter und lass mich dich befreien.

Der Sinn dieser Seite ist,
dieses Buch dicker zu machen
und insofern für dich
wertvoller. Gern geschehen!

Religiöse Kleidung lässt
dich immer fünfzehn
Pfund schwerer aussehen.

10

WELTLICH
RELIGIÖS

Ich werde das Sprechen über die spirituelle Erleuchtung nun für einen Moment unterbrechen, denn ich möchte dir von einem meiner Freunde erzählen. Und weil ich das will, werde ich das nun tun. Lasst uns ihn Tott nennen. Tott ist ein interessanter Typ; er war schon immer ein mysteriöser Einzelgänger. Er ängstigt sich so sehr in Gesellschaft, dass er von niemandem gesehen werden will, außer bei sehr seltenen Gelegenheiten. Während seine Rückzugstendenzen genug sind, um aus ihm einen Exzentriker zu machen (und das machen sie), sind sie leider nur die Spitze des Eisbergs dieser geplagten Existenz.

Tott ist dreist genug zu wollen, dass die Leute ihn fürchten. Er mag es, wenn er jeden, der ihm zuhört, einschüchtern und bedrohen kann, besonders diejenigen, die ihn nicht hören wollen. Wenn jemand sich weigerte, sich von ihm einschüchtern zu lassen, hat Tott auch schon mal damit gedroht, denjenigen zu quälen. Wir können nur mutmaßen, was er wohl in seiner Kindheit erlebt hat, das in ihm eine so tiefe Neigung hinterlassen hat, andere erschrecken zu wollen.

Er ist außerdem sehr eifersüchtig. Zu sagen, dass Tott ein monogamer Typ wäre, ist eine Untertreibung – er verlangt Monogamie von jedem! Wenn eine Bekannte von ihm auch nur jemand anders anschaut, fährt er schon aus der sprichwörtlichen Haut und explodiert in irrationaler Eifersucht, sodass man mit Sicherheit sagen kann, dass Totts sprunghafte Instabilität ihn unberechenbar macht. Diese Qualität[151] von Tott erinnert mich an eine Freundin, mit der ich als Teenager zusammen war. Es wäre eine Beschönigung, die sie nicht verdient, wenn ich sage, dass sie emotional unreif gewesen wäre. Wann immer ich auch nur in Richtung eines anderen Mädchens schaute, explodierte sie tollwütig vor Eifersucht, und der Tag war für mich gelaufen. Ihr Verhalten wurde so krass, dass, sobald ich sie nicht mehr direkt anschaute, obwohl ich nicht direkt (oder

---

151 … eine schlechte Qualität, das kann man wohl sagen …

indirekt) jemand anders anschaute, sie sich so verhielt wie Kathy Bates in dem Film *Misery*. Aber ich komm vom Thema ab.

In ähnlicher Weise dominiert Totts Wutproblematik seine Persönlichkeit. Im Bruchteil einer Sekunde kann seine Eifersucht zu einem Wutanfall werden, in dem er gefährlich destruktiv wird. Die Leute fürchten sich vor dieser Eigenschaft von Tott, aber sie fürchten sich noch mehr, mit ihm darüber zu sprechen, denn das würde ihn in Rage bringen – und das würde es in der Tat. Jeder hat über Tott Geschichten gehört, wie er Eigentum zerstörte oder sogar während seiner unkontrollierten Wutanfälle andere verletzte. Dennoch handelt jeder, als wüsste er das nicht, um auf diese Weise einen Deckel auf dem Vulkan zu halten. So unkontrollierbar wie das scheint, ist Tott doch auch die kontrollierendste Person, die ich kenne. Er verlangt, dass alle so leben, wie er es will, andernfalls Gnade uns. Er heißt die Freiheit der Menschen sich auszudrücken ungefähr so willkommen wie Stalin, wenn er einen schlechten Tag hatte wegen eines Wedgies.[152]

Vielleicht kommt es von seiner kontrollierenden Art, dass Tott unglaublich stark urteilend ist. Sein ständiges Bewerten und Beurteilen gehört zu den harschesten Teilen seiner ätzenden Persönlichkeit. Nichts ist je gut genug für ihn. Er ist wie ein Vater, der durch dich die Träume verwirklichen will, die er sich selbst versagt hat. An den kleinsten Kleinigkeiten deines Verhaltens nörgelt er herum.

> **Er heißt die Freiheit der Menschen sich ausdrücken ungefähr so willkommen, wie Stalin, wenn er einen schlechten Tag hatte.**

Noch dazu haut er dir seine beschämende Kritik mitten auf dem Fußballplatz vor den Augen all deiner Freunde gewaltsam um die Ohren mit dem Zusatz, dass dir das guttun würde. Vielen Dank, Papa!

---

152 Ein »Wedgie« oder Hosenzieher ist die slawische Form einer Therapie, die das erste Chakra stimuliert.

Aber es gibt da auch noch einen faszinierenden und mysteriösen Teil von Tott: So abstoßend er auch ist, er will von allen angebetet werden. Es ist eine Ironie der Geschichte, dass solch ein zurückgezogener Einzelgänger von allen angebetet werden will. Und wenn du ihn fragst, warum er angebetet werden soll, sagt er: »Weil du dich dann gut und stark fühlen wirst.« Und wenn du antwortest: »Das ergibt doch keinen Sinn, Tott. Es klingt, als würdest *du* dich gut und stark fühlen, wenn ich dich anbete, Tott. Was ist der wahre Grund, warum ich dich anbeten sollte?« Und Tott antwortet: »Weil du meine Rache fürchten wirst, wenn du es nicht tust.«

Der schlimmste Teil von Totts wütender Persönlichkeit ist jedoch seine Tendenz zur Gewalttätigkeit. Er äußert nicht nur Drohungen, wenn etwas nicht so läuft, wie er es will – er handelt tatsächlich schrecklich gewalttätig gegenüber anderen. Seine Lieblingsstrafe ist das Verbrennen – ja, das hast du ganz richtig so gelesen. Man muss schon eine problematische Persönlichkeit sein, um jemand anders verletzen zu wollen; um anderen aber so schlimme, unsägliche Qualen zufügen zu können, braucht es eine schwer gestörte, verwirrte Persönlichkeit, die nicht mehr zu reparieren ist. Warum gebietet ihm eigentlich niemand Einhalt? Oder führt ihn einem Richter vor? Wahrscheinlich hat er wie ein Mafiaboss in der einen Tasche die Polizei stecken, in der anderen die korrupten Richter; er scheint das ganze Rechtswesen zu kontrollieren, und jeder Akt von Verrat – tatsächlich oder eingebildet – wird seine entsetzliche Feindschaft zur Folge haben. Um die Sache noch psychologisch traumatisierender zu machen, sagt Tott auch noch nach jeder solchen Verletzung, dass er das gemacht hat, weil die Person es verdient und er sie liebt.

Klar, dass wir es hier mit einer fundamental gestörten Persönlichkeit zu tun haben. Wer auch immer wenigstens ein bescheidenes Minimum an Frieden, Sicherheit oder Glück in seinem Leben haben will, sollte jeglichen Kontakt mit Tott meiden. Dennoch habe ich Mitgefühl mit Tott. Ich sorge mich um ihn. Ich bin sogar so besorgt, dass ich besorgt genug bin, dir zu sagen, dass ich ein mich um ihn sorgendes Herz habe. Und das bedeutet, dass ich mir die Mühe mache, dich wissen zu lassen, dass ich mir um Tott Sorgen mache, und das trotz seiner extremen sozialen Angst, seiner miteinander in Konflikt stehenden Wünsche, dass andere ihn sowohl fürchten als auch verehren sollen, beides. Trotz seiner unkontrollierten Eifersucht und seiner ungelösten Wutproblematik, seiner fundamental kontrollierenden Art und seiner unsäglichen Gewaltakte, trotz alledem kann ich sehen, dass Tott Hilfe braucht. Und da meine größte Schwäche[153] darin besteht, dass ich mich zu sehr sorge, habe ich versucht, Tott zu helfen. Einmal habe ich es versucht. Lass mich erzählen, wie ich das gemacht habe.

Tott verdammte Hilfe geben

Weil ich weiß, dass Tott sich verraten fühlen würde, wenn er wüsste, dass ich versuche, ihm zu helfen, und dass er diesen Dienst mit einer liebevoll angebotenen Tortur von albtraumhafter Intensität erwidern würde, wusste ich, dass es das Beste wäre, im Stillen und allein zu handeln. Aber wie würde ich Tott helfen können, ohne dass er es mitbekommt? Ich wusste nicht wie. Alles, was ich wusste, war, dass ich um Totts willen etwas versuchen wollte.

Mein sich sorgendes Herz führte mich dazu, mich mit Dr. Versucht zu beraten, einem Spezialisten für mentale Gesundheit. Ich habe überall im ganzen Land[154] nach dem klügsten, erfahrensten und teuersten Spezialisten gesucht. Wenn überhaupt irgendjemand würde Tott helfen können, der so sehr Hilfe brauchte, dann wäre das Dr. Versucht, sagten mir alle. Während unserer ersten Sitzung, in der ich ihm alles mitteilte, was ich euch gerade gesagt habe, konnte Dr. Versucht seinen therapeutischen Exper-

---

153 Ich versuche gerade, mit dir in Kontakt zu gehen.
154 Soweit ich es mit meiner Suchmaschine binnen zehn Minuten erreichen konnte.

tenohren kaum glauben. In all den Jahren seiner Arbeit mit geistig Behinderten hatte er noch nie von einem so gestörten und zudem gefährlichen Menschen gehört. Und als der Ehrenmensch, der er ist, gab Dr. Versucht zu, dass er da nicht würde helfen können. »Ich gebe zu, dass das jenseits meiner Fähigkeiten liegt«, gestand er mir ein. »Das ist mehr, als irgendein Arzt bewältigen kann. Kommen Sie morgen noch mal, ich werde ein Team zusammenstellen, um bei der Diagnose zu helfen und an dem Fall zu arbeiten.«

Voller Hoffnung kam ich am nächsten Tag wieder in Dr. Versuchts Praxis. Seine Sekretärin führte mich in einen großen Versammlungsraum mit einem Ehrwürdigkeit ausstrahlenden langen Tisch und dazu passenden Stühlen. Es war offensichtlich, dass hier enorm wichtige Dinge geschahen. An jenem folgenschweren Tag brauchte ich nicht lange auf Dr. Versucht zu warten – nach einer kurzen Stunde und siebzehn Minuten kamen der Arzt und sein zwölfköpfiges Team herein. Mit ihnen wehte der Geruch der Gelehrtheit herein, daran erkannte ich, dass es alle hochrangige Ärzte waren.

Als Dr. Versucht und sein Team mir zu dreizehnt gegenübersaßen, lehnte sich Dr. Versucht vor und sagte mit seiner Doktorstimme feierlich: »Ich habe Ihren Bericht an meine Kollegen weitergegeben, so wie Sie es mir gestern berichtet haben. Wir haben stundenlang an dem Fall gearbeitet, haben uns Notizen gemacht, haben Salbe angewandt und alle Arten von Doktortätigkeiten, hier ist unsere finale Analyse: Tott leidet an multiplen Konditionen. Ich will Ihnen nun jede davon der Reihe nach erklären.« Er räusperte sich. Dann machte er eine Pause, um nach einer Lutschpastille zu greifen, aber auch der Dramatik wegen, vermute ich.

»Diagnose eins – Tott hat eine Angstphobie. Das verursacht seine soziale Angst hinter dem Wunsch, von anderen nicht gesehen zu werden. Angstphobie ist an sich schon eine unglaublich herausfordernde Bedingung, mit der zu leben sehr schwer ist, aber wir kratzen hier erst an der Oberfläche.«

»Diagnose zwei«, fuhr er fort, »…Tott ist ein großer Drangsalierer. Der wissenschaftliche Name dafür ist: destabilisierend oppositionelle Organisations-Feranlagung (DOOF).«

»Drittens leidet Tott an pathetischer Persönlichkeitsstörung (PPS). Sein extrem niedriges Selbstwertgefühl hat nicht mehr zu beherrschende Eifersuchtsausbrüche zur Folge. Seine Eifersucht stößt Menschen ab, und das Weggehen dieser Menschen bestätigt weiterhin sein niedriges Selbstwertgefühl und senkt es ab.« Dr. Versucht machte eine weitere Pause und schaute auf seine Notizen.

»Diagnose vier – Tott leidet an einer bipolaren Störung, die extreme Stimmungsschwankungen verursacht. Vermutlich lebt Tott in nicht nachlassender Angst vor einer imaginierten Gefahr, und seine aggressive Wut ist die Art, wie er versucht, sich vor der imaginierten Gefahr zu schützen.«

Der gute Doktor fuhr fort: »Fünftens – paranoide Persönlichkeitsstörung. Tott misstraut grundsätzlich allen Menschen. Weil ihm der grundlegende Mut und die emotionale Fähigkeit fehlen, Menschen vom Herzen her zu vertrauen, versucht er, sie zu kontrollieren, um so mit seinen paranoiden Gedanken umgehen zu können.«

Die anderen Doktoren raunten einander zu und nickten mit den Köpfen in murmelnder Zustimmung. Es folgte eine längere Pause, sodass ich dachte, sie hätten ihre Analyse beendet. Gerade wollte ich fragen, was die beste Behandlung für diese Fülle an Symptomen sei, als Dr. Versucht das Schweigen brach.

»Diagnose sechs – die kritischen Beurteilungen, die Tott regelmäßig anderen zukommen lässt, sind die Folge seiner Borderline-Persönlichkeitsstörung. Tott fühlt sich innerlich völlig leer in Verbindung mit seiner nicht nachlassenden Angst, verlassen zu werden. Seine Urteile sind ein Versuch, Menschen dazu zu bringen, dass sie versuchen, ihm kontinuierlich zu gefallen, sodass er sich nicht verlassen fühlt.«

Dr. Versucht sah besorgter aus denn je und sagte: »Wir kamen zu dem Schluss, dass Totts Bedürfnis, verehrt zu werden, zwei Ursachen hat. Die eine ist, dass er unter einer narzisstischen Persönlichkeitsstörung leidet. Sein narzisstisches Bedürfnis, kontinuierlich gelobt zu werden und versichert zu bekommen, dass er etwas Besonderes ist, rührt aus einem tiefen Selbsthass. Zwei …«

»Warten Sie«, unterbrach ich ihn. »Bei welcher Diagnose sind wir jetzt?«

Es folgte ein kurzes Intermezzo von Meinungsverschiedenheiten unter den Ärzten. Einige sagten, es seien sieben Symptomkomplexe, andere sprachen von neun. Vier der Kollegen waren eingeschlafen. Schließlich fuhr Dr. Versucht fort.

»Zwei oder zehn oder wie viele auch immer – Tott ist schwer co-abhängig; kein Ausmaß an Zustimmung und Lob kann seine Verstrickung in Co-Abhängigkeit und Narzissmus befriedigen. Wir machen nun chronologisch weiter ohne Nummerierung. Als wir untersuchten, was in Totts Psyche ihn veranlasst, andere auf so abscheuliche Weise zu quälen, kamen wir zu dem Schluss, dass er einen starken Hass auf alle Menschen hat. Verbunden mit dem Fehlen von Reue nach dem Zufügen von Schmerz diagnostizieren wir Tott als Psychopathen.«

Diesmal ohne Pause fuhr Dr. Versucht fort: »Der Grund, warum Tott Menschen verletzt, während er zugleich denkt, er würde sie lieben, liegt an seiner Schizophrenie. Seine miteinander in Konflikt stehenden Persönlichkeiten erklären auch, warum er ständig Aufmerksamkeit und Lob sucht, während er zugleich versucht, von diesen Menschen nie gesehen zu werden. Dies« – Dr. Versucht gestikulierte nun stolz mit seiner Liste von Diagnosen – »schließt diese erschöpfende Aufstellung schwerer psychologischer Störungen ab, unter denen Tott leidet.«

Ich wusste nicht einmal, dass all diese Störungen überhaupt

existierten, umso weniger, dass sie in einer einzigen zerstörten Psyche vorkommen konnten. Teils fühlte ich mich erleichtert, denn nun hatte ich konkrete Gründe, warum Tott so ist, und die waren wissenschaftlich bewiesen, ohne irgendwelche sozialen, kulturellen oder zeittypischen Vorurteile. Ich hatte nun jedoch erneut Sorge, dass Tott jenseits irgendeiner Hilfe komplett gebrochen war. Ich habe selbst einiges in meinem Leben gebrochen – die Höchstgeschwindigkeit, Beziehungen, ethnische Rotschopfbarrieren und die Antiquitätensammlung meiner Großmutter. Am Beispiel der teuren antiken Vasen meiner Großmutter lernte ich, dass sie repariert werden können, wenn es nur ein Riss ist, da ist das Problem minimal. Wenn die Vase jedoch in Dutzende von Stücken zersprungen ist, weil jemand (meine Schwester) sie in der Küche hat fallen lassen, als sie mit unserem Spaniel Basketball spielte, dann ist sie nicht mehr zu reparieren. Ich fürchtete, dass das bei Tott der Fall sei.[155] Ich ging innerlich noch einmal alles durch, was Dr. Versucht gesagt hatte, wobei sich mein Körper verkrampfte. Für eine Zeit, die mir wie eine Stunde erschien, war ich still; in Wirklichkeit waren es wahrscheinlich nur etwas zwischen zwei und siebzehn Sekunden.[156] Noch besorgter als zuvor faltete ich meine Hände in einer flehenden Geste und fragte: »Was kann für Tott getan werden?«

Mit einem Seufzer antwortete Dr. Versucht: »Unser normales Vorgehen mit einem Patienten, der solch schwere psychologische Probleme hat, ist, sofort mit einer Kombination aus Therapie und Medikation zu beginnen. Bei Totts Grad an mentaler Störung wird er sicherlich nicht auf eine Therapie reagieren, und es gibt keine Medikation, die fortschrittlich genug wäre, um das auszugleichen, was ein katastrophales Ungleichgewicht in seinem biochemischen Profil sein muss. Lassen Sie es mich so ausdrücken:

---

[155] Das ist nur eine Redeweise. In Wirklichkeit fürchtete ich mich nicht.
[156] Ich kann mir da nicht sicher sein. Ich hab die Dauer dieses zeitlosen Zustandes nicht gemessen.

Tott hat eine zerbrochene Seele. Es wäre in Totts eigenem und bestem Interesse – und dem von allen anderen um ihn herum –, ihn mit einem übergroßen Schmetterlingsnetz einzufangen, ihn dann in eine Zwangsjacke zu stecken und ihn in unserer Institution der höchsten Sicherheitsstufe unterzubringen. Er wird nie stabil genug sein, die Institution zu verlassen. Bei anhaltender Behandlung könnte er jedoch ein gewisses Maß an minimaler Lebensqualität erlangen, während die Gemeinschaft als Ganzes davon profitieren würde, dass er in einer Klapse eingesperrt ist.«

Die anderen Ärzte applaudierten, während Dr. Versucht eine kleine und dennoch unbescheidene Verbeugung machte. Obwohl es für mich schwer war, das anzunehmen, wusste ich tief in meinem Herzen, dass der gute Doktor und sein Team Recht hatten. Ich stand auf und hielt, so gut ich konnte, mit dem guten Doktor Augenkontakt,[157] dankte ihm und seinem Team für ihre Zeit und Expertise und ging.

Das war vor einigen Jahren. Trotz der verschriebenen Behandlung mit Institutionalisierung, Zwangsjacke, Medikamenten-Pudding und gepolsterten Wänden läuft Tott bis heute frei herum. Erschreckend? Ja. Aber da ist noch etwas, das du wissen solltest: Tott ist nicht mein Freund.

Er ist eher der Freund eines Freundes – der Freund eines religiösen Freundes. Und dieser Freund meines religiösen Freundes heißt nicht wirklich Tott. Er heißt Gott, was sich auf Tott reimt. Zieh dir das rein. Nicht den Teil mit dem Reim, sondern das mit dem Gott-Sein.

Auch mein religiöser Freund – der auf diesen Gott mit glasigem, verwirrtem Blick voller Hoffnung und Furcht schaut – ist nicht wirklich mein Freund, denn er ist religiös. Er ist religiös, weil er nicht spirituell ist, und er ist nicht mein Freund, weil er nicht

---

157 Ich mag es, Ärzte spirituell einzuschüchtern, weil sie sich nicht an der Natur orientieren. Das erteilt ihnen eine Lektion.

spirituell ist. Jetzt solltest du sicherstellen, dass er auch nicht dein Freund ist, und noch wichtiger, du solltest sicherstellen, dass du nicht er bist. Nichts wird den Lebensrettungsschalter deiner Ultraspiritualität schneller auf »Aus« umlegen als der Pennergestank, der von den ungewaschenen Achselhöhlen eines Menschen ausgeht, der religiös ist.

RELIGIÖSE HÖLLE

Als strebsamer Ultraspiritueller bist du nicht religiös. Du bist besser als das: Du bist spirituell. Eine der spirituellsten Sachen, die du tun kannst, ist, nicht religiös zu sein. Religion ist der am wenigsten spirituelle Stuhl, auf dem man sitzen kann, und ich sage das ohne irgendein Vorurteil gegenüber der Vielfalt an Stühlen und Religionen in der Welt. Die verschiedenen Religionen sagen auf verschiedene Weise alle dasselbe, sie sind also alle dasselbe, und das macht sie in derselben Weise unspirituell. Ich glaube, es war der Papst, der gesagt hat, dass Religion die Kloake des Bewusstseins ist. Warum sollte der Papst so was sagen? Wahrscheinlich, weil Religiös-Sein bedeutet, dein spirituelles Potenzial im Klo runterzuspülen. Das sind jetzt keine Beurteilungen, nur Beobachtungen.

> **Eine der spirituellsten Sachen, die du tun kannst, ist, nicht religiös zu sein.**

Obwohl ich glaube, dass ich die Anziehungskraft verstehe (nein, nicht wirklich), die ein abartiger Weihnachtsmann, der unter einem Pseudonym arbeitet, auf so viele Menschen ausübt, bin ich nicht hier, um den heiligen Nikolaus zu loben – ich bin hier, um ihn ein für alle Mal unter dem Leichenhaufen eines mangelhaften spirituellen Glaubens zu begraben. Lasst uns dementsprechend einen Blick auf einige der unzähligen Nachteile werfen, die es hat, religiös zu sein.

Ich liebe dich!

Die spirituell genozidale Eigenschaft von Religion Nummer eins: Dogma

Wie Amerika, so kann auch die Größe der Spiritualität in Freiheitseinheiten gemessen werden. Religion hackt dir deine patriotischen Adlerflügel mitten im Flug ab und lässt dich auf die kalte, harte Erde abstürzen. Religiöse Menschen werden sicherlich darauf hinweisen, dass sie immer offenen Herzens an die unerschütterliche Wahrheit ihres Glaubens geglaubt haben; schon in früher Kindheit, als sie dazu gezwungen wurden, andernfalls – so hat man ihnen gesagt – würden sie für immer in einem See von Feuer brennen. Religiöse Menschen werden sexuell erregt[158] bei dem Gedanken daran, ein Dogma gedankenlos anzunehmen, egal, ob sie das nun tatsächlich glauben oder nicht. Darin zeigt sich ihre enorme Stärke, ihren Geist in magischer Weise so völlig verschlossen zu halten, dass sie tatsächlich glauben, offen zu sein. Es ist diese Samson-artige Stärke, die ihren Geist aggressiv geschlossen hält und ihnen auch die Kraft gibt, alte Glaubenssätze vom Davonlaufen abzuhalten, während gute Glaubenssätze sie daran hindern, unter, über oder durch ihre elektrisch geladenen geistigen Zäune zu kriechen.

RELIGIÖSE PERSON: »Gott wird für dich sorgen.«

SPIRITUELLE PERSON: »Das Universum wird dich unterstützen.«

Sieh, wie unglaublich niedrig auf der Bewusstseinsskala die religiöse Aussage ist, weil sie keinen rationalen Grund hat, ihren dogmatischen Anspruch zu begründen, der in erster Linie religiös ist. Die spirituelle Aussage hingegen könnte nicht unterschiedlicher und folglich nicht weniger dogmatisch sein. Deshalb könnte der spirituelle Satz[159] nicht spirituell höher entwickelt sein, als er ist.

---

158 Nur den Verheirateten passiert das.
159 Verurteilt zu lebenslänglichem spirituellem High-Sein!

UNENTWICKELTES RELIGIÖSES DOGMA	ENTWICKELTE RELIGIÖSE WAHRHEITEN
Bete!	*Setze dir Ziele.*
Erinnere dich: Jesus liebt dich.	*Erinnere dich: Es gibt nichts außer Liebe.*
Singe!	*Chante.*
Wähle sozialen Umgang nur mit anderen religiösen Menschen.	*Wähle sozialen Umgang nur mit Gleichgesinnten.*
Denke, dass du in der richtigen Religion bist.	*Denke, dass du auf dem richtigen Weg bist.*
Nichtreligiöse Menschen tun dir leid.	*Religiöse Menschen tun dir leid.*
Glaube nur dogmatisch.	*Glaube nie dogmatisch.*

Um dich davor zu retten, tief in der Dogmakacke zu versinken, während du darauf achtest, auf der überlegenen Hochstraße der Spiritualität zu fahren, wirst du zweifellos die obigen Beispiele jeden Tag religiös studieren wollen (besonders an Sonntagen).

Wie Amerika, so kann auch die Größe der Spiritualität in Freiheitseinheiten gemessen werden.

Die spirituell genozidale Eigenschaft von Religion Nummer zwei: Kindisches Denken

Das religiöse Gedankengebäude ist eines, das durch die reichhaltige Nahrung kindischer Naivität verstärkt wird. Gesehen aus der unreifen religiösen Perspektive ist Gott wie ein mythischer Großvater, der im Himmel lebt und dir gelegentlich deinem Alter gemäße Geschenke schickt (wie der Weihnachtsmann – die Elfen sind in diesem Fall Engel). Als spiritueller Mensch hast du dich weit über dieses primitive Denken hinaus entwickelt. Anstatt an eine verweichlichte Odin-Figur zu glauben, besitzt du das spirituelle Wissen, dass das Universum überfließende Fülle ist und dich mit allem versorgen wird, was du brauchst, aufgrund dessen, was du durch deine vorherrschenden Gedanken manifestierst.

Mit dem Himmel will ich gar nicht erst anfangen, diesem magischen Märchenland, von dem die Religionen behaupten, du könntest es erst erreichen, wenn du wirklich, wirklich gut bist (gemessen an ihrem Dogma), und nur dann, wenn du wirklich, wirklich tot bist (gemessen daran, dass du nicht mehr lebst). Zu glauben, dass das, was du dir vorstellst, auch wahr ist, über dieses Krankheitsbild bist du als spiritueller Mensch längst hinausgewachsen. Du bist an einem Ort gut geerdeter Reife angekommen, dein Ziel ist, die Einheit zu erreichen – *Nirwana*, um hierbei ein spirituell verstärkendes Wort anzuwenden. Dort wirst du nicht in irgendeiner überschaubaren Zeit ankommen, wahrscheinlich nicht einmal in diesem Leben, das weißt du, und das ist auch kein physischer Ort. Dennoch weißt du, dass du, wenn du kontinuierlich bei deiner spirituellen Praxis bleibst, dort schließlich ankommen wirst. Schließlich ist das ja durch dein Karma bestimmt. Und sobald dir einmal durch das nonduale Tor in Nirwanaland Eintritt gewährt wurde, wirst du eine Glückseligkeit jenseits jedes rationalen Glaubens erfahren, die denen entgeht, die sich auf dem bewussten Weg dorthin nicht qualifiziert haben.

Die spirituell genozidale Eigenschaft von Religion Nummer drei: Arroganz

Eine der Eigenschaften, die du an religiösen Menschen am meisten zu hassen lernen solltest, ist, dass sie denken, sie seien besser, weil sie religiös sind. Religiöse Menschen glauben, dass die Menschen aus anderen Religionen in die Hölle kommen, weil sie völlig Unrecht haben, während sie glauben, dass sie selbst in den Himmel kommen, weil der richtige und beste Gott sie mehr liebt. Diese Arroganz bedeutet, dass sie Menschen, die anderen Religionen folgen – und an diese ebenso mit derselben Stärke glauben –, verurteilen, weil sie den unfehlbaren Test von Gottes Willen nicht bestehen. Wenn du religiös bist, dann liest du dies vermutlich schon nicht mehr, und wenn doch, mach dir keine Sorgen – die Chancen sind gut, dass du der richtigen und besten Religion folgst, weil du offenherzig genug bist, nur die richtige und beste Religion zu testen und den Rest zu vermeiden.

Während es von einem religiösen Menschen unerklärlich arrogant ist zu denken, dass alle *anderen* Religionen Unrecht haben, weist es auf den erfrischenden Charakter lebendiger Spiritualität hin zu wissen, dass *alle* Religionen Unrecht haben. Weil du weißt, dass Religion für dich nicht der richtige Weg ist, kannst du dir sicher sein, dass der spirituelle Weg für dich der richtige Weg ist.

Die spirituell genozidale Eigenschaft von Religion Nummer vier: Angst vor Verurteilung

Die Dreistigkeit, wie Religion ihre kopflosen (beachte: nicht die achtsamkeitslosen!) Anhänger mit der Angst vor göttlicher Bestrafung manipuliert, wenn sie die Regeln brechen, kann (und wird bald) mit einem friedlichen Schwan verglichen werden, der tapfer über einen See schwimmt – in seiner königlich Schwan-artigen Weise –, direkt hinein in das auf ihn wartende Maul eines Alligators. Warum sollte ein solches Wunder an Federn das tun? Weil er Angst hat, irgendwo anders zu schwimmen. So wie diesen Vogel mit Spatzengehirn beuten Religionen Menschen aus, die nicht fähig sind zu erkennen, dass ein liebendes Wesen, das seine Kinder dafür bestraft, dass sie ihren freien Willen ausüben, der ihnen frei gegeben wurde (sagt dieses liebende Wesen), nicht einmal die kleinsten Ausschläge auf einem Radarsuchgerät für rationales Denken erzeugt.

Als ein spiritueller Mensch bist du aus mehreren Gründen entwickelter als diese Einfaltspinsel: Erstens besitzt du, so wie andere Säugetiere (und mehrere einzellige Organismen), ein Mindestniveau an Intelligenz, welches für logisches Denken nötig ist. Zweitens hast du wenigstens ein paar Krümel von Selbstachtung, was dir erlaubt, deine Intelligenz zu nutzen. Drittens hast du etwas, das noch mehr ist als die Intelligenz, die für Logik nötig ist: die Intelligenz, die nötig ist, um spirituell zu sein. Logisch gesprochen braucht man mehr Intelligenz, um spirituell zu sein, als um logisch zu sein.

Eine Art, wie du von allen primitiven Ängsten vor einem strafenden Gott loskommst, ist, dich in der spirituell befreienden Realität des Karmagesetzes zu verankern. Anders als die Religionen, die versuchen, dir dieselbe alte Geschichte von einem bärtigen Mann im Weltall zu verkaufen, der dir Böses antun wird, wenn du böse bist, ergibt die spirituelle Realität des Karmagesetzes einen Sinn. Es besagt, dass, wenn du etwas Schlechtes tust, du dann auch etwas Schlechtes erfahren wirst, weil das dein Karma ist; und nicht, weil da irgendein magisches Wesen im Raum dich bestraft. Das ist etwas ganz anderes. Der Hauptunterschied liegt darin, dass das Prinzip von Karma spirituell viel höher entwickelt ist.

Die spirituell genozidale Eigenschaft von Religion Nummer fünf: Ineffektive Vermittler

Meine ehemaliger Guru (dessen Name hier nicht genannt werden soll[160] und der mich in die Welt der Gurus einführte) gab mir einmal eine unbezahlbare Lektion. »JP«, sagte er.

---

160 Er sagte mir seinen Namen nie.

Eine halbe Stunde später wachte er von seinem Nickerchen auf. Er fuhr fort: »Das, was zwischen dir und dem, was du willst, steht, hat einen Namen. Dieser Name ist ein *Hindernis*. Ein spirituell ausgerichteter spiritueller Mensch weiß das. Die in lächerlicher Weise religiösen Menschen mit all ihren Predigern, Priestern, Rabbis und glatzköpfigen Blumenüberreichern an Flughäfen wissen das nicht. Deshalb darfst du nichts zwischen dich und die Quelle von allem setzen.«

Diese erstaunliche Lektion hättest du nie erhalten, wenn ich sie dir nicht gegeben hätte, nachdem mein Guru sie mir gegeben hatte. Danke, Guru! Du hast Massen gelehrt, wie sehr es für die essenzielle Spiritualität wesentlich ist, Menschen, die im Weg sind, aus dem Weg zu räumen. Nebenbei bemerkt habe ich, basierend auf meiner Erfahrung auf dem spirituellsten aller spirituellen Festivals, dem Burning Man, auch gelernt, dass du umso weniger zu tun hast, je weniger Sachen du anhast; und je weniger Nüchternheit und Selbstkontrolle du zeigst, umso besser. Du willst einfach keine Hindernisse auf deinem Weg haben, hauptsächlich deshalb, weil sie dazu neigen, dich auf deinem Weg zu behindern.

Das Karmagesetz besagt, dass, wenn du etwas Schlechtes tust, du dann auch etwas Schlechtes erfahren wirst, denn das ist dein Karma, und nicht, weil da irgendein magisches Wesen im Raum dich bestraft.

Religiöse Leute haben dieses Memo nicht bekommen. Sie haben ein Memo bekommen, das lautet: *Habe immer etwas zwischen dir und Gott stehen. Wenn nicht, wirst du nie zu Gott gelangen. Vergiss nie, dass der Prediger sein Leben dem gewidmet hat, ein Experte darin zu werden, Leuten zu sagen, dass seine Worte über seine Interpretation von Gottes Wort Gottes Worte sind.*

EIN FÜHRER DURCH POPULÄRE RELIGIONEN FÜR DUMMYS

Weil es Verschwendung von nicht existierender Zeit ist, dich selbst mit einem vollen Verständnis dessen zu vergiften, worum es den einzelnen Religionen geht, erspare ich dir Zeit und eine Menge an Vergiftung, indem ich dir ein teilweises Verständnis von jeder einzelnen gebe. Das teilweise Verständnis wird verständnisvoller sein als ein volles Verständnis, denn es wurde gesagt, dass du, um etwas voll zu verstehen, fähig sein musst, es auf einfache Weise zu erklären. Ich erspare dir die Hölle und Verdammung eines Lebens, in dem du versuchst, die bedeutungslose Bedeutung jeder Religion ausfindig zu machen, indem ich dir durch eine umfassend einfache Erklärung ein volles Verständnis von jeder einzelnen gebe, sodass du aufgrund dieser Hilfe entscheiden kannst, worüber du urteilslos sein willst.

Christentum. Im Christentum gibt es sieben Ebenen des Fortschritts: 1. Beginne, zu Gott zu beten. 2. Hör damit auf, zu Gott zu beten; fang damit an, zu Jesus zu beten. 3. Akzeptiere Jesus in deinem Leben. 4. Gib Jesus dein Leben. 5. Hör auf damit, Jesus »Jesus« zu nennen – fang damit an, ihn Christus zu nennen. 6. Lass dich von Christus erlösen. 7. Einmal erlöst, verurteile andere Menschen ernsthaft, während du weißt, dass es eigentlich *Gottes Urteil* ist.

Evangelikalismus. An Sonntagen: enthusiastisches Singen. An den anderen Wochentagen, von geschäftigen Straßenecken aus: Hineinschreien in ein Megafon.

Protestantismus. Ein Protestant zu sein hat vor allem damit zu tun, nicht zu sündigen, während du doch weißt, dass alles, was du tust, sündig ist, auch dein Versuch, nicht zu sündigen, denn der Versuch, nicht zu sündigen, bedeutet, dass du versuchst, dich selbst zu glorifizieren anstatt Gott.

Christlicher Fundamentalismus. Er ist gegründet in der Tradition der Unfähigkeit, bis mehr als 6000 zählen zu können, sowie der Fähigkeit, buchstäblich nur buchstäblich denken zu können. Diese fundamentalistischen Gemeinschaften haben überraschend wenig Mitglieder, die Absolventen von Eliteuniversitäten sind, und eine erstaunlich hohe Population von Overall-tragenden, aus dem Mund atmenden Reparateuren mit Schubkarren.

Katholizismus. Der Katholizismus ist ein unglaublich erfolgreiches internationales Unternehmen, basierend auf den soliden Werten mörderischer Geschäfte mit vampirartigen Zeremonien von Weintrinken, während man sich vorstellt, es sei Blut, dem Murmeln von lateinischen Formeln und der Unfähigkeit, verbrecherische Geheimnisse im Dunkeln zu lassen.

Islam. Der Islam ist dasselbe wie das Christentum,[161] aber mit längeren Bärten und einer Menge Gebet auf schmuckvollen, auf dem Boden ausgelegten Teppichen. *Allah* ist das arabische Wort für das deutsche Wort *Gott*.

Judentum. Judentum ist die schöne Kunst, von Christen verachtet zu sein wegen des Folterns und Tötens von Jesus. Dazu kommt der zusätzliche Bonus eines undurchdringlichen Schutzes vor Kritik, seit gewisse Deutsche im Stechschritt es zu einem Tabu gemacht haben, über diese Religion etwas Negatives zu sagen.

Christliche Wissenschaft. Die Christliche Wissenschaft gründet sich auf die lebensbejahende Freiheit, die Verwendung von lebensrettender Wissenschaft abzulehnen.

---

[161] Hallo, christliche Leser! Seid ihr immer noch dabei? Wenn ihr nach dem Lesen dieser letzten Zeile ein brennendes Gefühl spürt, seid ihr entweder wütend, oder die Höllenfeuer kommen zu euch. Wie auch immer, Wut ist nichts besonders Christliches.

Scientology. Diese nichtfiktive Religion gründet sich auf die Science-Fiction-Romane von L. Ron Hubbard. Ihre Anhänger entwickeln einen unstillbaren Appetit auf Tom Cruise-Filme.

Hinduismus. Der Hinduismus wird dich wegen Yoga und der Tausenden vielarmiger mutierter Tiergötter so verwirren, dass du denkst, diese Religion sei spirituell, nicht religiös.

Buddhismus. Auch diese Religion ist Expertin darin, die Welt davon zu überzeugen, dass es sich dabei nicht um eine Religion handelt.[162] Wie der Hinduismus, aber mit weniger Kasten, dafür mehr Dalai Lama und der nervtötenden Fähigkeit, das Wort *Zen* auf alles anzuwenden.

Atheismus. Diese fundamentalistische Religion gründet sich darauf, in religiöser Weise gegen jede Religion zu sein. Sie verwendet dabei wissenschaftliche Behauptungen, um zu belegen, dass sie keine Religion ist.[163]

DAS ENDE IST NAH

Es gibt etwas, das ich vergaß, dir über meine Konversation mit Dr. Versucht zu sagen. Ehe ich dieses langatmige, vom heiligen Geruch der Medizin gesalbte Meeting über Tott verließ, hatte ich eine letzte Frage an Dr. Versucht.

»Doktor«, sagte ich, »ich muss Sie noch etwas anderes fragen. Was ist Ihre professionelle, ganz unvoreingenommene Meinung über diese Leute, die ihr Leben in Totts Hände legen und ihn wie eine religiöse Figur behandeln?«

---

[162] Nebenbei bemerkt wird die Kennzeichnung irgendeines Gedankens als Zitat des Buddha dir ein höheres Maß an spiritueller Wertschätzung einbringen, ohne dass du dir dabei Probleme mit Buddhas nicht existenten Urheberrechtsanwälten einhandelst.

[163] Leugnung ist immer ein erstes Anzeichen dafür, dass die Anschuldigung stimmt.

Dr. Versucht sah mich verwirrt und zugleich sorgenvoll an. »Die Anhänger von Charles Manson sind die einzige vergleichbare Gruppe von Menschen, die mir dazu einfallen, die ebenfalls Tott folgen würden, denn verglichen mit Tott ist Charles Manson ein mental stabiler, sozial erlösbarer Heiliger.«

Dr. Versucht nahm seine Brille ab, runzelte die Stirn und hielt inne, in einer letzten, dramatischen Pause, für die er so gut bekannt ist (wenigstens in diesem Bericht). »Tott hat das gestörteste psychologische Profil, das es je in der Geschichte der Psychologie gab. Ein Mensch, der Tott folgt, ist zweifellos ebenso tief gestört oder hat irgendeinen irreparablen Gehirnschaden erlitten.

Tott hat das gestörteste psychologische Profil, das es je in der Geschichte der Psychologie gab. Ein Mensch, der Tott folgt, ist zweifellos ebenso tief gestört oder hat irgendeinen irreparablen Gehirnschaden erlitten.

Das Beste, was du für solche Menschen tun kannst, ist, für sie zu beten.«

Als ich von Dr. Versucht und seinen renommierten, professionellriechenden Kollegen an diesem so unerwartet glücklich verlaufenen Tag wegging, traf ich in der Apotheke neben dem Ärztehaus einen alten Freund. Er holte dort seine verschreibungspflichtige Medizin für sein sich verschlechterndes Rückenleiden ab, das er erfolgreich zu haben vorgetäuscht. »Marvin, mein so hoch schwingender Bruder!«, sagte ich. »Wie karmisch aufregend, dich hier zu treffen. Ich möchte mit dir über etwas sprechen …«

Das Beste, was du für solche
Menschen tun kannst, ist,
für sie zu beten.

ZWANGHAFT PFLANZEN-MEDIZINISCH

Beim Ausdrücken eines Ayahuasca-Trips

Es ist oft und geometrisch korrekt festgestellt worden, dass die kürzeste Entfernung zwischen zwei Punkten die gerade Linie ist. Noch wahrer als diese redundante Wahrheit ist jedoch, dass eine gerade Linie, die mit Lichtgeschwindigkeit reist, die kürzeste Reisezeit zwischen diesen beiden Punkten ergibt. Stell dir das so vor: Der eine Punkt ist, wo du jetzt gerade bist; der andere ist der Ort der Erleuchtung, wo du ankommen willst. Was ist dann die geradlinigste Art, von hier nach dort zu kommen? Die Pflanzenmedizin. Sie stellt nicht nur die kürzeste Entfernung zwischen dir und der Erleuchtung dar, sondern auch die schnellste.

Was ist Pflanzenmedizin, fragst du unmedizinisch? Ich bin froh, dass du das fragst, weil das zeigt, dass du es nicht weißt. Und dass du es nicht weißt, zeigt, dass du Pflanzenmedizin brauchst. Aber um deine Frage zu beantworten: Eine Medizinpflanze ist eine Pflanze, die einen spirituell entwickelten Geist hat. Meine Lieblingspflanzenmedizin ist zum Beispiel Ayahuasca.[164] Wenn du diese Medizinpflanze einnimmst, tritt ihr Geist in dich ein und nimmt dich in spirituelle Welten mit, die du auf keine andere Weise bereisen kannst. Oft siehst und fühlst du diese anderen Welten dabei in einer kaleidoskopartigen psychedelischen Umgebung spiritueller Energie. Kurz gesagt ist das die größte Erfahrung, die du je haben wirst.

> **Pflanzenmedizin lässt dich ein Ausmaß an Erleuchtung erfahren, das du nicht erleuchtet genug bist zu erfahren ohne den Geist, der in dieser speziellen Pflanze lebt.**

Pflanzenmedizin lässt dich ein Ausmaß an Erleuchtung erfahren, das du nicht erleuchtet genug bist zu erfahren ohne den Geist, der in dieser speziellen Pflanze lebt. So lange, bis das Hochgefühl nachlässt.

Oh, das wirft noch ein anderes Thema auf: Medizinpflanzen machen dich außerdem high. Wenn du von Medizinpflanzen high

---

164 Ich mag meine Pflanzenmedizin, so wie ich meinen Yoga mag, wenn sie cool auf a enden.

wirst, geht es aber überhaupt nicht um das High-Sein. Obwohl die Fähigkeit der Pflanze, dich high zu machen, beweist, wie heilig sie ist. Je higher sie dich macht, umso heiliger ist sie. Deshalb bist du umso heiliger, je higher dich die Pflanze macht, denn der heilige Geist der Pflanzenmedizin arbeitet heilig in dir. Beachte, dass die meisten Pflanzen nicht heilig sind. Broccoli zum Beispiel macht dich nicht high. Ich habe es versucht. Deshalb können wir korrekt daraus schließen, dass Broccoli nicht heilig ist. Broccoli ist im Grunde nicht einmal eine Lebensform. Ayahuasca hingegen wird dich blitzschnell aus deinem Verstand rausbringen und mit jedem kosmischen Ding verschmelzen lassen. Es geht nicht um das High-Sein – es geht darum, wohin dich das High bringt, und das ist eine höhere Ebene von Erleuchtung, als du sie jetzt hast.

Pflanzenmedizin oder – wie du respektvoller sagen solltest: Sakramente – ist für dein spirituelles Wachstum so wesentlich, dass du auch einige nichtpflanzliche Medizinarten als Sakrament in Betracht ziehen solltest. Einige der heiligsten Sakramente – wie etwa LSD – werden in zwielichtigen Kellerlaboratorien hergestellt. Sie können jedoch genauso gut sein. Manche sagen sogar, sie seien besser als Pflanzenmedizin, die von der Natur in zwielichtigen Dschungelsümpfen hergestellt wird. Labors sind die neue Natur. Die spirituelle Welt hat nur ein begrenztes Maß an Natur, in die sie ihre sakramentalen Samen setzen kann, und Samen sind notwendig, um Menschen zu helfen, sich von ihrem bloß menschlichen Bewusstsein zu trennen und in einem mehr psychedelisch inspirierten, regenbogenartigen spirituellen Bewusstsein aufzuwachen.

Lass dich von Pflanzenmedizin nicht zum Narren halten. Ich weiß, dass die heiligen Pflanzen so aussehen, als würden sie eine leicht zu begehende Abkürzung zur spirituellen Ekstase bieten.[165] Es ist wahr, dass diese Pflanzen dich in ein Land leuchtender Glück-

---

165 Lustige Tatsache: Ekstase transformiert sich in ein Sakrament namens Ecstasy, wenn du es MDMA nennst.

seligkeit mitnehmen, von dem sich dein normaler Verstand nicht einmal vorstellen kann, dass er es sich vorstellt, aber sie haben auch eine dunkle Seite. Die Gefahr dabei ist, dass du von ihnen mit ihren bunten kosmischen Visionen so begeistert bist, dass du völlig vergisst, dass diese Medizin dir einen klaren Wettbewerbsvorteil bietet gegenüber den Menschen, die keine Pflanzenmedizin nehmen. Das zu vergessen wäre doch wohl das Allerletzte, was du willst.

> ## Alle der spirituellsten spirituellen Menschen nehmen Pflanzenmedizin.
> ULTRASPIRITUELLES GRUPPENDRUCK-SPRICHWORT

Sakramente zu nutzen ist der neueste, angesagteste Trend in der heutigen spirituellen Szene. Wenn du mit Sakramenten zu tun hast, bist du Teil eines exklusiven Untergrundclubs, zu dem nur VIPs Zugang haben. Das ist kein Club, in den jeder reinkann, daher der Aspekt der Exklusivität. Außerdem befindet er sich nicht im wörtlichen Sinn im Untergrund, denn wegen der mangelnden Sichtbarkeit würde das eine solche Versammlung überlegener spiritueller Menschen bedeutungslos machen.

Nur diese gewissen, speziellen Jemands, die fähig sind, mit ihren irdischen kleinen Händen genug Cash zu krallen, um sich von Webseiten in legalen Grauzonen diese heiligen Substanzen zu beschaffen, können diesem Club beitreten. Wenn du da einmal drin bist, erhältst du damit eine Macht, die du nicht nur wertschätzen, sondern auch zur Schau stellen solltest. Es ist die Macht eines Menschen, der erwählt ist und der sich diese Sakramente wählt. Das ist eine sehr spezielle Wahl. Es gibt nämlich Menschen, die sich keine Sakramente wählen. Das bedeutet, dass sie die ekstatische Einheit verpassen, die du erreichst, wenn dir die Einnahme des von dir erwählten Sakraments gelingt. Ihre Entscheidung, nur gewöhnliche Menschen zu sein, beleuchtet deine Entscheidung für die Beleuchtung deiner Macht der Besonderheit.

AYAHUASCA-CHRONIKEN

Ehe wir weitergehen, um zu lernen, was der Geist (gechannelt durch mich) dich lehren will, lasst uns den spirituell faszinierenden Tagebucheintrag ansehen, den ich nach meinem 135. Ayahuasca-Trip aufgezeichnet habe.[166]

AYAHUASCA-TAGEBUCHEINTRAG 135

19.30 h   Ankunft bei Marvins Haus.

20.00 h   Trank Ayahuasca. Dumpfer, pilzartiger Geschmack mit einer Note von verrottendem Eichhörnchen.

20.06 h   Ich fühle noch nichts. Trank eine weitere Schale von dem Sakrament.

20.30 h   Saß im Kreis mit Freunden beim Chanten. Es ist schmerzhaft offensichtlich, dass ich der beste Chanter bin.

20.45 h   Das Sakrament beginnt zu wirken. Mein Körper pulsiert. Mir wird bewusst, dass es der Herzschlag der Erde ist, was ich fühle.

21.30 h   Der Pflanzengeist lehrt mich, dass alles Liebe ist. Mein Körper hat keine Grenzen mehr. Glückseligkeit überspült mich.

---

166   Ich hole auf, Marvin! Streng dich an!

22.15 h   Zum 135. Mal wird mir bewusst, dass alles Gott ist. Lustig, dass die Leute das vergessen. Alles, was ist, ist Gott. Ich bin Gott, Gott ist ich, Gott ist alles, was da ist. Ich bin alles, was da ist, ich bin, es gibt …

22.22 h   Mir ist übel.

22.25 h   Muss mich übergeben. Gott übergibt sich. Kann Gott sich übergeben? Heißt das, dass alles zum Kotzen ist?

23.00 h   Wo, verdammt noch mal, kommen all die Schlangen her? Ich hasse Schlangen! Was wollen all diese Schlangen von mir?

23.30 h   Trank mehr Ayahuasca. Ich hoffe, dass die Schlangen davon weggehen.

23.31 h   Verdammte Scheiße, sie werden noch größer! Mehr Gekotze. Heilige Scheiße, ich hab grad auf eine riesige Schlange gekotzt. Die Schlange lacht und isst das Erbrochene auf.

00.17 h   Jemand hat Durchfall und mir die ganze Hose vollgekackt.

01.00 h   Mich schreiend auf dem Boden gewälzt.

01.45 h   Die Schlangen verschwinden allmählich, und ich bekomme langsam wieder Kontrolle über meinen Darmausgang.

02.21 h   Eine sanfte, nebulöse Schwingung beginnt, im Dschungel meines Herzens zu vibrieren. Ich grüße dich, Pflanzengeist – du bist so schön!

02.30 h Alles ist eins. Ich bin eins mit allem. Ich bin überall zugleich. Ich bin, dass ich bin. Ich auch.

03.00 h Jetzt lache ich hysterisch. Der Pflanzengeist erzählt mir Kinderwitze.

03.33 h Jemand legt Musik auf. Ich liebe dieses Lied! Halt, die Musik kommt aus mir heraus, aus allen kommt sie heraus! Und die Sprecher! Wir alle beginnen zu tanzen. Ich liebe diese Menschen!

04.37 h Was ist das auf meiner Hose? Ist das Dreck?

04.38 h Ich gehe rein, um mir von Marvin eine Hose zu leihen. Meine Hose lasse ich im Austausch auf seinem Bett.

04.48 h Ich gehe wieder raus zum Tanzen. Ich fühle, wie das Hochgefühl nachlässt. Schaue mich im Haus um nach mehr Ayahuasca.

04.51 h Kein Ayahuasca mehr.

04.52 h Unkontrolliertes Schluchzen. Es ist, als würde das ganze Universum durch mich schluchzen.

05.12 h Ich esse all die Grünkohlchips auf, die ich finden kann, und auch noch ein Drittel eines Tofurky-Blocks. Getunkt in Soyamilch schmeckt es besser.

05.37 h Auf dem Küchenboden versinke ich in Bewusstlosigkeit.

06.42 h Ich wache auf, weil Marvins Zwergspitz das Abführmittel von irgendwem aus meinem Haar leckt.

07.06 h Ich sprinte aus Marvins Küche raus, nachdem Marvins Frau mich angeschrien hat, weil ich mit dem, was sie irrtümlicherweise für Dreck hält, eine Spur in ihrer Küche hinterlassen habe. Ich fühle mich zart und dankbar und außerdem kübelweise spiritueller als gestern. Danke dir, Pflanzengeist!

BOTANISCHE VORZÜGE

Nach dem Lesen dieser unglaublichen Chronik spirituellen Erwachens könntest du den Fehler machen zu denken, dass Pflanzenmedizin eine Art magisches Sakrament ist, das diese ganze Erleuchtung für dich erledigen wird. Da irrst du dich gewaltig! Als Erstes musst du dieses magische Sakrament in dich aufnehmen, *dann* erst wird es die ganze Arbeit für dich machen. Wenn Erleuchtung in einer Pille daherkäme, und die Pille sähe wie ein Blatt oder Pilz oder ein flüssiges pflanzliches Gebräu aus, dann müsstest du immer noch die Pille einnehmen. Pillen nehmen sich nicht von selbst ein. Das bringt mich zu einem anderen Punkt – deine reziproke Verantwortung gegenüber der Pflanzenmedizin. Dieser transformierende, äußerst gegenseitige Austausch mit der Natur kann nur geschehen, wenn du die sprichwörtliche (oder tatsächliche) magische Pille nimmst, um das volle Repertoire an Vorteilen zu ernten, das diese Pflanzenpräparate scharf drauf sind dir zu bieten.

Welche Vorzüge, fragst, du? Lass mich deine Frage nicht durch Beantworten deiner Frage beantworten, sondern indem ich dir eine andere Frage stelle. Wenn ich sagen würde, dass ich einen Weg wüsste, wie du **Pillen nehmen sich nicht von selbst ein.** mehr verdienen könntest und dabei weniger arbeiten müsstest, wärst du dann daran interessiert? Wie viel weniger Arbeit? So viel weniger, dass du keine Arbeit machen müsstest. Wie viel mehr Geld? Alles. Immer noch interessiert? Natürlich bist du interessiert. Diese Geldanalogie in

Bezug auf Pflanzenmedizin hat nichts mit Pflanzenmedizin zu tun, aber alles mit den Vorzügen der Pflanzenmedizin.

In einer etwas weniger analogen Weise dargestellt und deshalb verständlicher, lassen Sakramente dich die harte, lange, kontinuierliche Arbeit überspringen, die notwendig ist, um langsam die Stufenleiter zur Erleuchtung hochzusteigen.[167] Und um noch eine andere Metapher zu verwenden: Zu viele spirituelle Sucher versuchen immer noch, die Autobahn zur Erleuchtung auf quadratischen oder rautenförmigen Rädern runterzurollen. Diese geometrischen Neulinge werden vielleicht eines Tages in Freiheitshausen ankommen, aber sicherlich nicht mehr in dieser Lebenszeit, um von den nächsten fünfzehn Minuten mal gar nicht zu sprechen. Nicht so mit dir! Ohne das Bedürfnis zu kriechen, zu gehen oder zu laufen, fliegst du an diesen Raupen vorbei, denn du überfliegst nun die ganze Strecke bis ins Herz des kosmischen Bewusstseins, hin zur spirituellen Überlegenheit. Du sparst dir damit ein unbeschreibliches Ausmaß an Anstrengung, Kampf und Entwicklung, vor allem aber ersparst du dir Bootsladungen voller Zeit, denn nun gelangst du sofort dorthin, wo du sein willst. Kurz gesagt: Übernimm nicht die Verantwortung für deine eigene spirituelle Entwicklung, wenn Pflanzen das für dich tun können. Mal angenommen, du willst nach Island fliegen. Sag es nicht laut – nimm das Fliegen nach Island nur als Beispiel. Unternimmst du dann den Flug selbst, als Pilot dieses Flugzeugs? Nein. Ein hoch ausgebildeter betrunkener Pilot macht das für dich.

Ich weiß, was du jetzt denkst: »Obwohl er außerordentlich gut aussieht, hat seine Heiligkeit JP keine Ahnung, was ich gerade denke.« Das klingt doch, als wüsste ich es.[168] Der zweite Gedanke,

---

167 Es ist eine wissenschaftliche Tatsache, dass Leiteranalogien wie Ayahuasca sind: Mehr ist immer besser. Für Ayahuasca gilt deshalb ebenfalls: Je redundanter der Gebrauch, umso besser.

168 Die Kröte, an der ich gerade geleckt habe, gibt mir hellseherische Fähigkeiten. Und das ist noch immer vegan.

den du gerade denkst, egal, ob du nun denkst, dass du ihn denkst, oder nicht, ist: »Sind all die vorangehenden ultraspirituellen Praktiken nötig, wenn ich regelmäßig schalenweise Pflanzenmedizin zu mir nehme?« Ich bin froh, dass du das fragst. Die Antwort ist ein qualifiziertes Nein. Nein, und hier ist die Qualifizierung: Alle Praktiken bis zu diesem Punkt hier sind nötig, um den Leuten deine Erleuchtung zu *zeigen*. Ohne diese Praktiken fällst du von deinem spirituellen hohen Ross und landest auf dem von Läusen zerfressenen Sofa im Fond eines alten VW-Busses, während du hin-und hergerissen bist zwischen der süßen Erfahrung ekstatischer Einheit und dem totalen Ausfreaken wegen all der verdammten Schlangen, von denen du dir vorstellst, dass sie über dich kriechen. Dein sakramentaler Flug könnte dich in die spirituelle Stratosphäre erheben, aber das hat keine Relevanz, wenn niemand davon weiß. Und wenn niemand anders von den spirituellen Höhen weiß, die du bereist hast, dann bist du – aus ihrer uninformierten Perspektive betrachtet – nie dort gewesen. Und dann spielst *du* keine Rolle.[169]

WIDERSTAND GEGEN DIE MACHT DER PFLANZEN

Würdest du glauben, dass manche Menschen so weltlich und voller Angst sind, dass sie sich der ganz natürlichen Idee widersetzen würden, harmlosen kleinen Molekülen zu erlauben, ihr Gehirn zu kapern und ihre bewusste Realität zu übernehmen? Einmal sah ich Marvin – MdS, Marvin der Störenfried, wie er genannt wird –, wie er auf meisterhafte Weise mit einem von Angst motivierten Einwand gegen das von allen geliebte atomgetriebene Sakrament DMT umging. Das war Dichtkunst in Aktion. Schau dir das an

---

[169] Versteh mich hier nicht falsch. Wenn du keine Rolle mehr spielst, dann bist du ehrlich, wahrhaftig. Dann haftest du an keiner irdischen Identität mehr und bist ein echter Niemand geworden – ich weiß, wie man Komplimente macht.

und lerne davon, sodass auch du aus eventuellen Ängsten verjagt werden kannst, die du noch unentwickelt genug bist in dir zu beherbergen.

ANHÄNGER: »Ich will das nicht nehmen.«

MDS: »Das ist nur dein angsterfülltes Ego. DMT wird deine Angst und dein Ego auslöschen.«

ANHÄNGER: »Ich fürchte mich vor dem, was da passieren könnte.«

MDS: »Vor DMT Angst zu haben bedeutet, dass du DMT nehmen musst.«

ANHÄNGER: »Nein, ich will nicht.«

MDS: »Das klingt so, als wärst du dafür einfach noch nicht weit genug entwickelt. Jeder andere hier ist dazu bereit.«

ANHÄNGER: »Du meinst, wenn ich das nicht nehme, dann passe ich nicht zu den anderen hier?«

MDS: »So ist es.«

ANHÄNGER: »Okay, dann nehme ich es.«

MDS: »Es gibt da nur noch eins, was du wissen musst: Ich habe kein Ego.«

ANHÄNGER: »Warum sagst du mir das?«

MDS: »Ich möchte einfach, dass die Leute das von mir wissen.«

Marvin war schon immer ein Typ, der bescheiden genug war, die Leute wissen zu lassen, dass er kein Ego hat. Von allen seinen bescheidenen Errungenschaften ist es die, auf die er am stolzesten ist. Er ist außerdem der Typ Mensch, der weiß, wie er Menschen helfen kann, indem er sie darüber informiert, dass das, wovor ihr Selbsterhaltungsinstinkt sich ängstigt, exakt das ist, was nötig ist, um diese Angst loszuwerden. Elegant hingekriegt, Marvin.

Checkst du's? Wenn du irgendeinen Widerstand dagegen spürst, der Pflanzenmedizin zu erlauben, ihre fremdartigen Sporen sich in deinem Körper ausbreiten zu lassen, bedeutet das, dass du voller Angst bist und einfach noch nicht so weit. Wenn du noch nicht so weit bist, dann wirst du nicht Teil der Gruppe der Erwählten sein, weil du dann einfach nicht gut genug bist, um dazuzugehören. Mach dich also bereit – oder bereite dich darauf vor, übergangen zu werden. Bist du bereit?

ERWACHEN DURCH AYAHUASCA

Ayahuasca ist die heiligste von allen heiligen Pflanzen. Überall revolutioniert sie die bewusste Evolution von Menschen. Die Welt hat sowas noch nie erlebt. Jahrtausendelang wurde sie in den Regenwäldern Südamerikas eingenommen; die Stämme am Amazonas haben diese Liane für weiß Gott was genutzt. Als spirituelle Sucher können wir heute von Glück sagen, dass diese kleinen Leute mit den bemalten Gesichtern und dem Topfhaarschnitt in Bezug auf diese Pflanzen kein Monopol mehr haben. Ihre primitiven Methoden, diese Liane aus dem Dschungel zu ernten, sind nicht länger nötig – jetzt kann man die Beschaffungswege dieser halb bekleideten Heiden transzendieren und das Sakrament in der neuen, intimen Tradition einer Ernte durch den Direktkauf im Internet transzendieren.

Nachdem du Ayahuasca für eine molekulare Manipulation mit wundersamen Folgen mit einigen weiteren Blättern gemischt hast, bist du bereit – in der Ausdrucksweise des Propheten Heisenberg –

zu »kochen«. Die Indigenen vom Amazonas kochen ihr Ayahuasca typischerweise mehrere Tage lang über einem zeremoniellen Feuer, wahrscheinlich weil sie nicht den Grips oder die Technologie hatten, um das effizienter zu tun. Wenn es zum Brauen deines Ayahuasca-Tees kommt, ist schneller immer besser. Je weniger Zeit das Kochen benötigt, umso mehr Zeit hast du, um durch den Kosmos zu skaten. Um hierbei beste Ergebnisse zu bekommen, empfehle ich, den Tee für drei Minuten in die Mikrowelle zu tun.

Ist sie einmal gebraut, bist du bereit, die Liane zur Wirkung zu bringen. Der Vorgang des Trinkens von Ayahuasca erfordert eine feine Balance zwischen dem Versuch, kontemplativ auszusehen, und dem Unterdrücken deines Würgereflexes. Wie schon angemerkt, hat dieses Sakrament einen speziellen Eichhörnchen-Geschmack, im schlimmsten Sinn des Wortes. Wenn du es jedoch irgendwann geschafft hast, es einzunehmen, wirst du ein spirituelles Bouquet halluzinogener Visionen erfahren, ein tiefes Verstehen des inneren Wirkens des Universums, und die magische Kraft des Hochwürgens deines Flugkörpers.

Sobald du einmal in den jenseitigen spirituellen Dimensionen von Ayahuasca schwimmst, ist die beste Art, wie du die kosmischen Offenbarungen in dein tägliches Leben integrieren kannst, dass du damit beginnst, deinen nächsten Ayahuasca-Trip zu planen, ehe dein jetziger vorbei ist. In Abhängigkeit von Ayahuasca gewohnheitsmäßig die spirituellen Daseinsbereiche regelmäßig wieder zu besuchen ist bei weitem der effektivste Weg, wie du spirituelle Bereicherung in dein Wachleben bringen kannst.

Wenn die Reinigung vollzogen ist und dein Trip nachlässt, was sich in der Fähigkeit zeigt, dass du wieder in zusammenhängenden Sätzen sprechen und deinen Darmausgang kontrollieren kannst, beginnt der wichtigste Teil deiner Ayahuasca-Reise. Ähnlich wie nach dem Genuss einer intimen Begegnung mit einem neuen Lover ist es auch hier so, dass du keinen Gewinn erzielst, wenn du nicht mit anderen darüber sprichst. Mit vielen anderen. Wenn du also bereit bist, dich insofern für andere aufzuopfern, dass du bereit bist, mit denen darüber zu sprechen, die von Ayahuasca noch nichts wissen, dann erfahren sie dabei sehr schnell, dass du zu den Wissenden gehörst. Zudem werden diese aufmerksamen Anderen in den Genuss deiner ausgiebigen Beschreibung dessen kommen, wie dein unbeschreiblicher Trip war.

Um noch einen extra spirituellen Kredit zu bekommen, rate ich dir, Neulinge für deine nächste Ayahuasca-Zusammenkunft zu rekrutieren. Sie haben den Vorteil, von dir überzeugt zu werden, sodass sie sich nicht selbst entscheiden müssen, und du wirst mit dem reinen Power-Trip belohnt, derjenige zu sein, der sie in den ersten Ayahuasca-Trip eingeführt hat. Außerdem werden deine Rekruten, sobald sie ihre erste Reise erfahren haben, endlich wissen, was du die ganze Zeit erfahren hast, und deshalb auch, was sie die ganze Zeit nicht erfahren haben. Ein weiterer Segen dabei ist, dass du so noch mehr Menschen die Schweigestrategie deiner Geheimgesellschaft erklären kannst, während du zugleich entwirfst, wie du es einem Außenseiter erzählen kannst, der zufällig zuhört und so von den Heldentaten deines Teetrinkens erfährt.

Aber warte noch! Bevor du dich auf unverantwortliche Weise in den medizinischen Wäldern von Ayahuasca herumtreibst, brauchst du einen Schamanen, der dich dabei führt. Ohne einen Schamanen kannst du nicht rechtfertigen, dass deine halluzinatorischen Eskapaden einem spirituellen Zweck dienen. Wie aber findest du einen?

ZWECKMÄẞIGER SCHAMANISMUS

Der letzte Ort, an dem du nach einem Schamanen würdest suchen wollen, ist tief in den Regenwäldern von Südamerika. Dort ächzen sie nicht nur unter der Last der Traditionen aus Jahrtausenden alter Weisheit und sind deshalb, was Sakramente anbelangt, außerhalb der Reichweite eines modernen, zweckmäßigen Vorgehens. Zudem sind diese Leute schwer zu lokalisieren und zu erreichen.

Ein weiterer Nachteil ist, dass die Anreise nicht billig ist. Wer will schon diese langen Tage einer beschwerlichen Reise durch moskitoverseuchte Sümpfe ohne Telefonempfang auf sich nehmen, nur um sich zu ruinieren? Als Erstes solltest du wissen, dass nicht jeder ein Schamane sein kann. Du brauchst ein paar Schlüsselqualifikationen, um in dieser spirituellen Bruderschaft der Auserwählten ein authentischer Führer sein zu können. Hier sind acht entscheidende Eigenschaften, mit denen du einen echten Schamanen identifizieren kannst:

1. Sie haben die Fähigkeit, anderen zu sagen, dass sie ein Schamane sind.

2. Sie sind imstande, sich die erforderliche Medizin auf dem Schwarzmarkt zu besorgen.

3. Sie können mehr oder weniger gut die richtige Dosis der zu verabreichenden Sakramente erfühlen.

4. Sie können die Worte *set* und *setting* aussprechen.

5. Sie sind fähig, eine Party *Zeremonie* zu nennen.

6. Sie haben Zugang zu einem Hinterhof, der groß genug ist, um solche Zeremonien zu veranstalten.

7. Sie wissen um das heilige Wissen, dass für die Einnahme von Pflanzenmedizin jede Zeit für jeden die richtige Zeit ist.

8. Sie sind edel genug, eine Bezahlung für ihre schamanischen Zeremonien und Substanzen abzulehnen, aber tugendhaft genug, ein verpflichtendes Minimum an Spende dafür zu verlangen.

Weil es hier um spirituell seriöse Dinge geht, muss dein Schamane *alle acht* dieser Voraussetzungen einhalten. Für deine zwanghafte Verwendung von Pflanzenmedizin einen qualifizierten Schamanen zu finden ist so unerlässlich, wie es das Herumwerfen von Kot für Affen ist, deshalb will ich dir jetzt einen prototypischen Schamanen vorstellen. Er ist einer der großartigsten Menschen, die ich kenne. Du bist ihm sogar schon vorgestellt worden – es ist Marvin der Störenfried.

Marvin der Störenfried (MdS) verkörpert alles, was ein wahrer Schamane sein soll. Er begann seine Karriere in der Geschäftswelt und hatte ein gutes Einkommen. Einmal eingeweiht in die Pflanzenmedizin war Marvin jedoch bereit, sich selbst in einem Maß aufzuopfern, dass er nicht mehr nüchtern genug war, seine geschäftliche Verantwortung aufrechtzuerhalten. Er ließ seinen Lebensunterhalt in sich zusammenfallen, um sich weiterhin der Kunst widmen zu können, ständig ein verändertes Bewusstsein zu haben. MdS' schamanischer Weg im eigentlichen Sinn begann, als er merkte, dass andere Menschen ihm haufenweise Cash geben würden, um Sakramente zu erhalten, an die sie selbst nicht rankommen würden, wie auch für die Führung auf dieser medizinischen Reise. Auf diese Weise konnte MdS sein wachsendes Bedürfnis finanzieren, ständig mit der einen oder anderen Substanz zu reisen (oder mit vielen gleichzeitig) sowie auch bedeutend weniger obdachlos zu sein.

> Ohne einen Schamanen kannst du nicht rechtfertigen, dass deine halluzinatorischen Eskapaden einem spirituellen Zweck dienen.

Heute ist MdS der führende Schamane auf den schamanischen Wegen der Welt; er unterrichtet auch andere, wie sie Schamane werden können. Er hat dazu ein rigoroses Trainingsprogramm zusammengestellt, mit dir und zehn anderen Neulingen im Schamanismus, die ihre verpflichtende Spende von 300 Euro an ihn abgegeben haben, um mit ihm ein ganzes Wochenende auf dem

Fußboden seines Wohnzimmers zu verbringen und New-Age-Musik zu hören. Aber das ist nicht die typische Gaudi mit Liebe, Licht und Glückseligkeit, sondern da ist ein seriöses Training im Gange. Während ein nur halb verantwortlicher »normaler« Schamane dir nur ein Sakrament nach dem anderen geben würde, ist MdS weder halb verantwortlich noch normal – er ist höchst fortgeschritten. Dementsprechend weiß er, dass die beste Art, die Nutzung einer großen Bandbreite von Pflanzenmedizin kennenzulernen, ist, sie *alle auf einmal zu nutzen.*

MdS weiß genau, wie er einen Lehrling des Schamanismus durch den umwerfenden Prozess der Einnahme einer mehrfachen Dosis von Ayahuasca führen kann, zusammen mit sporadischen und multiplen Einwürfen von Psilocybin, LSD und THC – und alles das mit TLC. Du könntest nun denken, dass das alles ein bisschen zu spirituell klingt, aber du solltest dabei bedenken, dass MdS weiß, was er tut. Und er erinnert dich an diese Tatsache ungefähr alle sieben Minuten. MdS' Curriculum ist ein geniales System, das nur die bestehen, die wirklich qualifiziert sind, die leuchtend herumeiernde Fackel seiner schamanischen Ansprüche zu tragen. Der Rest seiner Studenten erwirbt dabei im typischen Fall einen gewissen Grad an klinischer Beschädigung.

Alles ist perfekt, Bruder.

MDS, WENN ER ÜBER IRGENDWAS REDET.

Seinen fortgeschrittenen Studenten bietet MdS drei Abschlusslektionen an, was die geheime Kraft der Bezeichnung des Ganzen betrifft:

Als Erstes nenne eine Versammlung von Freunden oder Substanzenthusiasten immer eine *Zeremonie.* Verwende zweitens dabei immer einen angemessenen spirituellen Haltegriff, wie etwa *Rumi* für DMT; *Einstein* für LSD; *Tee* für Ayahuasca. (Diese Codenamen stellen sicher, dass der schamanische Orden durch das gemeinsame

Geheimnis ein erhöhtes Gefühl von Macht empfinden wird. Noch wichtiger dabei ist, dass das den Schamanen hilft, den richtigen Namen der Substanz zu vermeiden, wodurch sie dem Urteil ihres eigenen Verstandes über die Anwendung dieser Substanz aus dem Weg gehen.)

Drittens macht die Anwendung des Begriffs *Sakrament* auf was auch immer daraus automatisch einen heiligen Akt. Mit diesen abschließenden Instruktionen entlässt MdS eine neue Generation authentischer Schamanen in die Welt und hilft dabei, die Population der Pseudoschamanen aus den primitiven Stämmen des Regenwaldes zu vertreiben. Dadurch kann die Welt mit dem Licht von MdS' neuen Fackelträgern der Pflanzenmedizin erleuchtet werden, sodass die Menschen sich endlich über das menschliche Bewusstsein hinaus entwickeln können, hin zum Pflanzenbewusstsein.

Hierbei hast du dich vielleicht über die (spirituelle oder sonstige) Bedeutung des Namens von Marvin dem Störenfried gewundert. Unglücklicherweise ist es hier nicht so wie bei den Kornkreisen, wo Teenager der Illuminati sich einen groben Spaß erlaubten, sondern hier weiß niemand so genau, wie MdS diesen höchst spirituellen Namen erhalten hat. Einige halten sich jedoch an die Legende, dass Marvins Vorname Marvin ist und dass der Rest sich auf seine Fähigkeit bezieht, Menschen – speziell Frauen – die grenzenlose Natur hinter den Beschränkungen ihres menschlichen Verstandes zu lehren, und das ganz besonders, während diese Frauen – durch die Pflanzenmedizin außer Gefecht gesetzt – sich auf dem so mysteriös mit Schlangen verzierten Teppich winden.

SAKRAMENTALE DOSIERUNGEN

Wenn es um Dosierungen geht, wird jeder qualifizierte Schamane oder Kenner der Pflanzenmedizin dir in korrekter Weise sagen, dass mehr immer besser ist. Sogar noch korrekter ist die Behauptung, dass auch die häufigere Einnahme einer Dosis immer besser ist. So ist zum Beispiel MdS durch die disziplinierte Diät einer fast kontinuierlichen Einnahme von Sakramenten mehr als zehn Jahre lang strikt frei geblieben von der Umnachtung des normalen menschlichen Bewusstseinszustandes. MdS zeigt damit, dass Pflanzenmedizin dir einen permanenten Zustand spiritueller Wachheit verschaffen kann, solange du sie permanent weiter einnimmst.

Einer der Vorteile der Pflanzenmedizin ist, dass sie keine Nachteile hat. Sie macht nicht süchtig. Gemäß unserem Experten MdS ist in keinem der angesagten Trend-Sakramente auch nur ein einziges Molekül gefunden worden, für das es einen wissenschaftlichen (oder mathematischen) Beweis gibt, dass sie Abhängigkeit erzeugende Substanzen enthalten würden. Auf der molekularen Ebene kannst du also 100 Prozent sicher sein, dass du vor Sucht geschützt bist; Substanzen, die tatsächlich süchtig machen, machen süchtig nur, weil sie Chemikalien enthalten, die du einnimmst (wie bei Alkohol, Heroin und diesen Spielen im Internet). Auch hier ist wiederum MdS unser bester Beweis. Um die Gefahr einer Abhängigkeit beurteilen zu können, ist er die qualifizierteste Person, denn er hat die Substanz an fast 4 000 aufeinanderfolgenden Tagen genossen, und wenn irgendwer von nicht süchtig machenden Substanzen süchtig werden könnte, würde MdS das sicherlich inzwischen wissen. Außerdem weiß jeder, dass das, was Menschen süchtig macht, Drogen sind – und Pflanzenmedizin ist ein Sakrament, keine Droge.

Vergiss nicht: Pflanzenmedikamente sind keine *Drogen*. Sie Drogen zu nennen ist dem Pflanzengeist gegenüber nicht respektvoll und klassifiziert diese Medizin unabsichtlich in dieselbe Gruppe von Substanzen, die Menschen einnehmen, um ihre psychische oder physische Erfahrung der Realität zu ändern. Du kannst den Pflanzenmedikamenten jede Art von wundervollen Namen geben – Lehrerpflanzen, Sakramente, heilige Pflanzen, Medizin, heilige Medizin, heilige Pflanzenmedizin, heiliges Pflanzenmedizinsakrament, et cetera –, was auf redundante Weise projiziert, für wie spirituell du dich hältst. Du kannst sogar neue Namen für sie erfinden, solange das etwas Spirituelles oder Gesundes impliziert, es ist jedoch absolut verboten, Pflanzenmedizin als Drogen zu bezeichnen.

OPTIONEN IN DER PHARMAZIE DER PFLANZENMEDIZIN

Einige der besten Pflanzenmedizinarten, wie etwa LSD und MDMA, sind tatsächlich Drogen. Sie verdienen es aber, definitiv einen Sitz an demselben Klassifizierungstisch zu bekommen wie Pflanzenmedizin, die buchstäblich von Pflanzen kommt, einfach deshalb, weil diese Nichtpflanzenmedikamente pflanzenmedizinähnliche Wirkungen haben. Es ist außerdem einfacher, sie Pflanzenmedizin zu nennen, weil sie tatsächlich Sakramente sind, und zwei Kategorien für Sakramente zu haben macht das Leben zu komplex und wirft zu viele Fragen auf. Was für Fragen? Genug der Fragen. Im Folgenden findest du ein abschließendes, suggestives Statement in einer Liste von Punkten. Zusätzlich zu der Ausbildung, die du in Bezug auf Ayahuasca schon früher in diesem Kapitel bekommen hast, sieh dir bitte die folgende Liste der dir zur Verfügung stehenden Sakramente an:

Kambo. Das gute alte Froschgift. Dieses Sakrament ist sehr effektiv, wenn du möchtest, dass dir übel ist oder du dich angeschwollen oder schwindlig fühlen willst. Es ist außerdem ein fantastisches Mittel, um deine negativen Energien loszuwerden, indem du sie vergiftest. Nach dem Einnehmen von Kambo wirst du ein besonders gereinigtes Gefühl von Reinheit haben.

Marihuana. Der spirituelle Name ist *Ganja*. Danke dem Lied »One Love« und lobe es, weil es die Welt gelehrt hat, wie Ganja dich öffnet, um neue Ebenen der Liebe für die Welt zu empfinden. Mit genug Hingabe an Ganja wirst du genug Liebe entwickeln bis

Tief im Herzen einer hochdosierten heiligen Erfahrung.

hin zu dem Punkt, an dem du es zutiefst liebst, nicht mehr zu fühlen, wie du dich fühlst, wenn du nicht mit dieser heiligen Pflanze auf Trip bist.

DMT. Entweder einem Krötengift entnommen oder in einem Labor hergestellt, wird DMT aus gutem Grund das Geistmolekül genannt. Nachdem du es inhaliert hast, wirst du für eine halbe Sekunde das Gefühl haben, an eine Rakete geschnallt zu sein, die mit Lichtgeschwindigkeit reist, und nach den nächsten fünfzehn Minuten (von entweder reiner Glückseligkeit oder reiner Hölle) wirst du dein Bewusstsein wiedererlangen und dich wundern, was da geschehen ist.

LSD. Ram Dass' spirituelle Abhängigkeit von LSD ist Beweis genug, um das spirituelle Potenzial dieser Substanz erkennen zu lassen. Mit diesem Sakrament verbringst du mindestens acht Stunden, in denen du die Natur anstarrst wie auch Naturwesen, die normalerweise für das menschliche Auge nicht sichtbar sind, wie Feen, Trolle, messerschwingende Affen et cetera. Du siehst und *weißt* dabei, wie alles mit allem verbunden ist. Während deines ganzen Trips wirst du nur diesen einen Gedanken denken können: »Ich habe das alles schon immer gewusst, ich wusste nur nicht, dass ich es weiß.«

Magische Pilze. Diese sind ein phänomenaler Weg, um der normalen Wachrealität zu entkommen und dich auf halluzinogene Weise in einer Realität zu engagieren, die gar nicht wirklich da ist. Zusätzlicher Bonus: Stunden des Giggelns und des Sprechens mit Bäumen.

MDMA. Während die spirituellen Vorteile des Gefühls, innerlich von Hunderten von Welpen geleckt zu werden, sich von selbst erklären, hilft dir MDMA auch, die Illusion des Ego aufzubrechen.

Es hilft dir, indem es das zerstört, was Wissenschaftler »Gehirnzellen« nennen. Nach regelmäßigem Gebrauch deaktiviert MDMA in therapeutischer Weise die spirituell begrenzenden Verbindungen zwischen Realität und Wahrnehmung.

Ibogaine. Diese Rinde eines afrikanischen Baums ist nichts für Anfänger in der Pflanzenmedizin. Wenn du nach einer anderthalb Tage langen Reise Ausschau hältst, in der du dein ganzes bisheriges Leben in einem dissoziativ halluzinierenden Trip noch mal vorbeiziehen lassen kannst, dich übergebend und unfähig zu gehen, dann könnte Ibogaine das Richtige für dich sein.

Peyote. Das medizinische Meskalin in diesem Kaktus wird dich auf eine zwölfstündige psychedelische Reise im Stil der Südweststaaten schicken. Besonders gut für Fans des Sabberns, der Gefühlsschwankungen und von Gesprächen mit Carlos Castaneda.

Salbei. Angeblich gut, um sich von negativen Energien zu reinigen. Salbei macht dich jedoch nicht high, deshalb wird die Idee, dass es dich in legitimer Weise spirituell unterstützen kann, von einigen Experten stark in Frage gestellt.[170]

Mit dieser vollen Fülle an sakramentalem Wissen wirst du dich nie wieder fragen: *Was sollte ich anwenden, um heute Erleuchtung zu erlangen?* Der Buddha hat einmal gesagt, dass der Pfad zur Erleuchtung darin bestehe, alles in Frage zu stellen. Durch die Kraft solcher Fragen bin ich zu dem Schluss gekommen, dass seine Buddha-Art impliziert, dass der Pfad zur Erleuchtung in Wirklichkeit darin besteht, die Frage zu stellen, welche Pflanzenmedizin die beste ist, um dich erleuchtet zu machen.

---

170 Von mir.

MAURICE' HEILKRÄUTER

Maurice ist ein medizinischer Experte, der sich darauf spezialisiert hat, jedes Leiden mit Cannabis zu behandeln. Er ist mit seinem Ansatz in Bezug auf dieses heilige Kraut so progressiv, dass er Cannabis nicht nur für die Leiden verschreibt, die Menschen haben, er verschreibt es auch für die Leiden, welche die Menschen (noch) *nicht* haben. Das nennt man Präventivmedizin. Maurice ist in Bezug auf diese Anwendungen von Ganja so talentiert, dass er für den Erwerb dieses medizinischen Wissens keine medizinische Ausbildung machen musste. Hier ist Maurice in seinen eigenen Worten:

Was läuft hier? Maurice ist da. Bin hier, um diese öffentliche Ankündigung über die Vorteile von Ganja anzukündigen. Zusammengefasst lässt sich sagen: Es ist nicht so, dass du immer mit diesem Kraut floaten solltest, aber so, dass du nie ohne dieses Kraut floaten solltest. Gras kommt mit so vielen Vorteilen daher, dass ich mich im Moment an keinen einzigen davon erinnern kann. Aber ich denke, dass das Fehlen von Erinnerungsvermögen wahrscheinlich einer dieser Vorteile ist.

Ich sage dir, was real ist: Mutter Natur hat dieses Kraut über diesen ganzen globalen Platz verstreut. So sehr, dass es hier wächst wie Unkraut. Holy shit, ich raff's nicht, ist das vielleicht der Grund, warum man es Kraut nennt? Weil Mutter Natur uns dieses Kraut überall gegeben hat, will sie uns damit unoffenbar sagen, dass wir es anwenden sollen, so wie wir auch andere Kräuter anwenden ...

Was habe ich gerade gesagt? Oje, die Regierung. Mann, ist das ein lustiges Wort. Und weißt du, was auch noch lustig ist? Es ist, als könnte ich diese Worte mental lesen. Aber zurück zur Regierung, die jetzt schon so viele Jahre lang Pflan-

zen illegal gemacht hat. Wegen Propaganda natürlich. Und weil sie das Kraut für normale Leute unerreichbar gemacht haben, müssen wir, das Volk, das Kraut die ganze Zeit anwenden! Als Rebellion! Der Mensch hat nicht das Recht, die Natur als illegal zu erklären, und erst recht nicht so'n Stoff, der direkt aus der Natur kommt. Das ist einfach falsch, deshalb ist Kraut umso richtiger.

Deshalb ist es endlich verdammt noch mal Zeit, dass die sich aufraffen, das Kraut zu legalisieren. Bald werde ich so weit sein, meine Klinik so richtig in Schwung zu bringen. Nicht so aus dem Kofferraum meines Ford Taurus raus wie irgendein Jugendlicher, sondern von respektablen Plätzen aus, wie Parks oder dem Keller im Haus meiner Tante. Das ist meine Mission – den Leuten mit Kraut zu helfen. Schau, es ist nicht natürlich, in einem natürlichen Normalzustand zu sein. Und weil Kraut natürlich ist, ist es das natürliche Heilmittel für das unnatürliche Leiden, einen normalen Bewusstseinszustand zu haben. Natürlich, auch so ein lustiges Wort.

Uh, jetzt hoffe ich, dass meine inspirierenden Worte dich davon überzeugt haben, deinen Geist ab und zu mit Ganja zu öffnen. Oder noch besser, die ganze Zeit. Ich muss jetzt loslegen. Muss jetzt auf dieser Couch sitzen, auf der ich schon eine Weile sitze.

Alles ist Liebe, Maurice

MEDIZINISCHE VEREDELUNGEN

Ein weiser Mann[171] hat mich einmal gelehrt, dass die beste Art, richtig gut Fahrrad fahren zu lernen, ist, nie die Stützräder abzunehmen. Er hat dabei exakt darauf hingewiesen, dass das sich Ver-

---

171 MdS.

lassen auf Stützräder das Bedürfnis nach deiner eigenen Fähigkeit, dein Gleichgewicht zu finden, mindert. Mit der Beseitigung deines Bedürfnisses, deinen Gleichgewichtssinn zu nutzen, um im Gleichgewicht zu bleiben, erhältst du die Sicherheit, nie zu fallen, und wirst immer als ein meisterhafter Pilot deines Fahrrads erscheinen. Während andere vielleicht unfähig sein werden, deine Stützräder nicht zu bemerken, siehst du selbst sie nie, während du voranpreschst in die unerforschten Regionen authentischer Erleuchtung.

Wenn dein Gehirn aktuell zur Wahrnehmung fähig ist, dann weißt du, dass es bei diesem ganzen Gerede über Stützräder überhaupt nicht um Fahrräder und Stützräder geht. Und wenn du im Moment zur Wahrnehmung unfähig bist, dann hoffe ich, dass du deine Pflanzenmedizin genießt, welche auch immer es ist, mit der du gerade auf Trip bist. Und wenn Letzteres der Fall ist, habe ich eine Frage für dich: *Liest du dieses Buch, oder liest dieses Buch dich?* Großartig, oder? Und wenn dieser Gedanke einen Moment lang dich denkt, sorge dafür, dass du ihn, wenn er schmilzt, vom Boden wieder ablösen kannst, weil wir jetzt zum nächsten Kapitel weitergehen müssen.

Wir sind dabei, in Bezug auf
deine Spiritualität prüfend
zu werden.

Fühlst du dich
spirituell genug, um
gut genug zu sein?

Ultraspirituelles
Examen

6

12

SPIRITUELLE PRÜFUNGS-FELDER

Optimisten sagen, dass alle guten Dinge ein Ende haben. Deshalb wird auch der Ansturm ultraspiritueller Einsichten, die in unermesslichen Mengen[172] auf dich zugestürmt sind, zu einem Ende kommen. Aber bevor wir das Geschenk der Ultraspiritualität, mit dem ich dich durch all dies beschenke, einwickeln, ist dieses beinahe letzte Kapitel die beinahe letzte Möglichkeit (du kannst das Buch ja immer noch mal lesen) zu beweisen, dass du in den Orden der Ultraspirituellen gehörst. Nicht so wie die wertlose Schleife, die du dir »verdient« hast für was auch immer für einen Unsinn, den deine Eltern für dich ausgesucht haben, weil sie mit ihrem verzweifelten Versuch, durch dich zu leben, gescheitert sind. Stattdessen wirst du entweder mit einer glänzenden Goldmedaille der Ultraspiritualität nach Hause gehen, oder man wird dir geradewegs sagen, dass du nicht gut genug bist. Nur kein Druck! Und auch keine Urteile, nur Tatsachen. Und auch keine Spannung, wir werden zum Tag deiner jüngsten Gerichtslosigkeit schon noch kommen.

Ein weiser Mann[173] stellte einmal die Frage: »Wenn im Wald ein Baum umfällt, und es ist niemand da, um das zu hören, macht er dann ein Geräusch?«[174] Die tiefere Wahrheit von diesem großen Rätsel ist, dass nur der noch stehende Baum ein Geräusch machen wird – den durchdringenden öffentlichen Ton der erleuchtenden spirituellen Überlegenheit. Sogar noch bedeutsamer als dieser bedeutungslose Baum ist deine bedeutsame Entdeckung, welcher Baum du in der folgenden ultraspirituellen Prüfung bist.

---

172 Es sei denn, du zählst die Seiten. Dann kannst du die Mengen ziemlich leicht zählen.
173 Wenn du nicht aufgepasst hast, was du aber getan haben solltest, wirst du dich erinnern, dass in Kapitel 1 ich das war.
174 Ob die Bäume ein Geräusch machen oder nicht, auf jeden Fall kann man aus ihnen Bücher machen.

PRÜFUNG

Viele steigen in das folgende Initiationsritual mit all dem ultraspirituellen Wissen ein, das je aufgeschrieben wurde, aber nur wenige waren fähig, dieses Wissen in ultraspirituelle *Weisheit* zu konvertieren, indem sie ihr Wissen unter den lebensechten Umständen einer Multiple-Choice-Prüfung angewandt haben. Kannst du dein ultraspirituelles Wissen durch diese experimentelle Weisheitswelt verwandeln und auf der anderen Seite als ultraspirituell herauskommen? Wahrscheinlich nicht, aber ein Zeichen, dass du bestanden hast, wird beweisen, dass ich nicht Recht habe.[175] Ich werde auf der anderen Seite dieser Prüfung auf dich warten, wenn du dort wieder auftauchst.

Bist du überhaupt spirituell?
a. Ja.
b. Nein.
c. Nein, ich bin ultraspirituell.
d. Nein, ich bin ultraspirituell, du Arsch.

Was bedeutet Ultraspiritualität?
a. Der Welt helfen.
b. Der Welt helfen, deine Bedeutung zu erkennen.
c. Dir selbst helfen, deine Bedeutung zu erkennen.
d. Spirituell verbunden zu sein.

Was solltest du über Emotionen fühlen?
a. Sie machen mich traurig.
b. Sie machen mich wütend.
c. Bin dankbar, dass ich sie habe.
d. Was sind Emotionen?

---

175 Ich hatte schon vorher nicht Recht. Im April 1989 hatte ich mit etwas nicht Recht. Es stellte sich dann heraus, dass ich damit Recht hatte.

Was von dem Folgenden ist ein Zeichen, dass der Guru unqualifiziert ist?

a. Seine Bereitschaft, die Anhänger mit sexueller Ekstase zu beschenken.

b. Er hilft seinen Anhängern, ihre eigene Kraft zu entdecken.

c. Er hilft seinen Anhängern, die Kraft des Gurus zu entdecken.

d. Sein Wunsch, dir zu helfen, dich von der Last deines finanziellen Ruhekissens zu befreien.

Was von dem Folgenden ist ein Zeichen, dass der Guru unqualifiziert ist?

a. Er sagt dir, was wahr ist.

b. Sie sagt dir, was wahr ist.

Mit welchen Menschen solltest du befreundet sein?

a. Mit anderen Veganern.

b. Mit Menschen, die sich um dich kümmern.

c. Mit Vegetariern.

d. Mit interessanten Menschen.

Welche der folgenden Aussagen beschreibt am besten, warum es spirituell ist, vegan zu sein?

a. Weil Pflanzen keine Seelen haben, im Gegensatz zu Tieren.

b. Weil Pflanzen Hass empfinden, und du solltest Freude dabei empfinden, sie zu töten.

c. Weil es so ist!

d. Weil es gesund ist.

Von welchem Leiden ist Harmony Shaktis Großmutter befallen?

a. Gluten-Intoleranz.

b. Ästhetik.

c. Sexualität.

d. Verführung.

Was ist die ultraspirituell vorteilhafteste Tageszeit, um Meditationsselfies auf Instagram zu posten?
a. Wenn du meditierst.
b. Der Morgen.
c. Der mittlere Nachmittag.
d. Es gibt keinen Grund, Meditationsselfies von dir zu posten.

Was ist der wichtigste Nutzen eines Vipassana-Retreats?
a. Vollständige Verbundenheit mit dir selbst zu erfahren.
b. Das Gequassel deines Ego ruhigzustellen.
c. Der Beobachter deiner eigenen Gedanken zu werden.
d. Danach darüber sprechen zu können.

Was von dem Folgenden ist am meisten in der Realität begründet?
a. Wiederholungen von dem Film *Bugs Bunny*.
b. Scientology.
c. Katholizismus.
d. Das Gesetz der Anziehung.

Spirituelle Menschen sind besser als wer?
a. Ultraspirituelle.
b. Religiöse Menschen.
c. Schlechte Menschen.
d. Gute Menschen.

Wie viele diagnostizierbare Geisteskrankheiten hat Tott (der religiöse Gott)?
a. Keine, er ist ein liebender Gott.
b. 3.
c. 6.
d. Nach der zehnten habe ich aufgehört zu zählen.

Was ist der am wenigsten wichtige Teil deiner Erwachensgeschichte?

    a. Die sorgfältig ausgearbeitete spirituelle Narrative.

    b. Not.

    c. Mystische Power.

    d. Tatsächlich erwacht zu sein.

Was von dem Folgenden ist am ultraspirituellsten wahr?

    a. Das Leben ist eine Reise, kein Ziel.

    b. Das Leben ist kein Ziel und auch keine Reise.

    c. Bestimmung ist ein Leben, keine Reise.

    d. *Journey*, so heißt eine Musikband, kein Ziel.

Wenn du eine wichtige Entscheidung zu treffen hast, willst du …

    a. achtsam die beste Entscheidung treffen.

    b. die Sache durchdenken.

    c. impulsiv entscheiden und es spirituelle Führung nennen.

    d. jemanden um Hilfe bitten.

Was von dem Folgenden macht dich intuitiver?

    a. Meditieren.

    b. Spezifischer sein.

    c. Deine Intuition stärken.

    d. Dich so diffus ausdrücken, dass es immer für alle wahr ist.

Was von dem Folgenden macht LSD unspirituell?

    a. Sakrament.

    b. Einstein.

    c. Droge.

    d. Spiritueller Türöffner.

Wie nennst du es, wenn du mit Freunden pflanzenmedizinisch einen draufmachst?
a. Party.
b. Zeremonie.
c. Fete.
d. Voll hinüber sein.

Was ist das Kennzeichen eines echten Schamanen?
a. Er hat mit Generationen von indigenen Weisen trainiert.
b. Er ist jemand, der spirituell verbunden ist.
c. Er ist eine sichere Person.
d. Bei ihm kannst du am bequemsten Medizin kaufen.

Was ist ein Beispiel für höheres Mitgefühl?
a. Jemanden bedingungslos lieben.
b. Jemanden bedingungslos als den akzeptieren, der er ist.
c. Jemanden bedingungslos als den akzeptieren, als den du ihn haben willst.
d. Sich um andere kümmern.

Wenn andere dich beurteilen, was von dem Folgenden ist dann wahr?
a. Sie haben in dir Charaktermängel entdeckt.
b. Sie projizieren ihren mangelhaften Charakter auf dich.
c. Sie sehen in dir etwas, das du ändern solltest.
d. Sie haben etwas beobachtet.

Wenn du in anderen etwas Negatives findest, was von dem Folgenden ist dann wahr?
a. Du bemerkst Charaktermängel in ihnen.
b. Du projizierst deinen mangelhaften Charakter auf sie.
c. Du siehst in ihnen etwas, das sie ändern sollten.
d. Du beobachtest etwas.

Was fügt deiner Wettbewerbsspiritualität das höchste Ultra hinzu?

a. Einschüchternder Augenkontakt.

b. Vieldeutig quantifizierende Begriffe zu verwenden.

c. Dich selbst mit einem spirituell bedeutsamen Sanskritbegriff zu beweihräuchern.

d. Alles das.

Wie hat Marvin der Störenfried seinen Namen bekommen?

a. Wir haben nicht darüber geredet – er ist unsere Quelle für richtig guten Stoff.

b. Es ist sein Geburtsname.

c. Aufgrund seines mitfühlenden Herzens.

d. Es ist ein Sanskritname, der auf seine schamanischen Fähigkeiten hinweist.

Was erhöht deine ultraspirituelle Schwingung?

a. Selbstakzeptanz.

b. Kontemplation.

c. Essenz.

d. Scharfsinn.

Für welches Leiden ist Marihuana die beste Medizin?

a. Unfähigkeit, sich zu konzentrieren.

b. Unfähigkeit, mit der Konzentration aufzuhören.

c. Unfähigkeit, es auszuhalten, nicht high zu sein.

d. Alles das.

Wofür wollen Jesus und Krishna deine Spiritualität nutzen?

a. Um die Welt zu erwecken.

b. Um denen in Not zu helfen.

c. Damit du dein wahres Selbst kennenlernst.

d. Als Statussymbol.

NACH DEM EXAMEN

Wie versprochen bin ich nun hier (im übertragenen Sinn). Was sind die korrekten Antworten? Ich sage es nicht, denn ich habe das schon vorher gesagt. Wenn du nicht aufgepasst hast, dann lies dieses Buch noch mal.

Was ist passiert? Bist du durchgefallen? Wenn das so ist, versuch's noch mal. Oder akzeptiere einfach, dass du noch nicht bereit bist, in den ultraspirituellen Orden einzutreten. Hast du bestanden? Gratuliere! Dann bist du hiermit offiziell als ultraspirituell zertifiziert. Nichts verifiziert deine praktische Expertise so sehr wie eine Multiple-Choice-Prüfung. Dir ist es gelungen, dieses Initiationsritual zu bestehen, in dem du von einem normalen Menschen zu dem geworden bist, was das Einzige ist, worauf es ankommt – ein ultraspiritueller Mensch zu sein.

Hast du bestanden? Gratuliere! Dann bist du hiermit offiziell als ultraspirituell zertifiziert.

Du bist nun mein ultraspiritueller Freund geworden, mein Bruder oder meine Schwester (oder beides).[176] Obwohl meine ultraspirituelle Essenz unbezweifelbar hoch über deiner ultraspirituellen Essenz herrscht, für den Zweck dieses Satzes und auch noch den der nächsten drei möchte ich, dass du von dir selbst als jemand denkst, von dem von mir gedacht wird, er sei fast gleich. Als mein ultraspiritueller Gefährte lade ich dich ein, den Rest dieses Buchs zu lesen – es ist nur für das Bewusstsein des ultraspirituellen Menschen verständlich. Und das Folgende ist für das Bewusstsein des Ultraspirituellen nötig, denn deine Reise beginnt erst jetzt. Und sie ist auch gerade zum Ende gekommen, weil du das Ziel der Ultraspiritualität erreicht hast. Lasst uns also fortfahren …

---

176 Hier gibt es keine Transgender-Diskriminierung.

(12½)

ÜBERZEUGENDE
SPIRITUALITÄT

Während die Welt sich vom amphibischen Bewusstsein bloßer Spiritualität zum ultraspirituellen Bewusstsein hin entwickelt, bedeuten deine ultraspirituellen Referenzen,[177] dass du große Verantwortung trägst. Ja, im Ultraspirituell-Sein geht es nicht nur darum, anderen überlegen zu sein, obwohl das unbedingt erforderlich ist. Überraschenderweise geht es da nicht nur um dich – es geht auch darum, anderen zu helfen. Weil sie das nicht allein können, ist es deine selbstlose Pflicht, kontinuierlich anderen dabei zu helfen, dass sie *für sich* deine ultraspirituelle Bedeutung erkennen.

Zeitweilig wirst du versucht sein, dich zurückzulehnen und es leicht zu nehmen. Kein Zweifel – es ist sehr stressig, deinen ultraspirituellen Lebensstil stressfrei auszudrücken. Egal, ob es darum geht, einen weiteren unappetitlich grauen Grünsaft zu machen oder so zu tun, als würdest du ein gewisses Gefühl von Zusammengehörigkeit genießen, einen Yogakurs mit deiner Präsenz erschüttern, Ayahuasca brauen oder endlos über die spirituelle Besonderheit von all diesen hinreißenden Praktiken sprechen. Deshalb kann nicht einfach jeder zum Rang der Ultraspirituellen aufsteigen, nur einige wenige elitäre Jemands schaffen das. Und diese elitären wenigen Jemands (zu denen dein Jemand gehört) tragen eine enorme Verantwortung für all die anderen Irgendwers und Niemands. Wenn du den einfachen Weg wählen und dich in deinem Lehnstuhl zurücklehnen würdest, einfach deshalb, weil das leichter wäre, würdest du sie der Gelegenheit berauben, deine ultraspirituelle Vortrefflichkeit anzuerkennen. In der ultraspirituellen Tradition von Mutter Teresa ist die selbstloseste aller Taten, die du durchführen kannst, die, anderen zu helfen, deine Besonderheit anzuerkennen. Das ist nicht immer leicht. Es gibt jedoch ein paar abschließende Lehren, die es dir erleichtern werden, andere dabei zu unterstützen, sich von deinem ultraspirituellen Können zu überzeugen.

---

177   Wenn du das Examen bestanden hast, ohne es spirituell zu verdienen, wird diese brillant farbige Buchseite für dich nur in Schwarzweiß erscheinen.

EINE ABSCHLIEßENDE LEKTION IN BEZUG AUF ÜBERLEGENE DEMUT

Welche Eigenschaft möchtest du mit dem Dalai Lama gemein haben? Neben seiner unverkalkten Zirbeldrüse und den drei Streifen auf dem violetten Gürtel im brasilianischen Jiu-Jitsu möchtest du auch der Demütigste von allen sein. Da du nun weißt, was du willst, solltest du auch wissen, dass du, indem du der demütigste Mensch unter allen anderen bist, auch der spirituellste Mensch unter allen anderen bist. Mit dem Demütig-Sein ist eine gewisse Spiritualität verbunden, und man findet bei spirituellen Menschen eine gewisse Demut. Der am meisten übersehene Edelstein in der Schatzkiste der Spiritualität ist die Demut.

Demut ist wie das Verschreiben einer Medizin. Du kannst nicht einfach, weil du gerade Lust darauf hast, zu irgendeinem Apotheker im Ort gehen und erwarten, dass du von ihm genau das bekommst, was du willst – du musst zum erfahrensten Apotheker im Ort gehen. Der Punkt, weshalb diese höchst nützliche Analogie in die Vene des Bizeps deines Bewusstseins injiziert wird, ist, dass die falsche Dosis von Demut nicht das spirituelle High liefern wird, das du suchst. Sie kann dir sogar schaden.

Wenn du dich nicht mit genug Demut ausdrückst, kommst du als unsicher und schwach rüber. Wenn das passiert, wird man dich zu Recht als weniger spirituell als alle anderen beurteilen. Der Pornostar John Holmes hat mal gesagt: »Sei groß oder geh nach Hause.« Er sprach über Demut. Wenn die Ausmaße deiner Demut nicht groß genug sind, dann bist du besser dran, wenn du gar keine hast. Was die Demut anbelangt, gilt nicht, dass größer besser ist und *mehr* besser ist, sondern es muss *die größte* sein. Alles, was weniger ist als das Größte, wird zu einem Versagen bei der spirituellen Dopingkontrolle führen – du wirst sofort disqualifiziert, und du musst die Pokale zurückgeben, die du ehrlichen (und demütigeren) Mitbewerbern gestohlen hast.

Der Demütigste von allen zu sein heißt, dass du besser bist als alle. Demut sollte immer im überlegensten Sinn des Wortes verwendet werden. Wenn du ein Bliss Bunny triffst, das versucht, dich mit besänftigendem Kopfnicken oder zuckersüßen Aktionen von sich selbst entwertenden Altruismus auszuverbeugen, weißt du, dass sie unsicher genug ist, sich auf die Zielgerade des Rennens zur demütigsten Person im Raum zu begeben. Du kannst dich beglückwünschen, dass du dieses Buch gelesen hast und nun sicher genug bist zu wissen, dass du den Wettbewerb jeden Tag der Woche wieder neu beleben wirst. Wie kannst du das machen? Indem du die drei leicht zu erlernenden Stufen meisterst, in denen du jeden in weniger einer Minute ausdemütigen kannst![178]

DREI LEICHTE SCHRITTE, MIT DENEN DU JEDEN IN WENIGER ALS EINER MINUTE AUSDEMÜTIGEN KANNST

1. Weise Komplimente zurück

Nur arrogante Menschen, Narzissten und Menschen mit normalem Selbstwertgefühl akzeptieren Komplimente. Komplimente zurückzuweisen besagt weniger »Ich bin deines Lobes nicht würdig« als »Ich bin wertvoller, als dein Lob anerkennt«. Wenn ein Mitdemütigator sich dir gegenüber als starker Rivale erweist und das Zurückweisen von Komplimenten ihm gegenüber sich für den Nachweis deiner überlegenen Demut als noch nicht ausreichend erweisen sollte, dann beleidige dich einfach. Deine Demut auf 100 Prozent hochzufahren erhöht die Hitze dieser Auseinandersetzung auf ein Maß, dem sich deine Mit-

---

178 Mein E-Book mit eben diesem Titel ist nun erschienen! Es ist geladen mit neun digitalen Seiten voller Information und dicht gepackt mit 120 Worten der Weisheit (in einem vierfach gespaceten, handschriftlichen Font in 50 Punkt). Obwohl es mehr als 597 Euro wert ist, kannst du es für 47 Euro haben, wenn ich mich am Ende dieses Buchs an die URL erinnern kann.

bewerber einfach nicht mehr gewachsen fühlen. Prüfe das aus dem Leben gegriffene folgende Beispiel:

Dein demütiger Konkurrent	Dein noch demütigeres Selbst
»DU SIEHST WIRKLICH GUT UND GESUND AUS.«	»ICH BIN TATSÄCHLICH EIN ABSTOßEND HÄSSLICHER MENSCH.«

2. Vermeide Augenkontakt

Unter normalen Umständen des spirituellen Wettbewerbs verwandelt ein verlängerter Augenkontakt mit anderen auf geschickte Weise Intimität in Einschüchterung. Wenn jedoch überlegene Demut die zu gewinnende Trophäe ist, dann ist es Zeit, deine Alltagswaffe wieder ins Halfter zu stecken. Stattdessen zieh die verchromte Pistole der völligen *Ablehnung,* Augenkontakt zu halten. Versteh mich nicht falsch, denn das würde bedeuten, dass du falschliegst, und du willst hier nicht unhöflich sein. Ein unhöflicher Mangel an Augenkontakt zeigt sich durch das Ausweichen der Augen nach links und rechts während des Gesprächs – er impliziert, dass du etwas suchst, das interessanter ist als dein Gesprächspartner. Obwohl es sicherlich interessantere Sachen gibt als die schöne Seele vor dir, ist der Eindruck, als unhöflich zu gelten, sicherlich das Letzte, was du auf deinem Weg zur Überlegenheit im Feld der Demut willst. Was ist hier die Lösung?

Der demutgetriebene Mangel an Augenkontakt beinhaltet das Schließen deiner Augen oder das Hinunterschauen auf die Füße der Person, mit der du sprichst oder – noch demütiger – der Blick auf deine eigenen Füße. Wenn du jemandem die Hand gibst, schließe die Augen so lange, wie deine Hand in Kontakt mit der Person ist, der du die Hand gibst. Das suggeriert nicht nur, dass du zu demütig bist, um die Verbindung über die Augen dieser unterlegenen Seele herzustellen, es legt auch nahe, dass du über euren Händekontakt ihre Energie in dir aufnimmst – was sich für dich als eine unglaublich spirituelle Performance erweist. Während du mit diesem Menschen sprichst oder dich vielleicht auch nur in ehrfürchtiger Stille in ihrer Nähe aufhältst (auch das ist sehr demütig von dir), richte deinen Blick auf ihre Füße. Diese Geste deklariert stolz: »Ich bin es nicht wert, dich dabei zu sehen, wie du mich ansiehst.« Diese angemessen demütige Botschaft wird in der richtigen Weise rüberkommen, weil du ein so guter Mensch bist – sozusagen ein »besserer« Mensch –, sodass du imstande sein wirst, sie im Spiel der Demut zu übertrumpfen.

3. Sag »Namasté« zu jedem

Wie auch immer du dieses Wort falsch aussprichst, für das es in der deutschen Sprache keine nützliche Übersetzung gibt, es ist absolut okay. Optimale Ergebnisse erreichst du, wenn du andere beim Grüßen und dich Verabschieden im zartesten Flüsterton mit »Namasté« anhauchst und dabei deine Finger demütig zu einer bittenden Gebetshaltung aneinanderlegst, während du dich zugleich halbherzig verbeugst. Wenn du jemandem mit dieser Eins-zwei-drei-Kombination einen Fausthieb verpasst, zeigt das, dass du weder das Vokabular noch das Selbstvertrauen besitzt, um Menschen in funktionaler Weise zu treffen. Sie werden kaum wissen, dass du jetzt so viel Selbstvertrauen hast, dass du nun die oben genannte Namasté-Kette absichtsvoll einsetzen kannst, um so den Anschein zu erwecken, dass dir das Selbstvertrauen fehlt, von dem sie glauben, dass es dir fehlt. Andere auf diese Weise mit einem Überraschungsangriff zu attackieren hat den weiteren Vorteil, sicherzustellen, dass sie nicht wissen, wie sie sich jetzt angemessen verhalten sollen, und das stößt sie ausnahmslos in einen vorteilhaften und echten Vertrauensverlust. Ihre Demütigung bedeutet mehr Demut für dich.

EIN ABSCHLIESSENDES SPIRITUELLES POP-QUIZ IN BEZUG AUF DEN GEBRAUCH VON NAMASTÉ

Was ist die angemessene Antwort, wenn jemand dich doch mit »Namasté« begrüßt?

a. Danke!

b. Du bist willkommen!

c. Du auch!

d. Gott segne dich!

e. Es tut mir leid.

f. Ich namasté dich auch.

g. Gut – und was ist mit dir?[179]

TRANSZENDENTALE DEMUT

Du hast nun alle entscheidenden Schlüssel zum Umgang mit der Demut in deiner Hand. Es ist jedoch so wie mit allen Schlüsseln – auch die Demutsschlüssel brauchen ein Schlüsselloch, sonst sind sie wertlos. Meditation ist das offensichtliche Schlüsselloch für die Demut, und Demut ist ein sanft sprechender, unaufgeregter Niedrigenergie-Zustand. Wie jedem klar sein wird, der Kapitel 8 auch nur überflogen hat, sediert die beruhigende Wirkung der Meditation dich in die Demut. Die Demut aber bringt nichts, wenn du in ihr keine Überlegenheit erreichst – das Transzendieren einer einfachen Demut hin zu einer überlegenen Demut sollte immer das Ziel deiner Demut sein. Als solche musst du die Spitze deiner

---

179 Die korrekte Antwort ist hier nicht c. Sie kann nur innen gefunden werden.

Demut schärfer halten als die Spitze eines Speers. Wenn dich Zweifel befallen, vervollkommne diese Schärfe mit WWSHDDLT.[180]

EINE ABSCHLIEßENDE PROPHEZEIUNG IN BEZUG AUF DAS NEWER AGE

Das New Age begann in den 1960ern und endete ungefähr fünfzig Jahre später. Hoffnungslose Anhänger der Spiritualität, die sich in der Hoffnung auf eine das Zeitliche überwindende Vergangenheit verfangen haben, versuchen immer noch, von dem zu leben, was von der ranzig gewordenen Soße des New Age herabtropft. Nicht so du und ich. Du und ich – aber hauptsächlich ich – betreten nun mit der Ultraspiritualität das Newer Age, das Neuere Zeitalter.

`Das Newer Age ist neuer als das New Age.`

Dieses ist neuer als das Neue Zeitalter, welches deshalb eher als das Ältere Zeitalter benannt werden sollte. Darin liegt eine wichtige Lektion bezüglich der Zukunft, die wir aus der Vergangenheit beziehen. Die Lektion besagt, dass das, was in einem Zeitalter spirituell ist, im nächsten unspirituell, im übernächsten aber wieder spirituell sein wird. Folgt mir hierin.

Als das New Age über der nichtsahnenden Welt heraufdämmerte, wurde es schick, spirituell zu sein. Blumenkinder rannten überall in kindischer Weise herum, mit ihrem Blumenschmuck und ihren rosarotgefärbten Brillen, ihre Körper dem verdächtigen Schlamm von Woodstock entwindend und auf seltsame Weise ihr

`Genug für heute – wir wollen nicht in der Gegenwart verweilen.`

Haar in der Mitte des Schädels scheitelnd. Aber es gibt Gründe, warum Investmentbanker die Börse wie Falken beobachten: Erstens sind Falken bösartige Raubvögel; zweitens ist die Börse in

---

180 Für die, die es nicht verstehen: Was würde seine Heiligkeit der Dalai Lama tun?

ständiger Veränderung, so wie auch die Werte des spirituellen Marktes. Die spirituellen Werte des New Age, die einst so hohen Gewinn versprachen, entziehen deinem spirituellen Portfolio nun Bonität. Wer jedoch weise genug ist, sich mit der spirituellen heißen Luft meiner ultraspirituellen Lehren zu füllen, wird geradewegs in die Wolken des Reichtums der neuen Währung des Newer Age levitieren.

Aber genug für heute – wir wollen nicht in der Gegenwart verweilen. Als ultraspiritueller Mensch kennst du den Wert der Vorausschau auf eine Zukunft, in der du gegenwärtig bist. Was also wird die Zukunft bringen? Das Einzige, was sich nie ändern wird, ist die Tatsache, dass alles sich immer ändert – es ist also völlig korrekt zu sagen, dass es in Zukunft Änderungen geben wird. Obwohl das Herz und die Seele und das Gehirn und das Rückenmark der ultraspirituellen Lehren sich nie ändern werden,[181] könnten sich einige der unbedeutenden peripheren Organe und Gelenkbänder zu etwas anderem entwickeln. Was folgt dem Newer Age? Keiner weiß es, aber ein intuitives prophetisches Wissen sagt mir, dass es als das *Neueste Zeitalter* bekannt werden wird.

Als ultraspiritueller Mensch ist es nicht nur dein Job, als ein sich mit den Zeiten ändernder spiritueller Investmentbanker zu arbeiten; es ist auch dein Job, die Zeiten zu ändern. Und als dein Lehrer ist es mein Job, dich darüber zu informieren, was für Veränderungen das sein werden. Und während niemand ohne ein Bedürfnis, jedem sagen zu müssen, dass er intuitiv ist, die Zukunft vorhersagen kann,[182] lass mich dir sagen, was meine Intuition mir in intuitiver Weise in Zukunft darüber sagen wird,[183] was das Neueste Zeitalter bringen wird.

---

181 Hauptsächlich deshalb, weil ich von diesem Buch keine überarbeiteten Neuauflagen erstellen will.

182 Obwohl Fleischersatz auf Soyabasis etwas Offensichtliches ist.

183 Ich bin wirklich intuitiv.

NEW AGE

Versuche sehr,
wahrgenommen
zu werden.

Iss irgendwas.

Liege in
Blumenfeldern
herum.

Hab normale
Namen, so was
wie Lisa.

Bleib bei dir.

Lehre dich
selbst.

NEWER AGE
—

Versuche sehr,
nicht sehr zu
versuchen,
wahrgenommen
zu werden.

Iss Pflanzen.

Mach Yoga.

Hab unnormale
Namen, so was
wie Shakti.

Verbreite dich,
so sehr es geht.

Hab einen
Lehrer.

NEWEST AGE
—

Versuche, nicht
sehr zu ver-
suchen, nicht
sehr zu ver-
suchen, wahr-
genommen zu
werden.

Iss irgendwas.

Liege in
Blumenfeldern
herum.

Hab normale
Namen, so was
wie Lisa.

Bleib bei dir.

Lehre dich
selbst.

Wie du hieraus klar ersehen kannst, ist das Vorhersagen der Zukunft eine sehr herausfordernde Angelegenheit. In der Gegenwart stecken geblieben zu sein ist sogar noch schlimmer, als in der Vergangenheit stecken geblieben zu sein, weil das bedeutet, dass du nicht in Richtung auf die Zukunft vorankommst, die ja bald die Vergangenheit sein wird. Wenn du ein ultraspiritueller Mensch sein willst, der ein ultraspiritueller Mensch bleibt, dann ist es eine deiner Aufgaben, einen Schritt weiter zu sein als dein nächster Schritt, indem du ein Auge hast auf das, was kommt.

Anders gesagt: Schlafe friedlich, aber mit einem Auge wach und offen, das wie ein Wächter nach dem Neuesten Zeitalter Ausschau hält.

EIN ABSCHLIESSENDES FLOWCHART IN BEZUG AUF DIE FRAGE, WER ALS ULTRASPIRITUELL QUALIFIZIERT IST

Jeden Tag erhalte ich eine Menge Fragen von Leuten, die wissen wollen, ob sie ultraspirituell sind. Diese Hoffnungsvollen suhlen sich im Sumpf ihrer Verwirrtheit und fragen sich, welche Praxis oder welcher Yoga sie ultraspirituell machen wird. Da du nun ultraspirituell bist, wirst du fraglos solche Fragen auch erhalten, deshalb habe ich einen örtlichen Künstler (einen meiner Praktikanten) bestellt, dieses hilfreiche und kristallklare Flowchart zu erstellen, das du auf der nächsten Seite finden wirst.

EINE ABSCHLIESSENDE NOTIZ IN BEZUG AUF »GEWINNEN«

Natürlich geht es im Ultraspirituell-Sein nicht um Gewinnen und Verlieren – es geht darum, auf überlegene Weise spirituell zu sein. Spirituell zu sein bedeutet jedoch zu gewinnen. Und du gewinnst dabei nur, wenn du ultraspirituell bist, andernfalls wirst du verlieren. Es kommt wirklich darauf an, wie du das Spiel spielst, denn das bestimmt, ob du ultraspirituell bist oder ein spiritueller Verlierer. Und da ich hier von Verlierern spreche, lass mich dir von einem meiner Freunde erzählen. Nennen wir ihn Simon.[184] Aber besser, als wenn ich dir direkt von Simon erzählen würde, lass mich dir von Simon erzählen, indem ich Simon indirekt von sich erzählen lasse.

---

184 Simon, wenn du dies liest, stell dir einfach vor, ich würde von einem anderen Simon sprechen.

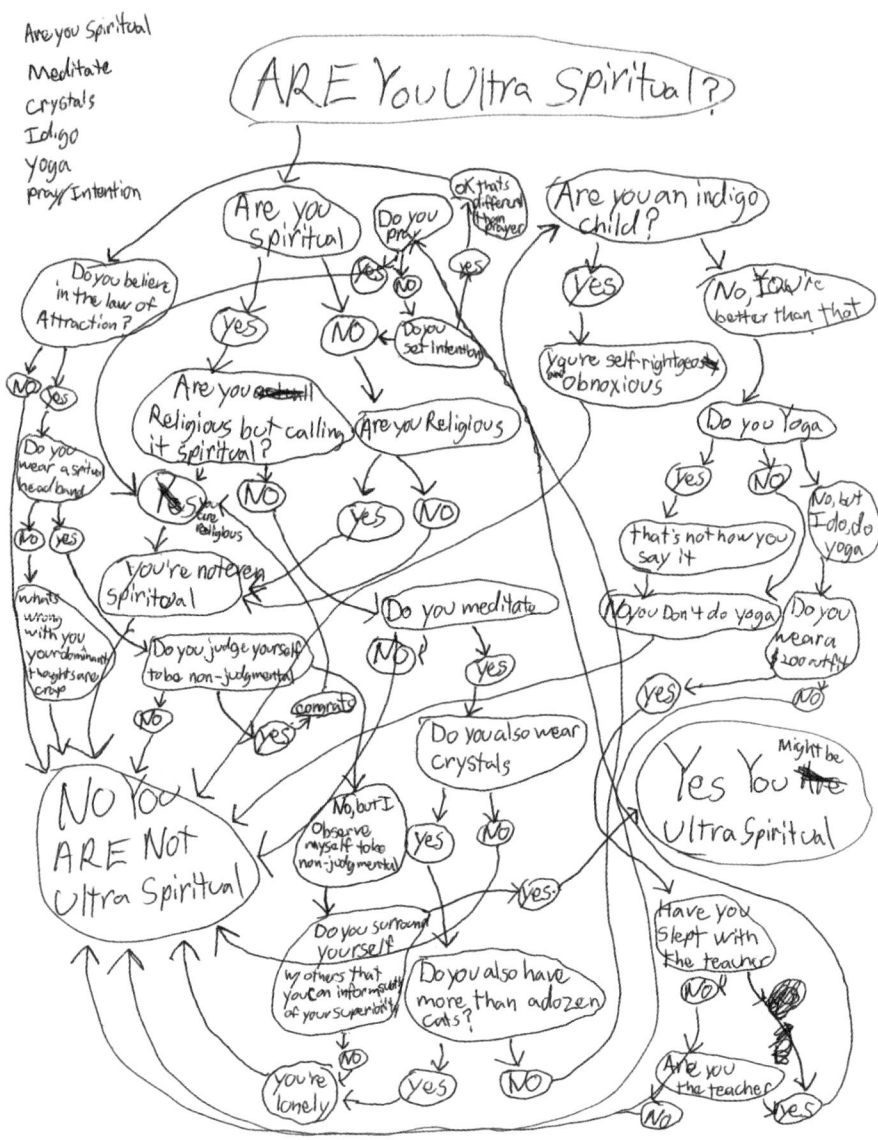

HALLO LEUTE,

ich bin Simon. Voll klar, dass ich gerne spirituell bin. Mit Mitte zwanzig hab ich hier in der Mitte von Nebraska (sorry, wenn ich damit prahle) als Manager in einem örtlichen Walmart gearbeitet. Ich hab da auch ein wunderbares Mädchen geheiratet, das ich bei der Arbeit traf, Charlotte heißt sie. Sie war die Erste, die ich je geküsst habe. Sobald wir geheiratet hatten, hat sie mit der Arbeit aufgehört, sodass ich sie mit meinem schönen Managergehalt unterstützen konnte. Nebenbei bemerkt hatte sie ganz schön was durchgemacht, nachdem sie aus ihrer vorigen Beziehung wie eine Tonne Ziegel einfach irgendwo im Nichts abgestellt worden war; ich wusste also, dass sie diese Auszeit gut gebrauchen konnte. Sie hat mich erst geküsst, nachdem ich sie geheiratet hatte, und ich hatte wirklich Respekt vor der Art, wie sie den Tempel ihres Körpers ehrte. Außerdem war sie wahrscheinlich immer noch müde vom bis in die Nacht auf Achse sein mit ihrem Freund, der Motorrad fährt und Probleme mit dem Gesetz hat. Ich glaube, er macht Probleme, weil er tief innen Probleme hat. Es ist so wunderbar, dass sie solch ein mitfühlender Mensch ist und ihm bei seinen Problemen hilft. So abgefahren mein privates und professionelles Leben auch war, wusste ich doch, dass es da noch mehr geben musste.

Es war so krass, ich wusste nicht nur, dass es da noch mehr geben musste, ich brauchte es. Ich spürte so viel Leere und Sinnlosigkeit bei meiner Arbeit im Mart. Ich litt auch an einer beklemmenden inneren Unruhe, wenn Charlotte bei ihrem Freund hinten auf dem Motorrad nachts wegfuhr und erst um vier Uhr früh zurückkam. Dann, oh mein Gott, auch wenn sie in der Regel betrunken war, strahlte sie eine so starke Heilkraft aus! Als sie da durch die Sperrholztür meines Trailers hereinstolperte, war meine innere Unruhe mit einem Schlag weg. Das war der Punkt, an dem ich mich auf den spirituellen Weg begab. Mit einer stetigen Diät von Meditation und dem spirituellen Gesetz der Anziehung gelang es mir, so viel mehr Lebenssinn zu entdecken!

Heute, nach zehn Jahren auf dem spirituellen Weg, kann ich zuversichtlich sagen, dass die Spiritualität mein Leben glücklicher gemacht hat. Meine Ehe ist besser denn je! Ich verzweifle nicht mehr, wenn meine Frau nachts nicht nach Hause kommt oder drei Tage lang ununterbrochen schläft. Und da sie abgesehen von den Perioden, in denen sie mich anschreit, nicht mehr mit mir spricht, empfinde ich ein tiefes Glück in der spirituellen Erkenntnis, dass wir auf der Seelenebene miteinander kommunizieren; das ist nämlich die einzige Ebene, auf die es ankommt. Ach, was soll's, das spirituelle Gesetz der Anziehung hat mir fast 9 Prozent mehr Einkommen als noch vor drei Jahren manifestiert. Diese Gehaltserhöhung kommt mir gerade gut gelegen, da ich die 124 572 Euro Kreditkartenschulden abzahlen muss, die bei Charlotte aufgelaufen sind. Aber wer zählt das schon… die Reise ist das Ziel!

Nun muss ich weiter, meine Pause ist zu Ende. Ich muss jetzt wieder die Einkaufswagen vom Parkplatz reinholen, sodass die Einkäufer eine angenehme Erfahrung machen, wenn sie hier preisgünstige Waren finden, die ihnen wertvolle Freuden bringen. Normalerweise ist das Kevins Job, aber er mag ihn nicht und veräppelt mich, wenn ich ihn bitte, das zu machen. Deshalb ist es einfacher für alle, wenn ich das mache. Außerdem muss man geben, um zu empfangen, und es macht mir nichts aus, Kevin zu helfen, dann empfange ich seinen gutmütigen Spott nicht.

Genieße deine spirituelle Reise, Weggefährte!
Simon

Einerseits ist es nicht gut, so zu sein wie Simon. Er zeigt, was es bedeutet, mitten durchs Wohnzimmer einen Graben der Mittelmäßigkeit zu ziehen, während du auf einem beim Discounter erstandenen zerfledderten Kissen falscher Hoffnungen sitzt, das dich nirgendwo hinbringt. Andererseits ist es genau das, wohin du gelangst, wenn du dein Spiel nicht auf den Level ultraspiritueller Standards anhebst. Willst du das? Nein. Deshalb hab ich mir die Mühe gemacht, dir – zum höchsten vernünftigen Preis, den der Markt noch verträgt – diesen unglaublichen Band gehobener Leseerfahrung anzubieten. Deshalb nun zurück zum ersten Punkt: Sei nicht so wie Simon. Er ist der Inbegriff des bloß Spirituellen, der sich mit einfacher Spiritualität hoffnungslos anfüllt, so wie ein Trucker, der sich allmählich einen diabetischen Dusel mit Cola antrinkt. Mach das nicht.

Aber meide das nicht aus Angst. Angst ist ein großartiger Motivator, aber ein Leben, das sich auf Angst gründet, ist nicht ultraspirituell – es ist nicht einmal spirituell. Ein auf Liebe gegründetes Leben ist spirituell; zu lieben, dass du geliebt wirst, ist ultraspirituell. Anders gesagt, fürchte dich vor einem sich auf Furcht gründenden Lebensstil, um lieber ein ultraspirituelles Leben des Liebe-es-geliebt-zu-Werden zu führen. Wie du gesehen hast, lebt Simon wegen seiner weniger-als-spirituellen Selbstzufriedenheit ein auf Angst basierendes Leben. Simon ist dir aus karmischen Gründen begegnet, um dich das Wissen zu lehren, dass du dich nicht von Angst kontrollieren lassen musst, obwohl du von Angst kontrolliert wirst, es sei denn, das ist nicht der Fall.

Fürchte dich vor einem sich auf Furcht gründenden Lebensstil, um lieber ein ultraspirituelles Leben des Liebe-es-geliebt-zu-Werden zu führen.

Im Gegensatz zu den Simons, von denen die Welt voll ist, lass uns die wenigen Auserwählten anerkennen, die so viel besser sind als Simon. Lass mich dir von einem anderen meiner Freunde erzählen, einem wirklichen Freund – dem gewinnendsten der ultraspirituellen Gewinner. Lass uns ihn einfach PJ nennen.

PJ wird von allen geliebt. Er ist zweifellos der spirituellste Mensch, den ich kenne, und übrigens auch, den irgendwer kennt. Er ist ein Typ, den die Leute lieben, respektieren, bewundern und in dessen Nähe sie sich selbst als schlecht empfinden, einfach durch seine Großartigkeit. PJ ist nicht nur topaktuell an der Spitze des spirituellen Fortschritts, er ist die Spitze des spirituellen Fortschritts. *Spirituell selbstzufrieden zu sein*, das gibt es weder in seinem Vokabular noch in irgendeinem seiner gedruckten oder digitalen Wörterbücher. PJ hat die Kontrolle über seine menschlichen Fähigkeiten gemeistert. Er kann seinen Puls und seine Atmung per Willenskraft anheben.[185] Neben diesen nebensächlichen Tricks der physischen Kontrolle hat PJ in erschreckend jungen Jahren spirituelle Meisterschaft über seine Emotionen erlangt. Seine Fähigkeit, keine Emotionen mehr zu fühlen oder von ihnen beeinflusst zu sein, ähnelt denen der Jahrmarkt-Yogis, die fähig sind, ihre Arme mit Dolchen zu durchstoßen, ohne dabei Schmerz zu empfinden. Anders als diese Freaks ist PJs Talent wirklich spirituell nützlich und führt nicht zu lebensbedrohlichen Staphylokokkeninfektionen.

Wenn du je die Chance haben solltest, mit PJ an einem Lagerfeuer zu sitzen, wird er immer eine faszinierende spirituelle Geschichte für dich parat haben. Was das Erzählen von Geschichten anbelangt, ist er solch eine Legende, dass über ihn zahllose Geschichten erzählt werden, wie er an einem Lagerfeuer sitzt und die Geschichte seines Erwachens erzählt. Und was für ein Erwachen das war! Es ist wahr, dass du PJs Geschichte nicht hören kannst, ohne ihm demütig flehend zu Füßen zu sitzen. Und für diejenigen, die ihm nicht demütig zu Füßen sitzen, hat PJ eine spirituelle Art des Aufstehens, die ihn auf alle Fälle andere weit überragen lässt.

Und weil ich hier gerade von PJs Füßen spreche: Was diese Füße auf einer Yogamatte tun können, ist unglaublich. Und noch unglaublicher als die Unglaublichkeit seiner Yogamatten-Glaubwür-

---

185 Hauptsächlich durch Übung.

digkeit ist, wie er aussieht, wenn er seinen Körper zu neuen Extremen sinnloser Unbequemlichkeit verbiegt. Warte einfach, bis du das neueste Selfie von ihm in der Position des herabschauenden Hundes auf Instagram gesehen hast. PJ ist so spirituell, weil er so Yogi ist, dass er nicht einmal schläft. Stattdessen liegt er jeden Tag sechs Stunden lang bewusstlos in der Savasana-Stellung, gefolgt von weiteren zehn Stunden in dieser Stellung – jede Nacht. Irre! Ein weiteres menschliches Bedürfnis, dessen PJ nicht bedarf, ist das Bedürfnis nach vollständiger Ernährung. Seit langem ist er als veganer Vorreiter unterwegs und räumt dabei den Weg zu den grünen Weiden veganer Ernährung frei, indem er alles Grüne, was er da auf dem Weg findet, zu Saft macht und es so von seinen lebenspendenden Wurzeln abschneidet. PJs Liebe zum Leben zusammen mit seinem Hass auf das Essen von Tieren erhöht die schon sehr hoch schwingende Frequenz von ihm auf einen noch höheren Level.

Hast du immer noch PJ im Fokus? Gut so, denn es gibt in Bezug auf sein Besser-Sein noch mehr, worauf du deine Aufmerksamkeit richten kannst, zum Nutzen deines ultraspirituellen Besser-Seins. Nicht so wie Simon, der sich in seiner Ignoranz einer gebrochenen Frau versprach, versprach sich PJ einem ungebrochenen, mysteriösen asiatischen Guru. Indem er das tat, erfuhr PJ eine phänomenale spirituelle Ermächtigung, bei der er lernte, seine ganze Kraft seinem Guru zu geben. In paradoxer Weise tauchte PJ daraus powervoller auf als je.

Apropos Power: PJ tötete seinen Verstand und die ganze Verstandesverschmutzung, die dieser einst verursacht hatte. Er überschritt die Grenzen seines begrenzten Verstandes, indem er die Weisheit erwarb, wie er sich in Bezug auf das begrenzen konnte, was diese Grenzen erzeugt – seinen Verstand. Infolgedessen hat er die Samen des ultraspirituellen Düngers in der ganzen Welt versprüht, und zwar mit einem weiteren spirituell überlegenen Begriff, der geradewegs aus dem Kompost der fortgeschrittensten spirituellen Bereiche kommt – die Achtsamkeitslosigkeit.

PJ gelangt in diese fortgeschrittenen spirituellen Bereiche, indem er seine fortgeschrittene spirituelle Praxis regelmäßig vernichtet. Unter all dem Fortgeschrittenen seiner Meditationspraxis ist das Folgende vermutlich das Eindrucksvollste: seine Fähigkeit, anderen von seiner Meditationspraxis in einer Weise zu erzählen, die ihm erlaubt, die Aufmerksamkeit seiner Zuhörer mit den aufregenden Details seines stundenlangen Sitzens in Schweigen zu fesseln. Und noch eindrucksvoller als dieses sehr eindrucksvolle Detail ist, wie beeindruckt die Menschen von PJs meditativen Wegen sind.

Wenn PJ sich mit diesen beeindruckten Leuten beschäftigt – obwohl er weiß, dass er besser ist als sie –, ist sein Nichturteilen über diese Menschen ein glühendes Zeugnis des Leuchtens seiner spirituellen Stärke. Er hat zahllose Wettbewerbe gewonnen, in denen Richter PJ unter allen Mitbewerbern als den am wenigsten urteilenden Menschen beurteilten. PJ ist bei weitem der am wenigsten urteilende und der am meisten nicht urteilende Mensch, den du je treffen wirst.

PJ ist auch der am wenigsten religiöse Mensch, den du je treffen wirst. Er verachtet religiöse Menschen vor allem wegen ihres unentwickelten Antievolutions-Dogmas. Er ist Lichtjahre von dem infantilen Glauben entfernt, dass eine Art Billigkopie des Weihnachtsmanns in einem behüteten Palast irgendwo im Himmel residiert und dort mit einer Strichliste Buch führt, um die Guten mit dem Himmel zu belohnen und die schlechten mit einem Klumpen Kohle[186] in der Hölle. Wegen seines guten Karmas weiß PJ, dass er für die Taten in seinen früheren Leben in diesem, jetzigen Leben mit der Rolle des höchsten spirituellen Lehrers belohnt wurde.

Zusätzlich zu seinen außerordentlichen Talenten ist PJ auch fähig, unglaubliche Mengen jedes Sakramentes zu sich zu nehmen, das seinen achtsamkeitslosen Verstand in einen sich halluzinogen, um sich selbst drehenden Whirlpool seiner eigenen Entschlackung verwandelt. PJ ist der Ehrung der Pflanzengeister der Heiligen Medizin so

---

186 Der dann in der Hölle zufällig richtig gut brennt.

hingegeben, dass er sich ans Kreuz des Lebens mit einer dauerhaft sich selbst verabreichten Medizin nagelt. Er macht das nur für die spirituelle Veredelung aller – so sehr ist er ein spiritueller Erlöser.

Wenn PJ nicht mit dem Aufgespießt-Sein auf einem buchstäblichen Kreuz beschäftigt ist (das heißt: nie), verteilt er unablässig die Geschenke seiner spirituellen Begabung an die Welt. Er tut das in einer stilvoll unüberzeugenden Art, sodass jeder, der mit ihm in Kontakt kommt, von seinem Platz an der Spitze der spiralförmigen Treppe der spirituellen Hierarchie mächtig überzeugt ist.

Obwohl PJ bescheiden genug ist, dir zu sagen, dass er für seine esoterische Brillanz kein Lob verdient, ist er spirituell genug zu erwarten, dass du ihn verehrst. PJ ist der Inbegriff der neuen Hoffnung spiritueller Überlegenheit für die bisher hoffnungslos hoffenden minderwertigen Spirituellen.

Erinnerst du dich an Tott? Auch daran, dass sein Name eigentlich nicht Tott war, sondern etwas gänzlich Unerwartetes, Tiefgründigeres? Wichtiger Hinweis: Ich habe dir ein kleines Geheimnis mitzuteilen. PJs Name ist nicht wirklich PJ – er lautet JP.[187]

Und JP ist nicht wirklich ein Freund von mir – ich bin es. Aber nicht so wie Tott, der nur so spirituell war wie der bloß religiöse Gott. JP (ich) ist viel spiritueller als Gott – er ist ultraspirituell.[188] Ich erzähle euch diese den Fakten entsprechende Fantasie über mich selbst (JP), weil die tiefere, abschließende Botschaft die ist, dass nun auch du so bist wie ich (er) – ultraspirituell.

Freunde, genießt nun das gute Leben der spirituellen Überlegenheit, während ihr das minderwertige Leben ignoriert, denn nun seid ihr mit allem ausgerüstet, was ihr braucht, um für immer ultraspirituell zu leben.[189]

---

187 Aber du kannst ihn Seine Heiligkeit JP nennen. Und das solltest du auch.
188 Hallo meine religiösen Freunde! Zuerst mal kann ich kaum glauben, dass ihr immer noch dieses Buch lest – ich bete für euch. Zweitens, ja, das ist Gotteslästerung – bitte betet für mich.
189 Bis mein nächstes Buch erscheint.

DANKSAGUNG

Zuallererst möchte ich mich bei meinem höheren Selbst dafür bedanken, dass es während des Schreibens dieses ultraspirituellen Meisterstücks immer für mich da war. Zweitens möchte ich ein angemessenes Maß an irdischer Dankbarkeit meinem niederen Selbst zukommen lassen, das es mir erlaubt hat, meine menschlichen Hände dafür zu verwenden, die Worte dieses Buchs zu tippen. Ich möchte außerdem Ganesha dafür danken, dass er von allen Göttern der am meisten elefantenähnlich aussehende ist. Elefanten gefallen mir wirklich sehr.

Ein großes Dankeschön an meine Eltern, Meg und Charlie! Eure Fähigkeit, einander sexuell zu erregen und dann Unzucht zu treiben, bereitete den Weg zu meiner aktuellen Inkarnation. Ich möchte mich auch bei meiner Schwester Alli bedanken, bei meinem Schwager Matt und deren Kindern: Annabel, Caroline und Finn. Alli, ich bin so stolz auf dich, dass du solch einen erleuchteten Bruder hast!

John McMullin, du warst für mich immer ein zeitloser Weckruf. Unbezahlbar sind meine Begabungen, und mit der Vision, sie zu finden, hast du mich beschenkt. In den seltenen Situationen, da ich an mir gezweifelt habe oder dachte, ich sei zu sonderbar, denke ich an dich und habe sofort ein besseres Gefühl zu mir selbst. Paul Chek, dein Glaube an mich ist schon immer beispiellos gewesen, du hast den Propheten prophezeit. Diana Deaver, ich bin unendlich dankbar für deine fotografische und moralische Unterstützung! All diese Dankbarkeit, keine Ursache, ich habe sie dir gern gegeben. Robert Lee, mein Lektor, vielen Dank! Du bist in diesem Projekt durch und durch mein Teammitglied. Es war mir ein Vergnügen, deine Anmerkungen zu ignorieren und zu korrigieren. Und ich danke auch meinem Agenten, Steve Harris – du hast ein seltenes Talent dafür, die wichtigsten und begabtesten Autoren an Land zu ziehen!

Meinen Freunden Drew Downey, Matt Henry, Jator Pierre, Karen Solt, Leigh Randolph, Gary Crozier, Daniel Eisenmann, Diana Eisenmann und Timothy Eisenmann sage ich, ihr dürft euch glücklich schätzen, meine Freunde zu sein. Ihr seid sogar noch besser dran, weil ich euch erlaube, euren spirituellen Status anzuheben, indem ihr mich euren Freund nennt.

Zu guter Letzt schulde ich die tiefsten meiner Namasté-Verbeugungen dem Verlag Sounds True Publishing. Euer Glaube an mich und eure Ermutigungen zu diesem Projekt waren für mich ein Schatz. Ihr habt mir gezeigt, dass ihr die Antwort auf das uralte Zen-Koan wisst: Was klingt wahrer als bloß wahr? Die spirituelle Wahrsthaftigkeit dieses Buchs!

`Was klingt wahrer als bloß wahr? Die spirituelle Wahrsthaftigkeit dieses Buchs!`

Ein abschließendes Foto über die
Essenz der Ultraspiritualität

ÜBER DEN AUTOR

Seine Heiligkeit JP wird von allen geliebt. Er ist der Typ Mensch, den die Menschen lieben, respektieren, bewundern und mit dem sie sich schlecht fühlen – einfach durch die einfache Tatsache, dass er so überragend ist. Er hält zurzeit drei Weltrekorde: einen für Demut, einen als der am meisten spirituell Erwachte und den dritten als der am meisten menschlich Verschlafene. Er hält auch einen universellen Rekord für Ausstrahlung.

Wenn Seine Heiligkeit gerade nicht mit der Achtsamkeitslosigkeit voll beschäftigt ist, mit dem Leer-Sein von Religion und voll von visionären Halluzinationen, ausgelöst von einer großen Fülle an Pflanzenmedizin, verbringt er seine freie Zeit damit, sein höheres Selbst zu beraten, zu bilokalisieren, in der astralen Welt Streiche zu spielen und Hardcore-Dasein zu praktizieren. Seine Heiligkeit kommt ursprünglich aus Ohio, residiert nun aber an einem viel weniger langweiligen Ort und lebt dort in einem transzendenten Zustand der offenen Weite.

JP spricht regelmäßig auf Events, Festivals, Konferenzen und telepathischen Konventen. Den aktuellen Stand der Abenteuer und Angebote Seiner Heiligkeit findest du auf seiner Webseite AwakenWithJP.com. Seine aktuellen ultraspirituellen Videos findest du auf YouTube.com/AwakenWithJP.

Du kannst dich von deinem bisherigen Leben lösen und tiefer in die Matrix eintauchen, indem du dich in den sozialen Medien mit JP verbindest:

▶ *@AwakenWithJP*   *@AwakenWithJP*

f *@AwakenWithJP*   *@AwakenWithJP*

◉ *@AwakenWithJP*

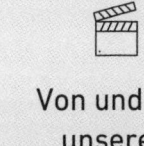
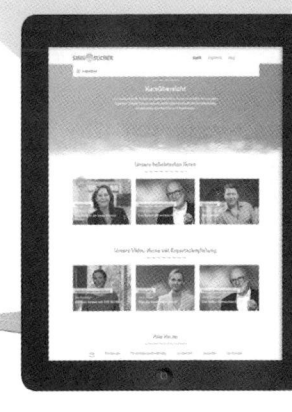
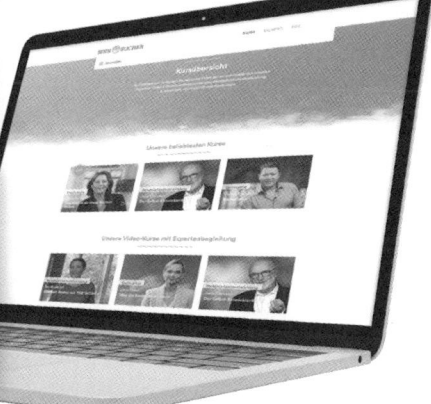
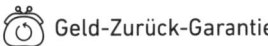